中国社会科学院近代史研究所

民国文献丛刊

中国社会科学院近代史研究所 译

顾维钧回忆录

第十三分册

中华书局

顾维钧任国际法院法官　1957年，海牙

顾维钧在奥地利基茨比厄尔滑雪　约1961年

顾维钧与国际法院的其他法官　1962年，海牙

顾维钧在海牙一公园喂鸭，时任国际法院法官
约1964年

顾维钧在游泳　　约1968年

顾维钧和夫人严幼韵在哥伦比亚大学的校庆宴会上　1971年11月19日，纽
约皮埃尔饭店

顾维钧和夫人严幼韵在献交《回忆录》时与哥伦比亚大学教授韦慕庭、校长麦吉尔合影　1976年5月28日，纽约

顾维钧与长达一万一千页的口述《回忆录》原稿

1976年5月28日，纽约

目　录

第十三分册

第八卷　海牙国际法院十年(1956—1966)

第一章　退出外交界及入选国际法院 …………………… 3

第二章　赴海牙的航程 …………………………………… 16

第三章　开始法院工作 …………………………………… 18

第四章　国际法院第一次秘密会议我正式就任法官 ……… 23

第五章　参加法院工作 …………………………………… 27

第六章　海牙生活 ………………………………………… 33

第七章　暂时在海牙租房安家 …………………………… 38

第八章　海牙琐忆 ………………………………………… 40

　第一节　礼仪问题 ……………………………………… 40

　第二节　和王室的关系 ………………………………… 41

　第三节　和外交使团的关系 …………………………… 44

　第四节　和荷兰各界的社交来往 ……………………… 46

　第五节　海牙的华侨 …………………………………… 48

　第六节　各国贵宾对法院的访问 ……………………… 49

　第七节　亲友来访 ……………………………………… 51

第九章　关于法官改选提名我为候选人问题 …………… 55

索　引

索引说明 …………………………………………………… 65

　一　人名索引 …………………………………………… 67

第八卷

海牙国际法院十年

（1956—1966）

第一章　退出外交界及入选国际法院

1956 年 5 月 8 日,我离开华盛顿去纽约,在这个都市郊外的佩勒姆庄园租了一所房子住下来。房主是一对希腊夫妇,陈设完善,我觉得这里既舒适又方便,有足够的房间供我的厨师、管家夫妇和一个男仆使用。我的男仆原是早年由四个神枪手组成的护卫班的一员。1924 年我的书房中爆炸了一枚土制炸弹后,他们就被派到我的北京住宅担任警卫。后来发现那枚炸弹原来是我在北京的政敌的朋友安放的。这四名护卫奉命在我外出时作我的随身保镖。他们起初总是肩挎子弹上了膛的马枪,双双站在我的座车两侧。我觉得这种做法太碍眼也没必要,便多次要求警察厅长把他们撤回,他终于下令照办。但是其中一人不愿回去再当警察,请求留在我家中听候使唤。在我的管家看来,他想留下来的真正原因是工钱要比警察的高一些。

我每月给每个仆人十块钱,还供给食宿,但当他们抱怨说我的厨师不给他们像样的伙食时,我决定另外给他们每人四块钱的饭钱,让厨师不再给他们做饭。仆人们很满意,他们把伙食费凑起来自行采买和起火。

这个新安排增加了我的支出,但钱数并不算多,和国外仆人的工资比起来就更少了。但这件事对当时首都的仆人阶层来说显然是个新闻,管家常对我说,他的朋友或者其他仆人的朋友不断给他挂电话,要求到我家工作。我太太的朋友,一些太太们也给她挂过电话,说仆人们突然提出要加工钱,不然就不干了,并用我给仆人加钱的事作为他们要求加钱的借口。当时普遍的仆人

工资仍和十年前一样少，记得我1912年初次去北京时，仆人的工资每月仅仅四元，另供食宿。

1956年，我的几个中国老仆人没干多久就辞职了，我的厨师娶了个父母在华盛顿开洗衣房的华裔姑娘，他决定留在华盛顿，主要因为他们夫妇住在娘家，用不着交房租。我的厨师是个烹饪老手，受切维蔡斯一位生意兴隆的中国餐馆老板的鼓动和合作，他愿意在华盛顿开个中国餐馆。我在佩勒姆庄园的其他三个仆人也动了心，决定和我以前的那个厨师合作开个新餐馆。

在财力方面他们筹措开餐馆所需资金没有什么困难，所以就更渴望也更有信心做这个买卖了。除了在我家工作三十多年的积蓄以外，他们每个人还从我那里得到相当于一年工资的遣散费，这是他们不曾想到的，可是我觉得这样做才公平，因为当时中国政府部门还没有退休金制度，无论工作过多长时间都不享受退休金。但是外交部应我的要求给他们发了回国旅费。所以，听说他们合资在华盛顿新开了个中国餐馆，我很高兴。

住在佩勒姆庄园实在是愉快的。那种宁静安适的生活与在华盛顿度过的十年迥然不同，不仅有工夫在家中阅读喜欢看的书籍，而且每天还可以在邻近的树林中，和沿着绿荫夹道的街道一面漫步一面遐想。偶尔才回纽约参加宴会或看望一些老朋友们。

早些时候我曾在台北向蒋委员长提出要辞掉公职，这种要过平民生活的愿望是有一定理由的。首先，为了健康我需要好好休息，公务的压力已使我身心俱惫，只有离开公职才能见好，对于我这样的高龄，尤其如此。同时还要考虑我个人和家庭的经济负担。此外，我总想写点东西，特别是写自己的回忆录。

在佩勒姆庄园度过几周宁静的生活后，脑海里产生了第二个计划。我打算开个事务所，为国际贸易、金融和商业合同中有关国际私法和公法等法律问题，以及从事这些业务的私营公司遇到的法律问题提供咨询服务。我的主要动机是要挣一些钱，解决我们老夫妇在纽约维持中等生活开支所需的费用。我父亲是一位

相当成功的银行家和商人,死时留给我全部财产的五分之一(遗产分为五份,三个儿子各一份,一份作为维修我父亲出生地嘉定的家祠和祖坟的基金,最后一份一半归我母亲,一半归一位带着个养子的姨太太),不幸的是,随着大陆上政权更迭,我们的住宅、田产、艺术品等全被当作不法资产阶级的财产没收了。

不过,从事法律事务并不是一个新颖的想法。1912年我任中华民国第一任大总统英文秘书以前不久,在哥伦比亚大学学习私法和公法的最后阶段时,曾经和王宠惠博士讨论过在中国开办法律事务所的可能性(他在耶鲁大学法学院毕业,曾把德国民法法典译成著名的英译本)。那是1911年革命推翻满清王朝以前的事了。

在孙中山、黄兴和黎元洪领导下,中华民国成立了,这在整个亚洲还是第一个。以后,王宠惠在南京被任命为外交部长,过了不久,我也在北京担任了袁世凯总统的英文秘书。自然我们从事法律事务的共同想法就放弃了。

1956年,王宠惠任司法院院长,这是中华民国仅次于总统的五个最高职位之一,他当然早就打消了任何开办法律事务所的念头。1956年我正在考虑开办国际法律事务所还没有成熟的时候,收到哥伦比亚大学出版社、麦克米伦出版公司和道布尔戴出版社等三家约我写回忆录的约请,道布尔戴出版社的约稿要求是我的老朋友何士先生转来的,该出版社的总经理是他的朋友,何士受他之托请我接受该社约稿。何士怂恿我说,约稿条件不仅优厚,而且对我来说,特别是为了那些希望投身于外交生涯的中国青年一代,也是义不容辞的。

我斟酌再三,这些约稿条件看起来都挺不错,但我还是决定一个也不接受。主要原因是,虽然我肯定迟早要写我的自传,但如果是为了要使它能长远地为人所利用,就必须抛开私人情谊而如实写出。显然,发表回忆录的时机尚未到来,我要描写的人仍都健在,作为凡人,看到他们在职时做的好事被称颂就会高兴,看

到对他们不明智和动机不纯的言行的叙述,当然就不会无动于衷了。

这些考虑最后使我决定谢绝约稿,当然这并不妨碍我尽早开始写我一直想写的东西,记录我在担任中国公职半个多世纪的外交生涯中目睹和经历的事情,不过,只有我自己才能决定发表的时机。事实证明后来我正是如此做的。哥伦比亚大学校长柯克先生曾给我写过信,后来又亲自建议我在韦慕庭教授和何廉教授主持的东亚研究所赞助下写出回忆录。这项工作已经进行了十五年,大概再用三年时间即可完成。

但当时我最关心的还是眼前的计划。当我还在考虑成立法律事务所的时候,收到了台北外交部长的电报,他希望我同意他的提议,由中国驻海牙常设仲裁法庭代表提名我作为候选人,参加联合国进行的国际法院法官的选举,以递补由于法官徐谟刚刚于6月底在荷兰逝世所遗留的空缺。电报还说,蒋介石总统,行政院长陈诚①、司法院长王宠惠以及包括总统府秘书长张群等人在内的我的台北好友都一致认为,我在国际上享有盛名,是法官职位最合适的中国人选。

这项要求使我悲喜交集,可悲者是因为徐谟博士正当盛年突然故世,使我深感悲痛和惊愕,徐谟是在中国驻华盛顿公使馆作为我的学习随员而开始其外交生涯的,在南京时曾与我密切合作。起初,1931年9月日本人突然攻占沈阳后,我们同在特别外交委员会,后来,为处理危机我担任外交部长,他是次长之一。此外,1946年我率中国代表团参加在纽约召开的第一届联合国大会第二阶段会议时,曾经负责进行他入选国际法院的活动。当时他是中国驻澳大利亚大使,他虽然是法律专科毕业的,在外交部供职时还兼在东吴大学教授几年法律,但在国外尚无名望。我打电

---

① 原文如此。据查,1956年提名顾维钧竞选国际法院法官时陈诚是副总统,不兼行政院长。行政院长为俞鸿钧。——译者

报召他到纽约,高兴地把他介绍给出席大会的各代表团长或其他成员。由于中国是安全理事会常任理事,加上我们的代表团为争取他获选而作的努力,正符所期,他终于获选。所有大会候选人中,他得票最多,在安理会也以压倒多数取胜,所以他是第一位获选的国际法院法官。

中国外交部长要求我同意在 1956 年竞选接任徐谟空缺的法官职务,我是乐于从命的。因为远在哥伦比亚大学研究院就学时,国际法一直是我喜好的专业,如能当选,我将有机会应用我的学识,不过我也觉得当时的形势对我当选有许多不利因素。尽管中国仍是安理会常任理事国,但在大陆到了共产党手中以后,中国在联合国的处境发生了变化。同时要争取其他成员国对我的提名和选举加以支持,已经时间不多了。时值仲夏,就这项问题能和各成员国政府接触,只剩下两个月左右的时间,而通常的做法是:在联合国大会选举前很长时间,就开始小心翼翼地私下向友好国家运动,以取得支持的承诺。一些国家甚至提前一年就开始为自己的候选人奔忙了。

我觉得为了国家利益,我有责任同意竞选国际法院职位,于是便复电外交部长同意。他立刻向我们各驻外使团发出电报指示,命令他们争取各驻在国政府同意把我列为他们提名的法官空缺候选人之一,并在选举中投我的票。国际法院章程第三条第二款规定,凡是法院成员,均不受国籍限制。令我意外高兴的是,对于我的提名,驻外使团接触过的各国政府几乎全都同意。甚至少数已经保证要支持其他候选人的国家政府也表示,他们了解我在国际外交界的资历,在遵守前约的第一轮投票中,如果没有结果,他们下一轮将投我的票。外交部长还告诉我,台北政府曾专为此事接触过美国政府,争取对我的候选人资格和获选的支持,美国国务卿杜勒斯和美国驻台大使蓝钦得悉我竞选之事都很高兴,并保证加以支持。他还通知我,根据驻外使团报告,他们的美国同行们已遵照国务院指示,为此事接触过各自驻在国政府并获得支

持或同情。

所有这些都令我快慰,但根据我在联合国的经验,出人意料的事是常会发生的。由于对不利因素心中有数,特别是由于争取友好国家政府支持的努力做得过晚,因此我对整个事情还是采取了比较理智的态度。

联合国大会9月开会,但是为填补徐谟法官空缺而进行的选举,直到12月中旬才作为最后一项议程进行,我国代表团在此期间继续进行竞选工作。尽管公认中国作为安理会的一个常任理事国永远有权在国际法院中拥有一个法官席位,但是代表团最后给我的关于获选前景的报告并不太令人乐观。

根据联合国秘书长致联合国大会三封信的内容,徐谟法官的继任候选人共有九人,其中有包括我在内的三个中国候选人。但是荷兰提名的郑天锡博士和巴西提名的梁鋆立博士在选举前都通知秘书长放弃候选资格。郑博士在确认弃权的信中说:"我不能在未来选举中担任候选人,作为中国代表团成员之一,我和我的同事已经提名顾维钧担任法官空缺候选人。"选举实际上是在1956年12月19日进行的,变得异常复杂而且毫无结果。沙布塔依·罗森内在他的大作《国际法院的法律及其实践》一书附录十三中,对这次选举情况作了简要叙述:

> 1956年的特别选举
>
> 徐谟法官任期应于1958年到期。在他于1956年6月26日故世后,安理会于1956年9月6日召开的第753次会议决定,空缺在第十一届联合国大会上进行选举。提名的候选人共八人,其中三人放弃候选资格,选举于1956年12月19日在安理会第757、758、759次会议及联合国大会第625、626、627次全体会议上和1957年1月11日的安理会第760次会议和联合国大会第637次全体会议上进行。
>
> 在安理会第757次会议上,顾维钧(中国)(八票)获得绝对多数。在联合国大会第625次全体会议上,绝对多数应为

四十二票,栗山(日本)(四十三票)获得绝对多数,在此之前进行的两次投票均无结果。第二次及第三次投票,候选人仅限于顾维钧和栗山。在安理会第758次会议上,顾维钧在第一次投票中获得绝对多数票(七票)。在626次全体会议上,第一次投票无结果,第二次投票候选人仅限于顾维钧和栗山,栗山得四十二票。在安理会第759次会议上,顾维钧(七票)又获得绝对多数票。第627次全体会议上,第一次投票(不限定人选)、第二次和第三次(仍限于前两个候选人)、第四次、第五次、第六次(不限定人选)、第七次、第八次和第九次(限定人选)投票,都无结果。第十次投票中(不限定人选)栗山(四十四票)获得必要多数。于是联合国大会决定推迟选举。

1957年1月继续进行选举时,安理会的组成人员有所变化。在安理会第760次会议的第一次投票中,顾维钧(八票)获得绝对多数。在联合国大会第637次全体会议上,第一次投票无结果,第二次(限定人选)投票中,顾维钧(四十二票)获得必要多数,随即正式宣布获选。

两个选举机构的官方记录中都没有透露双方是否曾按国际法院规约第十二条规定的联席会议方式设法解决两个机构间的僵局。这就证实了该条款可有可无的性质。记录中唯一的记载是联合国大会主席在会议开始时说过:大会现在开会进行第四次会议的第一轮投票。第四次会议进行顺利,因此可以假定已经找到了解决僵局更切实可行的方式,而没有采用大会和安理会联席会议那种麻烦做法。

僵局究竟如何得以解决,这在外交史上构成有趣的一章。12月19日晚,一位参加联合国大会届会的中国代表前来看望我,报告了当天的选举情况。他说,虽然我在安理会每次会议上均获得实际多数票,但是在联合国大会的历次会议上,选举结果不是无结果,就是日本候选人栗山占优势,投票已超过十次。他对这种

令人失望的结果表示同情，但显然是在尽力安慰我说，即使 1 月份继续进行的选举中最终结果是我的日本对手获得国际法院空缺，我还是打了一场漂亮仗。

记得当时我有些失望，但考虑到我们仅有很短时间争取友好国家政府的支持，就不觉得吃惊了。那位中国代表是我以前在联合国的同事，又是我的好友。从他的报告和评论中得到的印象是，在他看来，形势如此异乎寻常和出人意料，我当选的希望虽然不大，但至少很露了脸，我是听天由命了。但在他离去不久，另一个多年老友于焌吉也来访，他是驻意大利和西班牙大使，同时也是出席联合国大会的五位代表之一。他告诉我一些联合国为选举徐谟空缺的继任人而出现的情况。他对不分胜负的选举结果感到不安，认为一个毫无名望的候选人竟然成功地与我竞选，并使我入选国际法院受到阻碍，这简直是对联合国威信的一个打击。他说他正在为我的获选而努力，这样做不仅是为了联合国和国际法院，而且也是为中国。他没有告诉我他的想法和如何去做。我只是叮嘱他谨慎行事。

于进入中国外交界，显然是步我的后尘。他也在哥伦比亚大学研究院就学，专攻国际法和外交，并取得这方面的哲学博士学位。做过十年驻纽约总领事，并以工作有魄力而在美国和中国公众中享有声望，其后升任驻意大利大使，继而兼任驻西班牙大使，他已经在纽约做了好几年参加联合国大会年会的副代表，因此很熟悉联合国选举活动的手腕和策略。

几天后他来告诉我，上次见面后，他曾去华盛顿看望过国务院的一些私人朋友，抱怨美国对我竞选国际法院法官空缺没有给予全面支持，否则我早就会战胜没有名望的日本候选人而当选了。他说，美国朋友们向他保证，联合国大会难决胜负的选举不仅使他们失望，尤其使国务卿杜勒斯失望，他对我很钦佩而且总是把我当作他个人的一个长期挚友和国际法及外交方面的专门学者。他们向于保证，尽管他们不清楚杜勒斯先生会做哪些工作

来补救联合国大会上的这种局面,但他们深信他会不遗余力地为联合国、为中国,并为我个人打开僵局。

这个报告自然会令我满意,我佩服的勇敢进取行动,这不仅出于爱国精神,而且也出于我们的友谊。但我和于都不知道,在一场显然是错综复杂的外交游戏中杜勒斯要出什么牌。不过,国务卿的努力显然取得了很大成效,在联合国大会1月份复会后进行的第二轮投票中,我正式当选。

当时还不知道,在选举新法官接任已故徐谟的国际法院空缺的过程中,究竟是什么因素使安理会和联合国大会上出现的前所未有的僵局迅速得以解决。但正如罗森内先生正确推测的那样"已经找到了解决僵局的直截了当的方法……"

1963年夏天我和我太太去威尼斯和利多度假两星期,享受一下海水浴。于从罗马赶来和我们一起度周末。私下交谈中,他告诉我后来怎样了解到国务卿杜勒斯用什么方法打破了在国际法院中选举徐谟遗缺的僵局。他在国务院的一个朋友告诉他,杜勒斯在东京和他的朋友吉田首相谈到这件事并达成一项谅解,即日本放弃栗山竞选徐谟遗缺的候选资格,作为对这种友好合作行动的补偿,美国在1957年底即将举行的三年一次的安理会选举中,支持日本的非常任理事席位候选资格。

不过,在徐谟法官遗缺的选举再度进行时,栗山没有接受政府的要求,拒绝退出竞选。但在紧张的外交气氛下,第二轮投票我很快当选。日本也在被接纳为联合国成员国仅约一年后,于1957年末第一次当选为安理会非常任理事国。

由于我的任期只能补足徐谟法官到1958年2月终止的任期,1957年底第十二届联合国大会上还要进行三年一度的国际法院法官选举,因此我必须再一次取得候选人资格。

对我个人来说,最后能够当选当然非常高兴,但同时也很难过,想到中国曾在起草联合国宪章的旧金山会议中以及在安理会和以后历届的联合国大会届会中,都发挥过卓越作用,不过自从

失去大陆和南京政府迁往台湾之后，中国的声誉及影响竟然如此大大下降，真使我伤心。因为我清楚记得，第一次在伦敦选举国际法院十五位法官时，中国候选人第一轮投票中就由安理会和联合国大会选举通过。

那时中国候选人徐谟博士任驻澳大利亚大使。1918 年我担任中国驻美公使时，他刚刚以中国驻华盛顿使团学习随员身份开始外交生活，同时还在华盛顿大学进修，回国后除担任其他职务外，还担任过上海特区法院推事、江苏省镇江县地方法院院长，后来到外交部任欧美司司长，又升任次长。在此之前，他还在著名的天津南开大学任法律和政治学教授。他是个能干的律师，但在国外却不知名。可是 1946 年 2 月 6 日在伦敦威斯敏斯特大厅安理会举行的选举中，他成为两位获得一致通过的候选人之一，第一轮投票中就获得十一票。当天联合国大会进行的同样选举中，投票的五十一个成员国中，徐博士第一轮就获得四十一票，是所有候选人中得到的最高票数。得票数占第二位（四十票）的候选人是比利时的夏尔·德·维歇博士。应该补充一句，联合国大会为选举国际法院其余十三名法官不得不进行第三次会议。

鉴于中国轻而易举地为徐谟获得国际法院法官席位，而我本人的候选却遇到难以想象的困难，因此我比任何时候都更加深信，在国际交往中，现实是最无情的，凡是直接或间接担任政府工作的人都必须认识和接受这一观点。

我收到台湾五院院长和政府军政各部发来的贺电，还有台湾许多朋友的贺电，此外还收到世界各地中外朋友发来的贺电。我翻阅档案时，不仅看到台湾和香港发来的贺电，还看到华盛顿、伦敦、巴黎、罗马、马德里、海牙、巴西、哥斯达黎加和印度的身居要职的私人朋友的贺电。这些纷至沓来的贺电使我的沮丧情绪稍有缓和，但却不能消除净尽。

台北外交部 5 月份即采取步骤，争取使我在 1957 年补足徐谟一年任期后获得正常任命，为我在秋季召开的联合国大会年会上

重新当选而努力。这是三年一度的选举,将更换国际法院三分之一的法官。中华民国驻常设仲裁法庭代表团提名我为国际法院三年一度的定期选举候选人。这个提名由中国常驻联合国代表团团长在 1957 年 5 月 17 日书面通知联合国秘书长。同时,台北中国外交部也电告驻外使馆和使团争取驻在国政府的支持投我的票,并且如果可能,一开始就提名我为候选人。这种提前准备使中国为我赢得了比以往更多的提名,其中包括美国的提名。1957 年 8 月 3 日,我收到联合国秘书处一位中国朋友的电报,通知我曾经在补选国际法院徐谟遗缺过程中我的劲敌日本人栗山已经放弃候选资格,还说,危地马拉和多米尼加共和国都已提名我再次竞选。

到 1957 年 10 月 1 日,由于国际法院审理印度和葡萄牙关于通行权力的案件,我已经在海牙停留了一段时间。那天下午,在国际法院的长时间开庭结束后,我步行回旅馆准备早一点吃晚饭以便对这个案子多做些研究。根据我的日记记载:"下午七时半,副书记官长加尼埃-夸涅打来电话,为我在纽约当选祝贺,他刚刚从联合国听到消息。起初我不了解他为什么祝贺我,但他告诉我,我还不可能听到什么消息,因为他的消息来得非常快。他还说,联合国刚刚给书记官处发来电报。我向他表示感谢,询问了投票和当选人情况。他告诉我,我得四十七票,维涅尔斯基得四十四票,巴达维得五十五票。还说,澳大利亚候选人(珀西·斯彭德)也当选了,经过一段竞争后,希腊的斯皮罗普洛斯获第五名。"

当天晚上,中国代表团电告我同一消息,并表示祝贺,电文中还提到"联合国大会四十七票,安理会八票"。消息似乎迅速传遍了,因为当天晚餐时间,荷兰广播电台就播放了这条新闻。同样,我收到从台北、华盛顿发来的大批贺电,其中包括中国外交部长叶公超和美国助理国务卿饶伯森的。

对于能够如此轻易获得正式九年任期我感到惊讶不已。在此之前补选徐谟留下的法官空缺时,我在联合国大会遇到过意料

不到和前所未有的困难,如果这次要经过若干轮选举才能取胜,那也是意料中的事。我在国际法院的所有同事们对当时悬而未决的三分之一法官例行选举都很关切,但他们都各有其理由,推测我定能当选。在实际选举以前,和我谈到这个问题的我的所有同事,包括院长(美国)和副院长(埃及)以及阿根廷、加拿大、法国、墨西哥、挪威、萨尔瓦多和英国法官,都向我表达过这种乐观的肯定意见。

事实上,我的同事中有两位曾经主动地帮过忙。曾任国际联盟常设国际法庭庭长和国际法院院长的萨尔瓦多人格雷罗在我1957年5月7日以同事身份对他进行礼节性拜访时,曾对我说过,为了我的再次当选,有必要早一些和各国政府接触,争取对我候选资格的支持,我可以要求我国政府立即着手进行。如果能争取到这些政府的提名就更好了。因为提名者越多,当选的机会就越多。挪威籍法官克拉斯塔德在一次会议上给我一个便条,问我能否会后与他见面。后来他来告诉我说,荷兰政府已经要求他支持提名一位中国人入选国际法院,他愿意提我的名。他问我是否同意,我说,他来征求我的意见并告诉我他将怎样做,这太好了。我还说,不仅我本人,而且已经提名我为候选人的我国政府,都会感谢他。就这样,我和在三年一度的选举中获选的其他四个候选人一样,确保了在国际法院中连任九年。罗森内在上文提到的那本著述中,对这次安理会和联合国大会选举投票情况做了简要总结如下:

> 1957 年的例行选举
>
> 国际法院法官巴达维、里德、维涅尔斯基、科里西克和顾维钧的任期于 1958 年到期。参加例行选举提名的共有二十四位,包括到期的法官四人,其中有三人放弃候选资格。这次选举于 1957 年 10 月 1 日安理会第 793、794 次会议和联合国大会第 695、696 次全体会议上进行。在安理会第一轮投票中,绝对多数票获得者是莫雷利(意大利)(十票),珀西·

斯彭德爵士(澳大利亚)(十票),巴达维(八票),顾维钧(八票)和维涅尔斯基(六票)。联合国大会绝对多数票为四十三票,第一轮选举中获得必要多数的是珀西·斯彭德爵士(五十八票),巴达维(五十五票),顾维钧(四十七票)和维涅尔斯基(四十四票)。第二轮投票限于莫雷利和斯皮罗普洛斯,二人均未获得绝对多数票,第三次仍是限定性投票,斯皮罗普洛斯以五十票获得必要多数。安理会第二次会议上第一轮投票无结果,第二轮投票,斯皮罗普洛斯得了绝对多数(六票)。同样,联合国大会第二次会议上第一轮投票也是无结果。第二轮限制性投票中,斯皮罗普洛斯获得四十七票当选。

第二章　赴海牙的航程

1957年4月4日,我在新泽西的霍博肯港登上荷美轮船公司的"新阿姆斯特丹"号。由于上午交通繁忙,用了一个小时才赶到码头。离码头的最后二百米路段特别难以通行。我赶到船上把票递给检查员的时候,他告诉我已经把我的房舱由21号调到60号。我很诧异,问他为什么要这样,他说是"公司的指示"。我问,60号房舱是否比21号好,他回答说:"是的,各方面都比21号好。"我告诉他我的行李都标上了21号房舱标记,包括前一天已送到船上的行李。他要我放心,一切都会由船上的服务员照管好的。

我的几个朋友已在船上等候。为我送行的大约有二十人,其中有中国驻联合国代表团团长蒋廷黻博士和从加拿大来的副代表薛毓麒大使,联合国副秘书长胡世泽,钱泰和金问泗两位大使,以及我的一些亲密朋友,其中包括郭慧德夫妇和张乃骥夫人。我现在的夫人严幼韵一路送我上船。不过我没有很多时间和他们交谈,因为我被请到客厅,《纽约时报》、《世界电讯晚报》和合众社的三位记者正在那里等待向我采访。返回房舱时,我的朋友们正要离去,因为笛声已鸣,请乘客的朋友上岸。中午十二时正,轮船准时起锚,缓缓驶出哈德逊河,进入大洋。

60号房舱十分舒适,包括一间起居室和一间附带宽敞壁橱和一个大浴室的双人卧室。晚上照例我被请到船长的餐桌上。看到这个十人的小桌,我很高兴,这样就餐的人就容易互相认识,更随便地交谈了。从我的日记中翻到了餐桌上遇到的几个同行旅

客的名字:荷兰著名啤酒大亨海因尼肯的夫人和她的女儿,荷兰国防部长斯塔夫和荷兰国务大臣范布格尔。他们大家都非常和蔼可亲,我们谈到许多关于在美国的生活情况。那位已经结婚的女儿,虽然父母都是荷兰人,却是在美国出生的,从未到过荷兰。第二天,餐桌上来了个新同伴——一位美国妇女,驻阿姆斯特丹的美国副领事。她留给我的印象是,像个职业外交家,谈吐谨慎,举止稳重。这种每日的欢宴对我们大家来说是一件很有趣的事,因为在船长提议下,由一位用餐者作主人,其余作客人,用餐厅侍者总管提供的一份专用菜单请客,餐厅侍者总管兴致勃勃地帮助我们叫最好的菜并配上上好的酒。

在航行当中,我仍和往常那样用大部时间读书,特别是阅读国际法院规约和细则,以便熟悉其内容,为我在法院的工作做好准备。为锻炼身体,我每天不是在船上的游泳池游泳,就是在甲板上散步一个小时左右。

我们的船在瑟堡和南安普敦停靠,有一些乘客上岸,最后于星期五一早(4月12日)抵达阿姆斯特丹。船长邀请在他的餐桌上用餐的所有客人登上船桥,并向大家介绍莱茵河沿岸的景致以及为扩大港口正在进行的各种疏浚工程。这是个阳光明媚的早晨,空气清新爽人。轮船于九时三十分停靠码头。

国际法院副书记官长加尼埃-夸涅先生代表书记官长前来迎接,书记官长度冬假还未回荷兰。我的私人秘书吴权博士也前来迎接。副书记官长用他的车送我到海牙维特布拉格旅馆,我的秘书为我照管行李。

维特布拉格旅馆是荷兰首都最著名的旅馆。国际法院院长格林·哈克沃思先生应我的要求在那里给我预订了房间。这是两间一套的住房,舒适宜人,从这里可以俯瞰旅馆漂亮的花园和远处的一条运河和树林。

第三章　开始法院工作

4月13日,星期六,抵达海牙的第二天,我前往国际法院。国际法院设在由美国钢铁大王安德鲁·卡内基慷慨捐建的和平宫,本世纪初我还是哥伦比亚大学学生时,在纽约见过他。法院院长是美国人格林·哈克沃思先生,我对他进行了礼节性拜访。我任中国驻美国大使时在华盛顿就已认识他,那时他是国务院的法律官员。他是一位学识渊博的法学家,人很好。我很想就一两个问题请他明白指教。

关于我要对同事们进行的必要礼节性拜访的事,我向他说我知道有些国际法院法官是来自不幸已承认大陆共产党政权的国家,那些国家已经撤销或拒绝对台湾中华民国的承认。可是,他直截了当地告诉我说,对这个问题不必多所顾虑,他解释说,国际法院法官是由联合国选举出来的,他们之所以当选,不是因为他们的代表性,而是由于他们的个人资格,同时他们的工作是国际性的,与任何政治远远无关。他补充说,目前没有几个法官在海牙,但我应该在他们回来后对他们所有的人进行拜访。

遵照院长意见,我对每位法官都进行了拜访,只在最初有一个例外,因为我对拜访苏联法官科吉夫尼科夫还有一些顾虑。我知道他曾任莫斯科大学国际法教授,但也是一位苏联共产党忠实党员。我不知道他会怎样对待我的礼节性拜访。于是,在5月4日我回拜首先访问过我的英国法官赫希·劳特帕克特爵士时,有意征求他的意见。幸好他已经在考虑这个问题,我还未开口,他就告诫我说,那位苏联法官可能会像曾经对待徐谟法官那样反对

我在法院任职,如果他那样做,我不应该介意。同时还提过当年徐谟如何激动地回答苏联法官的情景。赫希爵士显然是要安慰我,他补充说,他认为那个苏联法官大概现在已经懂得国际法院是联合国的司法机构,而不是表达政治观点的场所。我随后告诉赫希爵士,我已经就拜访我的同事的事请教过院长,他告诉我应该对所有同事进行拜访,不要考虑我国政府同他们的政府,包括同苏联政府的关系。不过,我怀疑,如果我对科吉夫尼科夫进行拜访,他是否会接待。赫希爵士认为,在我进行拜访之前还是先试探一下为好,并主动提出愿为代劳,晚上告我结果。午餐时我在维特布拉格旅馆餐厅见到他在远处向那位苏联法官问候并压低声音诚挚地对他说话。同一天晚上,在我们一同参加克拉斯塔德法官举行的晚宴上,他告诉我科吉夫尼科夫很友好,很愿意接待我。

1957年5月6日我进行了拜访。我知道科吉夫尼科夫担任过莫斯科大学国际法教授,作为首任苏联法官戈伦斯基的继任者,是国际法院最年青的法官,不过那个戈伦斯基从未到职。科吉夫尼科夫热情接待了我,尽量做得亲切愉快,我们谈到莫斯科和海牙的气候差异,和他乘飞机和我坐轮船来荷兰的旅程。他认为值得骄傲的是他的飞机星期天上午由莫斯科起飞,当晚即到达海牙,途中仅在布拉格停留一站。我们谈到了我们俩都认识的苏俄人——莫洛托夫、维辛斯基、葛罗米柯、戈伦斯基。当我问到苏联前任驻伦敦大使迈斯基时,他说不知道他在哪里,显然是不愿提到他。

科吉夫尼科夫说我在苏联很著名,知道我是签署第一个中苏友好条约建立外交关系的中国外交部长,很高兴与我相识,并且说国际法院只是处理司法问题的机构。我解释说,国际法院是国际法律机构,代表联合国和联合国宪章签署国,并且超然于联合国大会所考虑的政治重要性和影响之上。我们谈到确立国际法条例的问题,我提到因领海权范围问题出现的意见分歧,说起某

些国家为了保护渔业利益宣布了六十海里领海权,秘鲁等国家甚至宣布三百海里领海权时,他说,过去领海权是三海里,现在一般是十二海里。他问到台湾和北平对领海权问题所持观点,我说台湾赞成十二海里领海权,但对北平的观点不了解。我说鉴于防卫沿海的火炮一类武器的发展,扩大领海权是必要的。他说,至关重要的是应该主要考虑安全问题。随后我即告辞。分手时他至少从表面上看,是用一种友好的态度对我说,他也住在维特布拉格旅馆,今后无疑会常见面。由于他不懂英语,我们一直讲法语,他的法语还过得去,我的法语则差多了。

同一天我还拜访了国际法院的墨西哥法官科尔多瓦先生,他给我挂过电话,说要拜会我。我见到阿根廷法官金塔纳也在他的房间,正在讨论挪威讼案。我说,我虽然专攻过国际法,并曾根据哥伦比亚大学教授约翰·巴西特·穆尔的建议对当时还不太成熟的索赔法问题在我的一本著述中写过四个章节,但我在国际司法领域还是个新手。科尔多瓦和金塔纳都说那是国际法中一个最有趣的专题,墨西哥过去不得不处理外国政府对它提出的许多索赔。科尔多瓦补充说,他本人曾为墨西哥政府处理过大量的这类问题。还提到除国际司法外,我在国际事务中的经验对国际法院会很有价值,因为国际法院在做出判决时不能太学究气,必须考虑在现实领域中的切实可行性。当我们讨论纽伦堡审判时,我说我曾任伦敦盟国战争罪行调查委员会委员,参与起草过一个条例作为审判战犯的依据,该委员会用了许多天讨论军官因执行上级下达的违反人道的命令而产生的责任。科尔多瓦说纽伦堡法庭采纳了战争罪行调查委员会拟定的条例,并把它作为审判的准则。至于下级军官的责任问题,他认为判他们为有罪是有充分理由的,不过这只能适用于将来而不能适用于在纽伦堡受审的那些人,因为这些条例是在被告犯罪以后制定的。金塔纳认为,这些条例即使用于此时也不公允,因为还没有被公认为国际法的一部分。我说通过这些条例的原因是:他们犯下了违反人道和人类良

心的罪行,换言之,也就是违反了全人类的共同利益。科尔多瓦称赞我的话非常正确。金塔纳虽然没有明确表示反对,但是我也能看出,他还有所怀疑。

我对国际法院前任院长现任法官法国人巴德旺进行的礼节性拜访为时虽短,却同样的有趣。这次拜访也在 5 月 8 日星期三。作为老朋友,我们畅叙了旧情。我说我在国际法院资历浅,希望随时得到他的指教,因为他从法院创立即是成员之一。不过,他说他非常了解我有清楚的法律头脑,并补充说,他仍记得 20 年代我任国联行政院一个委员会主席时向国际联盟行政院就萨尔问题所做的精彩报告。还提到,我在报告中阐述的法律见解表明我在公法领域的渊博知识和深切的判断能力①。

随后我们谈到我们的共同朋友,有法国国民议会议长赫里欧、法国参议院议长朱尔·让纳内、老一辈政治家和国际联盟的热情支持者保罗-彭古等。我们还谈到法国法律中的女权问题,他说法国妇女除享有女权之外,在政府工作中也享有同等待遇。他提到罗沃尔小姐,她曾为接受公职通过了领事及外交人员考试。但是法国外交部很为难,只能在收到她的一封同意不谋求在国外职务的信件后,才在部里为她安排了职务。保罗-彭古当上外交部长后接见了罗沃尔小姐,把她的那封自我克制的信连同一束鲜花退还给她。几天之后她嫁给了乔治·皮杜尔(后来连任几届总理)。我提到魏道明博士的夫人②可能是巴德旺先生在巴黎大学的学生之一,她曾出任过中国法庭的第一位女法官。巴德旺告诉我,现在法国也有著名的女律师被任命为最高法院法官。

同一天我还对巴基斯坦法官穆罕默德·查弗鲁拉·汗爵士

---

① 约一年以后,我搭他的车回旅馆时,他又提到国际联盟时期法国对萨尔地区的管辖问题。他告诉我,他在法国外交部任法律顾问时,曾就法国在萨尔地区驻军问题提过建议。他的观点与我任国际联盟报告起草人时就这个问题发表的观点完全相同。法国驻军不是占领军,也不是萨尔地区管理机关的一部分,而是保卫这个地区及其居民的卫戍部队。

② 郑毓秀。——译者

作了为时不长的拜访。他介绍了他与我的前任徐谟亲密友好的情况。他说徐谟几乎每天都让他搭自己的车回旅馆。当他第二次结婚后携夫人去拜望徐谟时,徐连说两次"你真是非常幸福"。查弗鲁拉爵士说他开始没听清,但当徐谟激动地又重复了一遍时,他感到徐谟大概对自己的家庭不大满意。不过,他是在徐谟死后,6月28日晚上带夫人从英国旅行回到海牙后,才知道事实真相的。和国际法院的其他法官一样,查弗鲁拉好心告诫我,由于我是新法官,国际法院可能首先请我参加不公开审议来讨论当时审理的"挪威贷款案"(法国对挪威)。

第四章 国际法院第一次
秘密会议我正式就任法官

　　1957 年 5 月 7 日，院长在宽敞的小会议厅召集了一次法院秘密会议，与会者除法官、书记官长、副书记官长外，只允许三位书记参加。迈克尔小姐将英文译成法文，阿奎龙先生将法文译成英文，皮尔皮奇先生作会议详细记录。院长坐在椭圆会议桌中央，副院长巴达维坐在他的右边，书记官长奥利文先生坐在左边。其他法官——佐利克和科吉夫尼科夫坐在右边，克拉斯塔德和查弗鲁拉·汗坐在左边。格雷罗坐在院长对面，巴达维①、里德和赫希·劳特帕克特爵士坐在他右边，维马立克·阿蒙-乌贡和金塔纳坐在他左边。科尔多瓦坐在会议桌右端，我作为新进的低年资法官当然排在末位，坐在院长左侧的桌端，与科尔多瓦相对。院长宣布开会后开始按议程进行。他首先表示欢迎我作为新法官接替徐谟的职务，并表示相信我的知识和经验将使我成为法院的新的重要成员。我简短回答，感谢院长的美言并请他和我的其他同事们在我任职期间对我多加关照。随后请科吉夫尼科夫发言。使我吃惊的是，他说反对我任职于法院，并说苏联不承认派遣我的国家。当然我不得不作答复。但院长在允许我发言之前，立即说国际法院是联合国的司法机构，一切政治问题均不应在法院会议上提出。随后他请我发言。我说，院长讲得很正确，听了他的讲话，我觉得没有什么可补充了。鉴于法院规约第十六条禁止行使任何政治或行政职能的规定，我仅仅愿意表示，科吉夫尼科夫

---

　　① 巴达维，疑系巴德旺之误。——译者

先生说了这样一些话,令我惊讶而已。由于院长已向科吉夫尼科夫先生阐明,我不愿意再多占用法院会议时间。会议结束后,我的几个同事走来,说我作出反应非常好,那个苏联法官也曾对我的前任徐谟说过同样的话。意外的是,科吉夫尼科夫本人也向我走过来并请我相信他对我本人毫无恶意。我和我的其他一些同事得到的印象是,科吉夫尼科夫一定是根据莫斯科政府的指示这样做的。[①]

关于这次出人意料的事件,我想补记一位法国同事在法院院长克拉斯塔德[②]同年 11 月 14 日举办的晚宴上对我说过的话。他说,在一次法院秘密会议上,当科吉夫尼科夫第一次见到我的前任徐谟出席法院秘密会议时,也发生过同样的事件。他说起前苏联法官克雷洛夫得到苏联外长维辛斯基的指示,要把徐谟驱逐出国际法院,因为他仅能代表"蒋介石集团",而不能代表中国。但克雷洛夫拒绝这样做。被选出接替克雷洛夫的索任斯基没来任职,于是又选出科吉夫尼科夫来填补苏联的席位。科吉夫尼科夫确实试过一次,说徐谟不是中国的代表,不应该来当法官,但徐谟说,苏联法官竟然试图把政治问题引入作为司法场所的国际法院,令他非常吃惊。

1957 年 5 月 13 日上午十一时,国际法院在宽敞的审判厅审判挪威贷款案的公开会议上,我正式就任国际法院法官。法官们为一次公开会议所做的准备相当周详。我们先聚集在一间公开开庭的准备室中,每人都穿上镶有天鹅绒滚边的黑绸法袍,在领带外边系上带花边的白色襟饰。这是必须照办的,其他方面就随便了。有六位法官戴白色大礼服硬领,其他法官都只戴一般硬领

---

① 我惊奇地发现,我当时的日记中没有此事的记载,这可能是因为当时急着要详细记录我很关心的法院第一次秘密会议的情况,而忘记记下这件事。不过,我的回忆仍是非常清楚的。

② 院长克拉斯塔德,原文是 President Klaestead。但当时院长是格林·哈克沃思(Green Hackworth),742,副院长是巴达维(Badawi),本卷第 3 章。该章称克拉斯塔德为法官(judge)。——译者

或软领。查弗鲁拉·汗爵士穿一件活领条格衬衫，赫希·劳特帕克特摘下他的一般硬领，从外衣口袋中掏出一个大礼服硬领换上，阿根廷法官金塔纳见到这种情景便对我和墨西哥法官说，已经有了可以不戴大礼服硬领的默契。查弗鲁拉·汗爵士告诉我，他是任何时候都不戴大礼服硬领的。

随后，法官们排成一行，由仪仗官领队步入审判庭，仪仗官也身着正式服装，手执一根别致的官杖。书记官长也身着官袍走在队列顶前头，我按吩咐紧跟在他后边，其他法官在我后边依照年资排好队，院长走在队列中间，因为他将坐在审判庭高台上的中间座位，正像我将坐在最末端一样。其他法官也依年资入座。这是一个令人难忘的场面。特别是在法官们步入审判庭，身穿制服的执达员高声宣布开庭，在座的听众全体起立，等法官全部坐好后才坐下。当时出庭的有法国、挪威案件当事人，各界的代理人，辩护人，专家以及秘书等。楼上下坐满了一般旁听人。

列队入庭的法官入座后，院长起立宣布开庭，先宣布我出庭继任前法官徐谟并请我宣读就职誓辞。法官长桌上摆着四个话筒和三个扩音器。等全体法官和听众起立后，我站起宣读印好的誓辞，听众站着直到听完誓辞用法语译完后才就座。然后，院长开庭审理挪威贷款案，首先请法国代理人安德烈·格罗先生发言。

格罗以大学教授的风度发言——他确实是位巴黎大学教授——沉着而审慎，吐字缓慢、清楚，不带表情。随后发言的法方首席辩护律师像一般法庭上的律师一样——实际上他就是一位巴黎的法国最高法院的辩护律师。他不断用各种手势强调他的论点，表现出一种幽默和讽刺味道，有时表现很激动。显然是要使他的论点引人注意。不过，他讲得很好，听起来很有意思。

在任法官的同时，我个人又遇到了一个亟待解决的问题。当时我仍是台湾中华民国政府总统蒋介石的资政，这是蒋介石总统在1956年春天我去台湾向他提出辞去华盛顿职务时亲自授予我

的荣誉职务。我曾两次谢绝，但他一再坚持说，我们二人必须继续保持良好的私人关系，因此才接受下来。这项任命是荣誉职，不意味着担任任何指定工作。实际上我入选国际法院后就感到应该辞去这个荣誉头衔。所以，当我5月4日收到外交部长叶公超从台北打来的电报，说我国驻纽约联合国使团认为我最好辞去蒋总统资政的职位并征求我的意见时，我并不感到突然。鉴于国际法院规约第十六条第一款的规定："法院任何成员均不得行使任何政治或行政职责，或者从事其他任何专业性职业。"事实上我一直在考虑这个问题。

因此，5月16日我亲自写了一份辞呈给蒋介石总统，附在给总统府秘书长张群将军的一封信里，请他亲手转呈总统。当天还拟好一封复信给叶公超，告诉他我是怎样做的。不过，在寄出这两封信之前，我想亲自将此事告知法院院长，期望他完全同意我的想法。因此，当天上午法庭休会后，我和院长一同去他的办公室，向他报告关于我辞职的打算，并告诉他，我之所以这样做，是考虑到法院规约第十六条以及刚刚读过的几位国际法院法官1947年所做"不得兼职"报告书中的意见。哈克沃思立即说我的想法是正确的，并补充说，即使资政职务只是个荣誉头衔并不担负任何工作，也应该辞得干干净净，并记录在案。今后如果我不继续当选，仍然可以再担任这个职务。不过目前仍以辞去为宜。这次会晤之后，当天下午即将上述两封信发出。

第五章　参加法院工作

关于我在十年法官任职期间参加法院工作的情况,不准备多说,只作一般简要介绍。因为我记得很清楚,法院有个共同遵守的好传统,对任何审理的案件或申请咨询意见的事项,法院的审议讨论内容均为不公开的机密。对每项诉讼的结论以及对每次申请所提供的咨询意见,总是当庭宣布。此外,所有判决和咨询意见都一定要在法院年报上发表,这些年报不仅送交联合国各会员国政府,而且在各国的主要图书馆中都可以找到。

实际上法院的判决和咨询意见不仅在法院公开宣布和登在法院正式刊物上,而且后者还全文登载法官们对每一判决案件的争议意见和个人意见。提交诉讼的案件和申请咨询意见事项都一律如此。

事实上,法院在对某一指定案件作出判决或提出咨询意见以前所作的审议讨论,一般都认为其机密性极端重要。法院曾有一次收到一个联合国会员国、国际法院规约签署国提出的官方赞扬,因此不得不对保守机密一事作出明确规定,1957 年 5 月,法院院长收到以色列驻海牙公使根据其政府指示提交的一份公函,指控埃及法官在开罗报纸上发表谈话,说如果将亚喀巴湾问题提到法院申请提供咨询意见,或者作为两方的讼案提交国际法院,他肯定将出庭,而且他的出席是非常重要的。以色列政府认为这项谈话是违反了法官不得对可能提交国际法院的任何事情发表评论或个人意见的规定。由于他没有遵守规定,根据法院规约应该禁止他出庭。这封信还请法院院长将它转发给联合国各成员国

和法院规约签署国。巴达维法官慎重地要求退出讨论此事的会议,但他说在离开之前希望说明一下经过。他说,在一次招待会上,有人问他如果苏伊士和亚喀巴问题提交国际法院他是否出庭,他回答说他肯定要出庭而且应该出庭。他补充说,向他提问的人——甚至连那个人的姓名都不记得——显然将他的话告诉了与该报有关的人士。在法院的所有同事看来,他的话完全是无意的,而且即使这个问题提交法院,并确实关系到他的国家的利益,法院规约也要求他和其他法官一样出庭。于是法院把法院意见答复给以色列公使转告他的政府。

我提起此事的唯一目的是要证实这样一个正确观点,即法官们对任何需要最终判决的案件所作的审议都应保持秘密,这也是普遍期望于法院的。我在法院十年任职期间,这项明智的政策一直得到严格遵守。为此,在扼要说明我在法院的工作时,永远牢记这个传统,避免提到任何审议内容。审议常常是很长的,甚至由于各种争论和答辩意见而表现得生气勃勃。这些争论和答辩意见都是各位法官根据个人意见或信念提出来的,最后才由法官们投票表决得出最终结论。好在表决情况总是在判决或意见中写明。此外,法院的各位法官,包括该案件的指定法官,根据规约第五十七条都有权对案件的判决提出不同意见,或者根据个人意见说明应该怎样判决的理由。这些意见均公开宣布并随双方当事人的答辩书和各方提交的所有文件一起在法院正式报告中发表。

由于上述原因,我只对我在法院任法官和最后三年任副院长的整个十年工作期的情况作一简略介绍。

在整个十年当中,国际法院共研究和判决了十七个案件,提出过两项咨询意见,为方便起见,我把一个案件的初步异议和根据是非曲直做出的判决算作两个案件。实际上,在一项指定案件中,法院对被告向受理法庭提出的初步异议所进行的审议及裁定,和驳回初步异议之后对案情是非曲直进行的审议及裁定是同

等重要的。通常法院审理被告提出的初步异议并继而在公开法庭上进行正式的法律程序,和其后审理判决案件时的法律程序毫无二致。如果被告提出的一项或几项初步异议被法庭驳回,并将裁定当庭公布后,该项案件即将在当事人做过相当长时间的准备后,提交法庭公开审理和最后判决。如果将一项指定案件的初步异议和根据案情实质做出的判决算做两个案件,那么,在我的十年任职期间,国际法院共受理了十七个案件。此外还受理提出了两项咨询意见。我有幸能够参与法庭对这十七个案件的公开审理和为作出判决而进行的秘密审议。其中三个案件,我被选为起草委员会委员,这个委员会也召开会议起草判决或咨询意见供法庭讨论和采用。根据我的经验,这些讨论不仅彻底而且极为细致。一般说来,法官们都积极参加讨论,交换的意见常常针锋相对,生动热烈,随后对某一论点进行表决。这些热烈的讨论给我留下深刻的印象,使我再次想起每位法官就职时的誓词:"正直地、妥善地、公平地和忠实地履行并执行法官的职责。"

在我的十年任职期间,法院一共召开了二百多次会议,其中包括公开开庭、秘密审议会议和法院院长当然参加的起草委员会会议,我有幸从未缺席过任何一次会议。必须加以补充的是,我对出席和参加审议和有时参加起草委员会起草判决供全院讨论一直深感欣慰。

在结束关于我在法院工作情况这一章之前,我愿就我当选为法院副院长补充几句。1963年底,我的一个好友和能干的同事对我提起法院正副院长三年一度的选举。他告诉我,他和我的其他几位同事都希望在以后的三年中由我主持法院工作,因为现任院长应该退休,同时根据法院惯例每三年选举一位新院长。但他还告诉我,我们的澳大利亚同事①非常希望获得这个荣誉。我立即告诉他,如果其他人热衷于这个职位,我决不和他竞争。第二年

① 指珀西·斯彭德。——译者

春天法院复会时,正副院长任期即将届满,新选举势在必行。因此,1964年3月初法院复会时,就要进行选举。3月9日星期一,我见到杰拉尔德·菲茨莫里斯爵士,他告诉我院长希望将正副院长三年一度的选举推迟到星期二,但是他和菲利普·杰瑟普法官觉得没有必要。他还估计了候选人获选的机会,他说斯彭德的选票数差不多,大概仅差一至二票,我也很有希望当选副院长,不过他声明这只是推测,要等实际选举结果后才能见分晓。选举在当日下午举行,结果与他推断的一样,珀西·斯彭德以8-7票在第二轮投票中获选,我以11-2-1-1在第一轮投票中当选。

但是应该补充的是,我的副院长职务纯粹是个荣誉职务,并没有给我增加额外工作。虽然在过去几年中,前几任副院长在院长因病或因故不能出席时曾执行过院长职务,很幸运,在整个任期中院长和我一样健康。虽然有一次他应约到旧金山作一次讲演,还是对法院全体人员保证只缺席两三天,并希望同事们千万等他回来主持工作。尽管有一些同事提醒他,在他离开期间副院长可以主持会议,但是他认为这是短暂的耽搁,同时我本人也愿意做个人情,即使在这短短的两天里,也不想非代他行使职责不可。

在本章结束之前,我愿意就另一件事再说几句。中国政府司法院院长王宠惠先生几个月前在台湾故世,为了帮助他的遗孀摆脱经济困境,我感到有义务管一管。

1958年11月,我收到外交部一封电报,通知我王宠惠博士因肺癌去世,我将此事转告了法院书记官长。虽然严格说来,国际法院不是国际联盟时期的常设国际法庭的后身,但是常设国际法庭的全部档案和记录都已经转移到现在的国际法院保管和参考。我还将这个令人悲痛的事通知了我的同事们。我们记得,萨尔瓦多法官格雷罗曾任过常设法庭庭长,并且非常熟悉他的同事王宠惠博士,他向我表示了深切的哀悼,自然,我向王夫人发去唁电,并告诉她我做的事。第二年夏末,法院休庭。我回到纽约,收到

王夫人的侄子从中国驻东京大使馆寄来的信,告诉我王夫人正为她的经济情况担忧,因为中国政府高级官员包括司法院官员均不享受退休年金待遇,王博士死时是司法院院长。王夫人的侄子要求我尽量从常设国际法庭的年金基金中为王夫人争取一些年金,因为王在常设法庭创始时曾任代理法官,后来任法官。

国际法院9月复会时,我返回海牙,设法为此事努力。9月24日,我拜访了书记官长加尼埃-夸涅,请他帮助找一下常设国际法庭年金条例,以便我能够研究如何帮助王夫人。四天后我收到了常设法庭案卷,经过研究发觉王宠惠的年金问题比我想象的要复杂得多。据案卷载,王早于1931年任常设法庭法官,但在任满之前被任命为新成立的南京政府的司法部长,由于中国政界朋友们的急切催促,他回国就职。这件事情在英国报纸上报道后,国际联盟和常设法庭的热情支持者罗伯特·塞西尔勋爵提请国际联盟秘书长加以注意,秘书长是个英国人,其时他已然按照例行公事把王宠惠的法官月薪存入王在伦敦的银行账户。塞西尔勋爵干预之后,秘书长又将存款提出并将此事通知王宠惠。王宠惠于是通知秘书长,放弃他在常设法庭法官任期结束前三个月的薪金。王博士的这种主动表示最后导致常设法庭书记官处得出这样的结论,即王宠惠博士没有资格享受年金,因为他在法庭的任职时间比规定的任期短三个月,而不是多十五天(从1931年1月1日到1936年1月15日)。

向国际法院中几位职位较高的同事请教之后,我于1959年10月30日写信给日内瓦常设国际法庭年金基金会秘书丹恩先生。五天之后,我收到丹恩的复函,提到由于我的信是一封公函,所以要转给常设国际法庭基金董事会研究处理。

10月13日,我写信给台北王夫人,通知她我为王博士年金问题所做的努力。当天我还收到熊式辉将军一封信,也是询问年金问题的。三天之后,我写信给前常设法庭法官塞西尔·赫斯特爵士和郑天锡(莘庭)并附上我写给丹恩先生的信。三个月之后,我

收到国际劳工组织的正式复信,国际劳工组织设有一个特别委员会负责常设法庭法官的年金基金。复信说没有办法更改过去就王宠惠博士的年金问题做出的决定。这使我很失望,相信王夫人后来知道此事也一定会失望。

后来我在纽约和郑天锡一起吃饭时,把最后的努力结果告诉他。他和我一样,也十分失望。我请他在回国途中在伦敦和塞西尔·赫斯特爵士谈谈这件事,但他认为成功希望不大。在他看来,国际劳工组织无法改变国际联盟已经做出的正式否决。

第六章　海牙生活

住在荷兰王国首都是愉快而舒适的。这里不是像伦敦和巴黎那样的大城市，我的一些欧洲朋友开玩笑地说，它是"欧洲的最大村庄"。但是，我觉得海牙有它特有的魅力。这里的街道都是碎石铺筑，干干净净，绝大部分街道都是绿荫夹道，除商业中心外，高层建筑很少。甚至皇宫的建筑在宁静的环境中也显得美丽幽雅。可是海牙虽小，却具有一个大城市应有的一切设施——图书馆，博物馆，艺术厅，歌剧院和一些放映电影和偶尔上演话剧的影剧院。此外，还有斯赫维宁根的引人入胜的海滨胜地，这个地方，离维特布拉格旅馆和我后来的克雷梅尔韦格街一五○号住宅仅一箭之遥，我仍然记得我的孙男女们访问海牙时，带他们去海滨胜地游玩，他们欢天喜地的情景。

在海牙的第一年，我带了个私人秘书，叫吴权，是我在北京一位老朋友的儿子，当时那位朋友任中国众议院议长。他以法学博士学位毕业于巴黎大学之后，我应他的请求把他留在我的驻法国巴黎大使馆作随员。我在巴黎和以后在伦敦的时候，他一直留在我身边。我调任中国驻华盛顿大使后，他回国到南京外交部工作。我选入国际法院后，他想做我的私人秘书协助我工作，我很高兴他回到我身边，但我在法庭的工作实际上是个人工作，他帮不了多少忙。我的几个同事对我说，我是唯一带私人秘书的法官。他们不明白我究竟在哪方面需要他的帮助。于是，一年后经过双方同意，我向外交部推荐他回去做外交工作，外交部长叶公超表示随时欢迎他回到外交界。但是他最后决定和他的新婚英

国妻子留在伦敦。

事实上我发现法院许多同事说得十分正确,法官的工作完全是个人工作,甚至连在法院图书馆查阅参考资料随时都有一个经验丰富的图书馆员帮忙。当然,对我在法院工作有用的一切材料还必须亲自阅读。

1957年夏天我到海牙不久,就发现法院法官们在荷兰外交界很受欢迎,除了派驻荷兰政府的大使馆和使团邀请参加国庆招待会外,法官们还常应邀参加气氛相当亲切的晚宴和玩纸牌。外交使团中最好客和最受欢迎的成员之一是巴基斯坦大使莉卡·阿里汗夫人。她才华横溢,消息灵通,在各外交使团和荷兰外交界非常出名,在5、6两个月中,我三次应邀参加她举办的"加纳斯塔"牌、桥牌晚餐会。这些都是非正式但规模很大的聚会。例如,1957年6月14日举办的那次,邀请了三十五位客人,其中包括我在法院的美国、埃及和她的祖国巴基斯坦的同事,以及巴西、加拿大、意大利、土耳其和其他几个国家的大使和夫人。我的桥牌伙伴是加拿大大使斯通的夫人,荷兰仲裁法院法官尤英海德的夫人和巴西大使若阿金·德·索萨-莱昂。这次宴会是自助餐宴会。一桌欧洲风味食品,一桌巴基斯坦风味食品,显然出席的每位来宾都很喜欢这次晚宴。

刚刚提到的几次宴会虽然比较突出,但它们不过是海牙外交使团社交活动的几个例子。我在国际法院工作期间,和我的同事们一样,常常应外国使团和使馆邀请参加晚宴、午宴,特别是他们为庆祝各自国家独立日或君王诞辰而举办的招待会。这种情况大概比其他任何情况更能说明,在海牙一般都认为国际法院法官决不像外交官那样代表他的政府,而是代表一种特殊的世界法律制度。严格地说,法官的特权地位完全来自他的国际法院成员身份,用联合宪章的话来说,国际法院是联合国的主要司法机构,这样,它无疑是世界最高法庭,裁决主权国家之间的案件。这些国家都曾发表过接受国际法院的强制性审判的宣言,交法院

备案。

在得到法院同事和海牙外交使团朋友们多次招待之后,在法院 1957 年夏季休庭之前,我觉得应该回请几次,这也是社交中的责任。因此,1957 年 7 月 2 日和 3 日举办了两次午宴,一次是在斯赫维宁根皇宫饭店的二十人午宴,第二天是在维特布拉格旅馆的一次二十三人的午宴。两次宴会都很成功,因为一些客人在几个星期以后曾经向我提到这两次宴会,我想这是因为宴席上的菜单和饮料都是事前与各饭店的厨师长和侍者领班详细磋商精心选择的结果。

一般说来,每当我和法院其他法官参加各国使馆和使团举办的晚宴、午宴和为庆祝各自国庆节而经常举办的招待会时,我总感到这些使馆和使团是热情友好的。虽然它们的政府已经承认了中共政权并撤销了对政府已迁至台湾的中华民国的承认,但是表面上并不影响邀请我去他们的使馆。例如,我到海牙后的第一年,埃及大使邀请我参加他所举办的盛大国庆招待会,这正和我的埃及同事、法院副院长在从维特布拉格旅馆到法院的途中经常让我搭车的情形一样,显然是对我的一种友好表示,因为我和这位副院长几年前在若干次国际会议上早已相识。扎基大使是位年轻而才华横溢的外交官,他在接待行列的前边热诚地欢迎我,告辞时又热情地感谢我赴宴。

此外,这次宴会还有其他方面使我感觉有趣。当我环顾客厅时,看见四个中国客人——两个穿黑色中山装的男人和两个穿制服的青年女子。我怀疑他们是共产党中国大使馆的成员,因为荷兰是大约十五年前首先承认大陆共产党政权的欧洲国家之一。他们都好奇地注视着我,我也好奇地看着他们。我不知道他们的姓名,不过,我猜想他们大概知道我是谁。

当然其他同台湾中国政府保持外交关系的政府的使馆或使团总是不断地请我赴晚宴、午宴及国庆招待会。如果某个使馆或使团位于离海牙相当远的美丽郊区瓦塞纳,那会让人劳累一些,

但是参加这些盛大宴会是工作之余的一种愉快的消遣。

至于法院和荷兰政府的关系,总的来说还是十分融洽的。严格说来,两者之间不存在官方关系。根据双方协议,和国际联盟的常设法庭一样在海牙设立常设的国际法院,除了安全和保卫一直由荷兰当局负责外,二者之间不存在任何问题。每当荷兰政府举办正式活动,法院的法官和外交使团的大使、公使或代办一样,总会应邀参加。

1957年9月17日,我和同事们参加了荷兰女王朱丽安娜主持的荷兰议会开幕式。当时的场面令人难忘。外交使团全体出席,所有人都穿正式礼服,大部分人穿着带有各种勋章的制服。我们国际法院法官都穿黑色礼服,打白领带,但没有一个人佩带勋章(我曾请教过我的加拿大同事,他告诉我,法院几年前曾决定,如果法官们被作为一个团体邀请参加活动,都不佩带勋章,但任何法官以个人身份参加社交活动时,可以佩带勋章)。古老大厅,高高的天花板由木梁拱托,墙壁上装饰着荷兰各省、市、镇五彩缤纷的旗帜。女王御座安置在议会议长即主席的座席对面的一个为开幕式专设的高台上。伯恩哈德亲王的座椅和女王的御座很相似,不过小一些,放在女王御座左边稍后一些的位置上。议会秘书长根据主席指令于十二点四十五分宣读一项为时五分钟的简短文告。大厅里一片寂静,全体与会者恭候王室成员驾临。下午一点刚过,号角齐鸣,佩剑铿锵,宣布王室成员驾到,女王和亲王步入大厅时,全体起立。女王陛下在王位就座后,全体才坐下。她立即沉着地、不慌不忙地宣读诏书。当然说荷兰语。宣读之后,女王环顾四周,似乎在询问下个议程是什么?随后她意识到应该离去了,于是全体起立,直到王室成员走出议会大厅后,我们才缓缓地拿起外衣,从后门鱼贯而出。又等候了好几分钟,直到王室队伍动身离去。这个场面真令人难忘,前导是陆海空三军仪仗队,随后是王室的扈从车队,最后是由四匹黑色骏马并驾的女王马车。伯恩哈德亲王在马车里坐在女王左侧,女王向

等候在议会大院铁栅栏后边的大家挥手致意。再远一些,有成千上万的市民期待着瞻仰御容。女王肯定深受他们的爱戴,车驾经过时,人们欢呼或向她挥手致意。整个行列秩序井然,场面动人。这使我想起二十年代和四十年代我在伦敦出使圣詹姆士朝廷时见到的皇家仪仗队。

第七章　暂时在海牙租房安家

在我任职的十年期间，尽管法院每次开庭继续审理某一指定案件以及召开公开或秘密会议时，我无一次不在海牙，而且有两三个冬天法庭休庭后我也留在海牙，以便提前更好地为下一个案件做准备。因此我决定租一所房子，让我太太与我同住。我太太善于理家，身边有一个为她服务过二十多年的中国老厨师。过去三年，维特布拉格旅馆的生活虽然相当舒适，伙食良好，但总不如家庭生活和自己做饭好。

1960 年秋天，我从纽约回来参加又一届法庭工作时，得知有可能弄到退休法院书记官长奥利文先生在克雷梅尔韦格街一五〇号的房子。这所房子位于一条安静、宽阔的街道上，离我的旅馆仅二百五十码左右。那条街道正和通往荷兰著名海滨胜地斯赫维宁根的大道相接。这是一所二层楼，两侧被花园、几块花圃和几棵遮荫绿树包围着。楼下有一间宽敞的客厅，一间餐厅，还有一间书房。楼上有两间卧室，两间浴室。地下室是仆人住房和一间厨房。这是一所舒适的住房，离法院仅一箭之隔，我很喜欢这所房子，于是拜访了奥利文夫人，和她探讨从 1960 年 11 月起能否由我续租。奥利文夫人对我提出的请求表示欢迎，因为她非常希望带她丈夫到气候较暖的地方居住。奥利文先生病了一段时间，并已从法院书记官长位置上退休。她领我把这所房子看了一遍，给了我一张清单，列明他希望我作价买下的一些银器，几块地毯，两个书橱和几张画。当然我接受了她的意见，此事很快就商妥了。随后我要求看一下书记官长，见面时马上发现他是脖子

痛,正带着硬纸板领,虽然他的状况与过去全然不同,虚弱无力,情绪明显低落,但看上去比我想象的要好得多。

第二天,1960年9月29日,我签妥了这所房子的租约,交给法院书记官处的勒夫小姐转交房东。

房子租定后,就更容易和更能令人满意地款待我的法院同事和中外朋友了。当然的女主人,我的太太,很高兴能和我在一起并主持一切。一个月后,10月30日她和厨师一起从纽约到达海牙。我非常高兴地在斯希普霍尔机场迎候她们一行,但是也经历了一段担心的时间。由于浓雾,飞机晚点一小时四十五分钟。那所房子暂时还不能居住,我太太与我同住在维特布拉格旅馆,另为女仆在旅馆顶楼安排了一个房间。为了能在那所房子里款待来客,必须等我们的一些家具和餐具从纽约运来。

1961年11月21日,托运的东西运到并送达克雷梅尔韦格街一五〇号。二百八十件箱包包装牢固,途中未受丝毫损坏,真是难得。家具和餐具开箱布置好后,我们结清了维特布拉格旅馆的账,搬入新居。我太太是管理家务和款待宾客的能手,再加上我们的中国厨师、西班牙女仆和一个帮手,我们就开始或多或少地定期举办晚宴和午宴了。

第一次宴请多少是尝试性质。碰巧前交通部长、当时在台湾任蒋介石总统国策顾问的袁守谦先生正在欧美旅行,到荷兰来看望我这个老朋友,他在中国政界人士中是著名的中国菜品尝家。我还记得,在我参加他为我举行的宴会时,在一道道特菜由侍者端上宴席前,他多次离席去厨房,然后又回到席面上,问我们是否满意,并且说,这些菜是厨师按照他指点的特别方法烹调的。毫无疑问,都具有独特的美味。

在我家里,我们请他对宴席上的中国饭菜加以评论,总的说来,他是满意的,但也特别为改进一两个菜的风味提出了宝贵意见。

第一次尝试后,我太太和我觉得在这个季节里还可以多招待一些客人。开始我们设宴招待了院长哈克沃思夫妇,随后又几次宴请我的几位同事和回请几个使馆的和荷兰的朋友。

第八章　海牙琐忆

第一节　礼仪问题

关于在正式宴会和公共集会中为外国大使和国际法官安排座次经常是一个微妙的问题。我知道我的一些同事对这个问题十分重视。差不多半个世纪以前国际联盟常设法庭在海牙设立后，一再出现这类问题。我的一位同事对我讲过某年参加荷兰议会开幕式的一段不愉快经历。他发誓永远不再参加这种仪式了。他说，开幕式结束后，为了等汽车，他不得不在出口处冒着严寒站了半个多小时，因为负责官员在忙于为包括代办在内的外交使团成员叫车之后才给他叫车。真是令人遗憾。但是，外交部一定听到了这个情况，因为第二年议会开幕式时，为法院法官和外交使团成员指定了两个出口，轮流为两个团体的成员叫车。在议会大厅楼下，人数众多的外交使团坐在中间，法官们坐在大厅一侧，但和中间座位平行。大概是表示在首都的这两个著名团体的成员地位平等。

整个问题是难以处理的。我想象不出国际关系史中有什么先例，可以帮助我们得出一个使双方满意的办法。这个问题虽不是非常重要，但依然存在，特别是在新的情况下使得它进一步复杂化。例如，1957 年 5 月 16 日我的日记中有这么一段：

今天下午开庭结束后,在我们(巴德旺、克拉斯塔德和我)返回各自办公室的途中,巴德旺说他发现驻海牙各国大使与国际法院法官之间在先后次序问题上有过一个有趣的先例。他注意到,挪威大使拉尔斯·约斯塔先生被列为第二代理人,排在挪威最高法院律师、代理人兼律师的斯文·阿吕特森先生后边。如果驻海牙的一个大使在法庭上排在一位政府代理人后边,那么,比代理人级别更高的法官们就更有理由排在大使前边了。克拉斯塔德说他不能理解他的政府为什么这样做。

第二节　和王室的关系

法院和王室的关系很少而且是官方的,不过这种关系相当愉快。每年4月30日,朱丽安娜女王生日那天,法院法官和驻首都外交使团的首脑一样,前往赫伊斯博斯宫在女王的生日纪念册上签名,同时为表示尊敬,也在伯恩哈德亲王和王太后的两个生日纪念册上签名。

但是,1964年4月,我和我的同事们收到请我们参加4月22日星期三晚上在王宫举行的宴会的请帖。当然我们都愿意赴约。据说这个宴会本来定于3月举行,但由于宴请希腊国王而推迟了。

我和同事们对这次宴会都很感兴趣。同事之间就是否佩带勋章的问题讨论了许久,虽然王室请帖上明确要求"带白色领带和勋章",法院院长和我一开始就赞成由法官们自行决定。最后,授过勋的人都带上勋章,法官夫人们被通知要穿长夜礼服,颜色不能太深,戴白色长手套。

所有法官和夫人,书记官长加尼埃-夸涅夫妇,法院秘书们和

夫人以及副书记官长阿奎龙和夫人都按要求晚上八时前到达王宫。女王家属在中间屋子里，我们微笑着互相注目。我觉得没把我们给他们一一介绍是件憾事。我们认识他们中的一些人，但不是全体。女王陛下一位副官的夫人告诉我，她过去从未到过王宫，因为宴请国际法院成员，她才有幸第一次来此。她还说，女王举办的这种宴会通常只允许工作人员出席。

我们依照年资站成一行后，即宣布女王驾到。她与队列中每个人握手，她的丈夫伯恩哈德亲王跟在女王身后。随后她步入奥伦治亲王宴会大厅。筵席摆成马蹄形，院长珀西·斯彭德爵士坐在女王右手，我作为副院长坐在女王左手。亲王坐在女王对面，斯彭德夫人坐在他右边，我太太坐在他左边，其他人依次入座。

女王谈吐自如，一会儿和珀西爵士说话，一会儿和我说话，她脸上没有丝毫紧张迹象，尽管报纸上登了不少关于艾琳公主即将与波旁家族雨果王子结婚的消息，以及关于内阁的批评和公主与她父母意见分歧的各种报导。女王陛下举止和言谈令人非常愉快。我感到与女王在一起无拘无束。我们谈到双方显然感兴趣的几个话题——餐厅墙上的画、奥伦治宫历史、荷兰王朝的建立、国际法院工作等。我在巴黎早就和亲王相熟。女王提到，在她认识她丈夫之前很久，她丈夫就已经认识我和我那位爪哇华侨前夫人①了。她还谈到他们夫妇对中国艺术的爱好，并答应领我参观宫中的中国厅，想和我核对一下亲王的兄弟利此亲王对天花板上一些中国谚语的翻译是否准确，利比亲王是位著名的汉学家。

饭后，我们直接去中国厅，女王让亲王指给我天花板上和墙上的各条中文题辞，她手中拿着一个纸条，上边写着利比亲王的英文译文。女王请我将每条谚语或语录译成英文。我每翻译一

① 爪哇华侨前夫人，指黄蕙兰。——译者

条,她核对一下纸条上的译文,并说"正确",最后亲王说他兄弟这次已算考试及格。女王说他现在相信利比亲王确是一个优秀汉学家。

中国厅里铺的是中国地毯,挂的是中国窗帘,这些都是十八世纪初期的绣货,手工精致美丽,但由于经过至少二百年的陈设,已经有些地方脱线了。

随后,礼宾官指导女王陛下到另一房间坐在小桌旁。女王坐在桌子一端,每位来宾被引见给她,陆续短谈两三分钟。在简短接见的同时,我们与女王扈从和亲王都在另一个房间里闲谈。差五分十一点,女王接见结束,准备离去,和再次排成一行的我们握手互道晚安。

这次会见是简单的,但是很有趣,给人以深刻印象。没有某些欧洲宫廷中的那种生硬礼节。我想,难怪女王在荷兰如此深得民心,受人爱戴。

王室宴请国际法院法官的第二天,一位同事告诉我,这次宴会是十年来的第一次。他说,在国际联盟永久法庭时期,法官每年应邀参加宴会一次。现在的法院设立后,女王为庆祝法院成立,于1946年举行过一次,随后又每年一次。但在麦克奈尔勋爵任院长时,出现了一次意外事件。王室通知法院书记官长,女王将在12月初的某一天在王宫设宴招待法官和他们的夫人。由于法院计划在宴请日前两三天就要休庭,有些法官认为日期定的太晚,便谢绝了。这项拒绝被认为是一种冒犯,从那年起再没有宴请过法院法官。一些新法官不理解为什么王室不好客。法院一些人曾私下建议将法院迁移到另一个更好客的国家作为法院永久所在地。这种想法很可能透露到了荷兰政府部门,因此两年前荷兰外交部长和一位新任礼宾司长范林登男爵在他的住所为法院举行了一次招待会。男爵先生是位亲切有修养的人。去年,在庆祝荷兰独立一百五十周年纪念日时,王储贝娅特丽丝公主访问了法院,并在和平宫发表贺辞。在这次活动中,法院法官坐在大

厅中间的前排位置上,与荷兰内阁部长混坐在一起,院长坐在讲台上女王储右边,位置在外交部长之上。

法院的埃及法官1965年8月在开罗去世时,书记官处告诉我荷兰外交部礼宾司打来电话,说女王的最高礼宾官范林登男爵打算遵照女王的命令来法院致唁,问我什么时候可以接见。在院长斯彭德不在的情况下,我作为他的代表应当出面接待。我提出下午四点以后任何时间均可。四点十五分,男爵到来。根据我的指示,代理书记官长哈泽德先生从法院大楼前厅入口的铁栅门处陪他上楼。男爵站着,代表女王陛下表示哀悼;我也站着,代表法院表示谢意。随后我们坐下交谈了十五分钟。他说前一天才从法国的沙莫尼回来,所以对访问来迟表示歉意。我向他介绍了巴达维法官如何忠于职守以及他7月初离开海牙前夕健康状况明显恶化的情况。

我送他到电梯口,请哈泽德陪他下楼送上汽车。男爵离开后,我告诉哈泽德做一次来访记录,存入书记官处档案。因为范林登男爵完全是遵照女王陛下命令进行正式访问的,我的法院同事们应该知道这次来访。因此,书记官处将这件事的记录分发。

第三节　和外交使团的关系

国际法院和驻荷兰首都的各外交使团的关系是正常而友好的。包括我在内的一些法官经常应邀参加各大使馆和各公使馆举办的午宴或晚宴。当然,法院全体法官也常常应邀参加他们为庆祝各自国庆节举办的招待会。哥伦比亚大使伊拉戈里和夫人,就在他们搬进我们的克雷梅尔韦格街一五○号的住宅过夏天以前,在他们公寓中举办了一次宴会。宴会上我与印度新任大使拉

吉库马·辛哈和夫人进行了一次有趣的谈话。大使相当年轻,他告诉我,在学校时读过我在凡尔赛和平会议上和在国际联盟的几次讲话。那是差不多半个世纪前的事了,不禁使我感到年老了。我回忆起我在华盛顿的同事菲律宾大使卡洛斯·罗慕洛将军,也常常在宴会上告诉我们的美国朋友,他在马尼拉上学时,曾在课本中读到过我在巴黎和日内瓦的活动情况和我阐明亚洲对全世界的重要性的讲话。

我太太和我感觉泰国大使帕滴和夫人特别友好,原因之一大概是他们的小女儿与来海牙玩的我们的孙女彼此不错并成为非常要好的朋友。他们常常是我家的座上客,我们也常被请到他们的使馆。圣诞节时,我太太去纽约照顾另一个孙儿的诞生,我决定留在海牙研究法院一个重大案件,他们知道后便请我参加圣诞节晚宴,使我特别感激。他们真是一对和蔼可亲的夫妇。

正如我前边说过的,巴基斯坦大使阿里汗夫人是个非常友好热诚的人。她以资历关系担任海牙外交使团团长以后,曾访问过我们,1964年初,珀西·斯彭德爵士和我当选为院长和副院长时,她又对我们作了一次私人访问。我个人还接待过希腊大使帕纳约蒂斯·韦里基奥斯先生为祝贺我当选进行的一次来访。哥斯达黎加大使也通过书记官长转达了他的祝贺。以色列外交部法律顾问也来祝贺过。我还收到卢旺达外交部长以政府名义发来的贺电。我曾两次在伦敦和华盛顿任职,这两个地方从秋末到复活节一直是繁忙的社交季节,而在海牙则不同,但是也有一些例外。荷兰仲裁法庭法官尤英海德和夫人每年冬天都经常款待我。尤英海德夫人是英国人,她广泛结交了许多外国朋友和荷兰朋友。先是我自己,后来我太太到了海牙,还有她,都是尤因海德夫人茶会和宴会上的座上客。在那里,我们常常遇到他们的英国朋友、美国朋友以及荷兰政府和社交界的朋友们。

第四节　和荷兰各界的社交来往

　　这方面我想提一下罗伯特·范古利克大使和夫人为我们举行的一次有趣的宴会。范古利克先生是著名的汉学家。出席这次宴会的其他客人有前荷兰驻华大使艾森的夫人和安吉拉诺博士。后者曾于1931年被国际联盟理事会任命为李顿调查团的远东事务顾问,在中国工作过,对1931年9月18日日本突然进攻沈阳造成的中日冲突作过报告。当时他是由该调查团从荷属东印度政府借调来的。虽然这是1931年以来第一次见到他,时隔三十余年,但对他印象仍然很深。他和范古利克一样,也是个著名汉学家,甚至在离开驻华领事职务后也娶了位中国太太,这位太太是我的老朋友隋君韶(音译)的女儿。隋过去在交通部北京京汉铁路局工作。范古利克夫人做了一整桌中国菜,并且按纯粹的中国传统方式上菜,她虽然与范古利克博士结婚十八年,但仍然保持着中国妇女的气质。这毫不奇怪,因为她丈夫喜欢中国的一切。他领我参观了他的中国书房,里面摆满了许多标准线装的中国书籍,大部分是原版木刻书,他收藏的中国字画和他自己用各种中国字体刻的一套印谱。我很感兴趣,留下了深刻印象。当时他是远东国家研究资料部主任。他能够用有限的日语阅读和说话。另一位客人安吉拉诺博士,他和印尼的苏加诺有深交,他给我们讲了一段代表苏加诺真实性格的趣闻。日本人占领荷属东印度时期,对待当地人民比荷兰人好得多。苏加诺根据日本人的提名被任命为国家元首,日本皇家海军的兔田将军担任他的高级顾问。一天,日本陆军司令命令苏加诺提供二万五千名劳工去缅甸修筑道路,为在亚洲发动一场对英国殖民地的战役做准备。兔田是日本海陆军传统矛盾中日本海军气质的典型代表人物,他建

议苏加诺拒绝照办,并且答应说,东京日本海军最高司令部会支持他的行动,理由是苏加诺作为印尼人民的领袖,不能而且也不愿意把他的二万五千名同胞送到国外受苦送死。但是苏加诺的回答令兔田吃惊。他说,他不在乎二万五千名同胞性命,但是不愿意卷入日本陆海军的矛盾。这件事是兔田本人在东京告诉安吉拉诺的,兔田作为战犯被囚在东京,最后获释。

我还偶然结识了另一对有趣的荷兰夫妇。在一次从鹿特丹到纽约的航行中,我遇到了荷属东印度前总督和他的美国夫人,我们同乘荷美轮船公司一条新而舒适的"鹿特丹"号。船长鲍曼待人非常热情周到,船定于下午四时启航,他特意等我上船。那是1959年12月1日,是我在法庭格外繁忙的一天,我做了关于所谓葡萄牙与印度间通行权案件的说明后,必须在下午赶到船上,但是我的汽车在去鹿特丹的途中几次被繁忙的交通阻滞。鲍曼船长后来告诉我,虽然几位乘客看见钟表快到下午四点,问他为什么还不起锚,他还是决定等我。我也非常焦急,在途中的交通警协助下,于预定开船前十分钟才赶到船边。

上船后,在船长的餐桌上我第一次高兴地见到了尊贵的斯塔尔肯鲍赫·斯塔尔斯豪韦尔总督和夫人。他们在爪哇居住数年,很了解亚洲和亚洲人民。

当1942年日本军队入侵和占领爪哇时,他遭到逮捕,投入集中营,一直到1945年日本人撤出该岛时才被放出来。他的太太是美国人,非常能干。她告诉我,她的丈夫被关进集中营后,她也完全被切断了与外界的联系。许多中国朋友给她丈夫送衣物食品,也给她送钱购买食物和日常所需。其中有一位送去价值达一千美元之巨的荷兰盾,在当时,对她帮助很大。这是一份匿名礼物,此后她一直渴望找到这位赠金者本人,以便对他或她表示谢意和归还这笔钱,不过一直没有成功。

她注意到我们船上有一家中国人,问我能否为她打听一下消

息,以便能归还此款,良心得安。我意外地发现,船上的那家中国人来自爪哇的三宝垄,他们是我前妻的侄孙和侄孙女,正想看望我。我邀他们饮茶,向这位青年询问有无可能获得所需情况。因为我知道他的曾祖父黄仲涵是位工业巨子,很有钱,他的公司里雇用了许多英国人和荷兰人,常常得到他的接济。这位年轻人说他对我打听的事情一无所知,但他认为,如果有什么人对日本驻军压迫下的荷兰人给予过任何帮助,那很可能是通过中国商会隐名送去的,因为在日本人军事占领这个岛屿期间,惹恼日本人是极为危险的。我把这个情况转告了斯塔尔斯豪韦尔一家。虽说这个情况并不充分,但却好像使他们如释重负。他们返回荷兰后,在海牙郊区瓦塞纳安宁地住了下来。以后我们仅见过两次面,一次是在我们的克雷梅尔韦格街一五〇号住宅,一次是在他们郊外的家里。

第五节　海牙的华侨

中国在荷兰的侨民并不多,根据荷兰司法部长给议会第二院司法委员会 1963 年 9 月的报告中正式统计数字,荷兰有二千三百五十三个中国人,分布在各个城市——海牙、阿姆斯特丹、乌得勒支、代尔夫特和其他几个城镇,其中一千三百人在大部分由中国人开设的三百二十五家餐馆中工作,因为中国饭和印尼饭好像很受荷兰人欢迎。特别是在荷印和亚洲其他地区住过的人的欢迎。和世界其他地方华侨一样,这里的华侨也是爱国的,尽管其中一些已在荷兰成家立业,但是他们仍然深深地眷恋着祖国。

我愿意特别提一提曾祖述(音译)。他早年从中国的一个沿海城市经西伯利亚和东欧来到荷兰。一路上一直靠当流动商贩

筹措旅费。到荷兰后,他工作了一段时间,积攒了一些钱,独资在海牙闹市区开了一家餐馆,在他的荷兰妻子帮助下生意十分兴隆。

他的爱国精神和对来荷兰的中国人的热情款待和关照,特别是对留学生,给我印象最深。他好像是华侨界的天然领袖,常常自费发起庆祝中华民国国庆节的活动。他曾经几次去台湾旅行,台北侨务委员会承认他是荷兰华侨领袖。有一年,他在荷兰朋友的帮助下,组成一个荷兰国会访问团到台湾访问,由曾夫人陪同并照料团员。

曾先生是荷兰华侨界的著名侨领。但我必须补充的是,虽然荷兰政府是首先与北平政权建立外交关系的国家之一,但这些华侨,作为一个群体,都忠于祖国。在荷兰朋友的帮助下,他总是对中华民国双十节进行庆祝。例如,1966年10月8日,荷兰—自由中国友好协会就举行过一次专门招待会。这次招待会在双十节前两天举行,因为双十节这天中国侨民协会已经安排了另一次同样的招待会。许多荷兰人(至少占来宾的百分之九十)都踊跃参加。招待会的内容包括几个讲话和一部介绍台湾工业情况和一次动人的军事检阅的电影。第二天的招待会的中国节目比较简单些,请了一支荷兰乐队和荷兰杂技表演。

第六节　各国贵宾对法院的访问

国际法院除了和荷兰王室、荷兰政府官员、驻海牙外交使团、海牙各团体,以及就我个人说还和当地侨界往来之外,还不时荣幸地接受各国贵宾正式的和半正式的访问。例如,泰国国王和王后在对荷兰女王朱丽安娜陛下进行国事访问时,还来法院会见全体法官。这件令人难忘的事发生在1960年10月27日,他们访问

了与国际法院同在卡内基宫①的常设仲裁法庭之后。对国际法院来说,这自然是一件大事。因此,全体法官都身穿正式法袍,先在小会议厅集合,按照年资排成一行,正副院长站在离门最近处,以便出迎。当国王和王后走近法庭长廊时,书记官长出来陪行,院长从门内走出几步向他们问候,陪他们进来。随后他向国王和王后逐个介绍了各位法官。我们互相握手,他们一直走到行列末端,和四位书记见面。和国王、王后同来的有泰国临时外交部长翁讪瓦德瓦·德瓦古叻亲王和王室成员们,其中有文有武,有男有女,以及由荷兰女王指定扈从国王陛下和王后陛下的礼宾官员。

接见以后,面对国王和王后,院长在咖啡桌前讲了几句欢迎辞,国王代表他本人和王后表示了谢意。作为年资较短的法官,在和王后简短交谈后,我等了很长时间,才轮到和国王谈话,因为我的美国同事一直和国王说话。国王注意到院长后边还有一长列法官等候和他说话,就转身向他的外交部长示意,把外长引见给我的美国同事。国王和王后一样,显然非常自然、平易。他谈话很随便,在回答问题时说他觉得这次旅行有些累,无暇休息,每到一个指定城市就开始一套精心安排的接待和访问日程。他要到十四个国家进行十四次访问才能完成这次国事访问活动。不过他认为,这些访问在目前是必要的,可以促进了解和加强友好关系。王后比国王年轻,容貌动人,富有朝气,但是始终保持庄严和高贵。国王和王后停留了四十分钟,然后和每位法院成员握手告别,与扈从一起离去。

我还与泰国外长交谈了几句。他告诉我他只是为这次旅行才被任命为外交部长的,他从来不是个外交官,不懂什么外交。他还说泰国有许多中国人,希望我有朝一日访问他的国家,我将作为有半个世纪外交经验的著名中国外交家受到欢迎。

---

① 此宫正式名称为和平宫,是安德鲁·卡内基捐建的。——译者

这次来访中有一件怪事。就是报纸上早就发表了泰国王后将伴随国王出访,而且要对国际法院访问的消息,但没有一位贵妇,甚至法院院长夫人也没有出面迎接或者参加法院对国王和王后的招待。不过,王后非常周到和通情达理,在与法官告别快走到出口处时,她回身找到迈克尔小姐和她握手告别。

其他外国贵宾也对法庭进行过访问。例如1964年5月,美国国务卿迪安·腊斯克出访欧洲时,专门拜访过法院院长和副院长。艾德莱·史蒂文森也在这个月进行过同样的访问。1964年5月13日荷兰通讯社作过下列一则新闻报道:

美国常驻联合国代表和现正在荷兰参加北大西洋公约组织部长会议的美国代表团团员艾德莱·史蒂文森先生,今天访问了国际法院。

部分旁听了法庭对有关巴塞罗那电车电灯电力有限公司(比利时对西班牙)的案件的讨论会后,他受到法院院长珀西·斯彭德爵士和副院长顾维钧的接见。

参加会见的有法院书记官长加尼埃-夸涅先生。陪同斯蒂文森先生的是即将离任的美国驻海牙大使约翰·赖斯先生。

第七节　亲友来访

海牙的这种比我过去在华盛顿和纽约的岁月更为宁静的生活,也不时地由于我的亲戚和美国、香港、台湾来的中国朋友的到来而显得更有情趣。我太太的长女杨蕣孟带着她甥女唐芝英从纽约来看望过我们,芝英是我太太幼韵的长外孙女。蕣孟担任过哈珀-罗出版社的编辑,在纽约出版界有相当名望,后来被美国另一家著名的利平科特出版社请去。除了带她参观包括博物馆、艺

术厅的荷兰名胜之外,还举办一些鸡尾酒会,邀请国际法院和荷兰社交界的一些朋友以及当地外交使团一些大使和夫人与她见面。泰国大使帕滴和夫人也设晚宴请她,美国海军代表邦扎莱兹和夫人也为她举行招待会,邦扎莱兹夫妇在海牙深受欢迎。薷孟特别向我介绍一位退休的美国企业经理,她说,他在美国常常听到我的名字,特别希望和我相识并请我指教。他积极奋斗一生,刚刚从丹河工厂和其他几个公司的董事长位置上退休。杰斐逊先生告诉我,他已经八十五岁,希望坐汽车游历欧洲。他还说,他怕旅游后再返回美国,因为不知道回去干些什么来打发退休后的时间。我问他是否有何爱好,他不明白我的意思,于是我问他是否喜欢高尔夫球或钓鱼,我个人认为这两项活动都很有意思。他说,他一生中就知道工作,现在感到无所适从。我对他非常同情,可惜对他在如此高龄遇到的困境帮不了多大的忙。

1965 年 9 月,我太太的最小的女儿杨茜恩和她的二女儿唐琪一起来看望我们。我们夫妇都十分高兴。因为她们的到来和薷孟一样给我们家带来了欢乐气氛。和薷孟来时一样,我们带她们参观一些有趣的博物馆和其他名胜,特别是参观了鹿特丹和阿姆斯特丹的名胜,还参加了我的法院同事们和一些外交使团的大使们举行的招待会。

1965 年 10 月 19 日,我女儿菊珍从奥地利维也纳来海牙,她丈夫钱家其是原子科学家,曾在联合国设在维也纳的附属机构国际原子能总署工作。我和我太太在家里举行鸡尾酒会。使我女儿有机会会见法官和他们的夫人以及外交界我的一些朋友,因为她是联合国秘书处的成员,一开始就在纽约负责联合国托管及非自治领土部工作,我的一些朋友对她和她的工作已经有所了解。大概也正由于这个原因,酒会来宾很多,和往常一样,我们带她参观一些著名的博物馆和其他古迹,她停留了一周后即赴纽约。这一周期间,我们和她一样高兴。转年 4 月,茜恩和她丈夫唐骝千再次到来,我们带他们到鹿特丹的欧罗马特吃饭,在参观和平宫

的紧张一天后，又到阿姆斯特丹吃晚饭。还在巴厘饭店吃了顿印尼饭。5月，我儿子福昌来海牙;6月，我们的外孙女钱英英和长子德昌一家也都前来看望。

我们的好友香港的郭慧德夫妇1966年6月专程来欧洲看望我们，因为当时我正忙于处理西南非案件，不能和他们及幼韵一起乘船溯莱茵河而上——我一直有这个愿望。一个月后，朱文熊夫人张嘉蕊从纽约来看我们，这是她第一次来欧洲，见到她不仅很喜欢参观荷兰的古迹，而且还爱吃伦敦出产的一些特产水果如青梅子等，以及荷兰产的优良葡萄，我们非常高兴。

从台湾和美国来的其他中国客人中，我想提一两位，因为他们常给我带来一些重要消息，或者对我请教的问题提出宝贵意见。其中一位是董浩云先生，他是著名的航运大王，担任航运公司总经理和董事长。因为他在欧洲、亚洲和非洲都有注册的轮船，他和他的代理人们必须四处奔忙，掌握情况。他常常来荷兰，他公司的一些船只也挂荷兰旗或正在荷兰建造。他和他的主要助手、公司副经理卓牟来一样，都是亲切可爱的人。

前来访问的另一个重要的客人和老朋友是李榦博士，他是哈佛大学哲学博士，当时任台湾中华民国中央银行副总裁。他在华盛顿参加世界银行和国际货币基金组织的年会后来看望我。他离开台北前见过蒋介石总统的秘书长张群将军，此来专为将张群将军的一封信转交给我。张群将军在信中敦促我从爱国主义出发，同意继续竞选连任，因为总统以下台北的所有领导人都认为我是唯一能够重新获选的人。鉴于台湾面临的国际困境，失去法院席位将是对它的国际声誉的另一次打击。我向李榦解释我不愿继续竞选连任的原因，我可以推荐几位可能当选的其他中国人选，例如刘锴。李榦立刻说，刘现在的位置无人能代替。

从台湾来对我进行最有意义和最重要的访问的人是蒋介石总统的秘书长和忠实的拥护者张群将军。他历任四川省和湖北省主席、外交部长、行政院长。他是在作为特使前去罗马参加教

皇在梵蒂冈主持的普世教会运动会议闭幕式途中,专程来看我的。他和他的随员一同到来,我把他们当作私人客人,订了一套高级房间。

我在家里为他举行一次鸡尾酒会,全部被邀的人都出席了,其中有国际法院法官和日本、泰国、土耳其和哥伦比亚大使。这是一次男女客人都有的宴会,因为来宾的夫人们也应邀出席,看来张群将军很喜欢与来宾会见和交谈,特别是与日本大使和日本法官用日语交谈。他的日语是本世纪初和委员长一起在日本士官学校上学时学会的,辛亥革命前夕,他们二人回国,投入了国家的革命事业。

除了请我在1966年夏季继续竞选法院法官外——这个问题我将在这本自传另一章中详细介绍——张群将军还和我就美国对台湾和委员长的政策实质作了一次长谈,我告诉他我在白宫、五角大楼和国务院的一些朋友对我说过的话。张群将军说他回去后会把我全部的话转告委员长。这是他第一次听到我根据第一手资料所作的真相介绍。我还提醒他,美国人实际上对中国和中国人民不很了解。

我太太和我陪张群一行参观游览了鹿特丹和阿姆斯特丹。我听说鹿特丹出入船舶总吨位五年前就超过伦敦,已成为世界上最大港口。我们到斯希普霍尔机场为他去罗马送行。张群将军很讲究礼貌,到罗马后马上打来电话感谢我和我太太在海牙对他的热情款待。

第九章　关于法官改选提名我为候选人问题

1965 年,法院春季开庭延续了四个月,其间不断地举行公开开庭和秘密会议。暑假 7 月 15 日开始,但只能休息两个月多一点。关于南非案件,辩论开了六十多次,虽然已经创造了开庭时间最长的记录,但是由于 9 月仍然要继续此案,加以我们夫妇已经约好在美国的各亲属在我任期结束前的一年多时间里访问海牙,所以我们决定留在海牙。我们殷切地要他们来海牙,原因是我已经决定退出国内外一切公职了。

但是,1965 年 10 月 18 日,我收到中国外交部长沈昌焕一封公函。由于我对这个问题已经考虑过一段时间,从个人观点出发,相信不应该再次提名为候选人,于是给沈部长回了一封长信,解释我退出公职的原因,并且推荐几位有资格提名接替我的人选。还强调一旦做出决定,应立即与美国接触,不仅争取它对我们提名的支持,而且争取它帮助我们取得其他友好国家的支持,我认为华盛顿的支持是不可缺少的。

根据台湾决定外交政策的经验,我确信沈昌焕对我提出的要求不仅仅出于他个人的决定,委员长和国民政府的重要成员也一定仔细考虑过。我这种猜测是正确的,不仅仅从李翰博士转来张群将军的信中,而且如我以前提及,张群后来到海牙时也证实这一点。

收到沈信后不到两个月,张群来海牙亲自和我恳切地谈过这个问题。他告诉我,已经看过我给外交部长、行政院长和给他本人请向总统转达我不愿竞选连任法院职务原因的信,他说总统对

他的报告未置可否，但是他相信，我是唯一能保持中国在法院席位的世界公认的人选。他认为对我个人虽然是一种牺牲，但是，对政府和国家却别无选择。他劝我不要再犹豫。我坦率地告诉张群将军，我理解台北的意见，如果我再次竞选而失败，台北可以向人民交代说政府已经尽了最大努力。另一方面，如果我不再竞选，政府提名另一位而落选，人民就会质问，为什么不坚持以顾维钧作候选人。

我告诉张群美国的态度和支持的重要性，这些对我1957年1月选入国际法院起过很大作用。刘锴是个受过专门教育的律师，目前在联合国各方面很有名望，如果提名他这样的候选人，在保证得到美国和英国支持的情况下，很有获选机会。但是张群也像李幹那样不赞成我的意见，问我："谁接替刘锴现在的任务呢？"我说，要不了多久，从刘的副手中就可以提拔一位接替他。但是张群对我的意见似乎无动于衷，仍然敦促我接受政府的提议。我回答说，出于爱国主义我将再考虑一下。

实际上，我当时已经向法院中几位亲密朋友请教过这件事。早在10月间，我收到外交部沈部长的信后，就征求过杰瑟普法官的意见，我告诉他我谢绝的经过以及外交部坚持认为在目前中国的困难国际环境下我应尽这项爱国义务，我告诉他，在这个问题上，美国的态度是重要的。回顾我在1957年1月最后获选时的情况更是如此。杰瑟普法官很理解我的看法。

杰瑟普法官十分坦率和友好，他说，完全同意我不愿再参加选举的想法，而且承认我有权休息和不再担负责任。但同时他认为，在我国所处的实际情况下，我拒绝参加选举的理由是不充分的。他补充说，我的健康毫无问题，体力充沛，可以继续工作。我说他说的固然对，但我这样的年龄，健康情况可能突然垮下来，我不愿意让人家看到我不能全力做好法院工作。我又说，尤其是因为过去九年中我干得不错，无论是公开开庭还是秘密会议，从未缺席过。杰瑟普立即回答说，我重新获选之后，如果感到体力不

支,任何时候都可以辞职,还说,选举继任者的竞争激烈程度比三年一度的例行选举要缓和得多。他认为根据当时台湾的实际情况,我是唯一有希望获选的人选,因为我在国际上有名望,他相信我能获选,这是他的看法中非常重要的一点。我则认为华盛顿的支持在任何情况下都是必不可少的,于是向他询问了关于谣传美国将不再提名任何年过七十岁的人担任国际法院候选人的新政策。他说根本不存在这种政策。实际情况是,纽约律师协会主席倡导不应该任命年过七十的联邦法院法官。当他成为美国律师协会全国理事会的成员时,曾就美国提名国际法院候选人问题提过同样的建议。1963年,一位巴基斯坦候选人请求美国提名他为1963年的国际法院候选人时,美国采用了这个建议,巴基斯坦候选人的要求被拒绝了。但他补充说,国务院根本没有通过有关年龄限制的新政策。他相信,如果我参加竞选,国务院可能提我的名,他认为无论如何我都会获选。

　　虽然杰瑟普法官的反应令人鼓舞,但我仍然不愿参加法院下一任竞选。大约六个星期后,法院冬季休假结束,我请教了另一位同事和朋友,英国的杰拉尔德·菲茨莫里斯爵士。我告诉他,我不愿意做法院下届候选人的理由。他倾向于赞同我的看法,他说,我已经为国家兢兢业业地服务了多年,也的确该享退休之乐。他认为虽说联合国大会选举法官时已经出现一些政治倾向性,我仍然有再度获选的希望。不过他也觉得,他认识的其他一些中国法学家也有希望当选,例如优秀的国际法律师梁鋆立博士。我同意他的话,并且提出另一位优秀的刘锴博士,他在英国学习过,已经取得英国大律师资格。菲茨莫里斯表示同意。

　　西南非案件的第一部分经过六十次开庭,第二部分又经过二十次会议,其中包括听证和南非提出的证人和专家作证。因为要继续处理此案,我决定留在海牙,让我太太12月12日先回纽约,去看看孙男孙女们和他们一起庆祝即将来临的节日。感谢泰国大使帕滴夫妇的好心关照,我被邀请到泰国使馆参加圣诞晚宴。

由于我是他们家中的唯一客人,所以我更加高兴。

1966年1月底我回纽约。1月27日,中国常驻联合国代表团团长刘锴博士来看我,告诉我提名我为连任国际法院法官候选人的情况。我向他谈了张群将军到海牙的访问,和张群将军代表总统和政府其他领导人恳切要求我同意为了中国国际声誉再次竞选连任,我已经勉强同意了。但是我国政府有必要与美国接触并获得其支持。

1966年3月3日,我们夫妇离纽约去海牙。我和同事们一样,为了讨论和准备对西南非案件的最后判决而忙碌。我不知道为提名我为连任法官的候选人正在做什么工作和在联合国争取各友好代表团支持的进展情况。随着法院结束了西南非案件和1966年9月联合国大会开会后,我回到纽约,刘锴博士来通知我,中国代表团为即将进行的法院三分之一法官选举而做的工作进展形势似乎更复杂了,不过我并不吃惊。看样子泰国和菲律宾都在设法取得我九年正常任期后即将退出的中国在法院的席位。1966年9月20日刘锴向台北外交部发过一封电报,根据他给我的副本,知道当他为提名我当另一届法官候选人争取泰国外交部长兼泰国代表团长的支持时,这位部长告诉刘锴博士他已经厌倦了自己的外交部长工作,希望进入国际法院,恳切希望中国对他的候选资格予以支持。虽然刘锴力图说服他支持中国入选,他只是说无论如何这件事还是等联合国大会第一轮投票以后再说。万一他得票比较多,则迫切希望中国代表团支持他的候选资格。反之,如果投我的票数多,泰国代表会支持中国候选人。

刘锴还告诉我美国对中国候选人的态度,这是他在1966年10月20日给外交部的电报中详细说明的。电报中说,美国代表团团长戈德堡告诉我国代表团副团长薛毓麒,美国代表团仔细考虑了顾维钧法官参加连选的资格,根据最近估计,顾法官在联合国大会上可以获得二十张以上的选票,在安理会可获得二至三票。他还说,如果顾维钧落选,肯定将影响中国在联合国代表权

问题的投票。此外,顾法官已经年迈,大部分国家都不愿支持老年候选人。他接着说,美国退休年龄是六十五岁,因此他希望顾博士能够以年事过高为由放弃候选资格。这样,中国在联合国的声誉不致受到不利影响。戈德堡接着说,已经指示美国驻台北大使向中国外交部转达这个意见。因此请刘博士认真考虑他的建议。

薛博士回答说,根据他的最新估计,形势并非如此暗淡,联合国大会中已经取得允诺的有四十票,虽然看来安理会比较困难,但如果美国代表团能够说服西欧各代表团,他相信仍能获得绝对多数票。此外,他还表示,顾法官在法院的席位是安理会常任理事国应该享有的席位。如果中国在国际法院不享有席位,会同时影响到我国在联合国的代表资格问题。不过他当然要将此次谈话内容转告政府。但戈德堡再次敦促我们慎重考虑我国在联合国代表资格这个至关重要的问题。

1966年10月21日,刘博士电外交部报告说,在纽约也听到顾博士要放弃候选资格的谣传,可能是对选举感兴趣的其他代表团故意散布的。我国代表团多次讨论过这个问题。报告接着说他在和菲律宾外交部长的一次交谈中,介绍了我们一周前与泰国外交部长就此事达成的谅解。菲律宾外交部长也认为这样做是公平的,因此也达成了同样的谅解,他的一个重要观点是席位不能让亚洲以外的国家得去。

刘博士报告中接着说,最近他再度接触安理会其他成员国请求支持。这些国家的态度似乎都犹豫不决,不愿做出肯定答复。不过,他认为压倒一切的还是美国的支持,美国不愿意支持我们看来是因为它准备支持菲律宾候选人。泰国外交部长退出竞选可能也是由于美国的劝阻。同一天,刘锴又去看戈德堡,问他美国是否已经决定支持菲律宾候选人,戈德堡大概是出于礼貌关系,说还未决定,尽管刘锴反复强调他的看法,如果中国丧失法院席位,对中国在联合国的代表权就要产生深远的不良影响。但是

这些道理并未打动这位美国代表。当然,正如刘锴在同一电报中所指出的,关键在于美国是否已经明确答应支持菲律宾候选人。他说,大概为了表示客气,目前还未对菲律宾正式承诺。10 月 20 日,戈德堡明确通知薛毓麒,经过慎重考虑,他发现顾的候选资格可以获得二十票以上,但是在安理会仅能得二三票。如果顾在投票中失败,他担心这样的结果会对中国在联合国大会代表权问题的投票中产生不利影响,并再次指出,绝大部分代表团都不愿意支持任何年迈的人选入法院。他还提出,美国法官的退休年龄是六十五岁,建议顾法官可以年龄为理由退出候选,从而不致有损于中国代表权问题的投票。他补充说,已经指示美国大使把美国的想法告诉中国外交部长。

1966 年 10 月 26 日刘锴在给外交部沈部长的电报中报告说,经过与我协商,我决定以个人原因放弃竞选,并将书面通知联合国秘书长。外交部长 10 月 27 日回电说,他已经约见美国大使,再作一次努力,但是由于美国已将最后决定告诉我们,而且顾法官愿意放弃继续参加选举的候选资格,应该接受他的决定。电报中最后表示遗憾,顾博士的预测竟被证明是正确的。电报还提到行政院严院长和总统府秘书长张群都十分惋惜。请他向顾转达他们的遗憾和同情。还要求刘锴转达外交部长本人的同情。

1966 年 10 月 26 日,我给联合国秘书长写了一封信,通过中国代表团团长转交。内容是:

亲爱的秘书长先生:

我荣幸地通知您,根据医生的建议,出于健康原因,我希望放弃在即将举行的国际法院法官选举中的候选资格。请通知联合国大会和安理会,不胜感激。

值此机会向在这次选举中为我提名的各国代表团以及表示愿在选举中给我支持的各友好国家致谢。

顺致最崇高的敬意。

顾维钧(签名)谨上

实际上,在当年夏天我就知道在 4 月初美国总统约翰逊访菲时,马科斯总统曾经请求美国当我任职期满举行法官选举时支持一位菲律宾人为国际法院法官候选人,并得到了美国总统承诺。当然,在这种情况下要让美国再支持另一位候选人竞选同一席位是不可能的;也不可能向我们解释不能满足我们请它支持中国候选人要求的理由。不出所料,当时已经七十出头的塞萨尔·本松先生 1966 年由联合国正式选入国际法院,占了中国空出的席位。

对我来说,这并不奇怪,因为我早已认识到在处理国际关系中,传统的感情和个人的友谊只能起作用于一时,从长久看,还是国家利益决定外交政策,与个人品质无关。

在结束本章之前,我补充一件事。1967 年春天,法院书记官长斯坦尼斯拉斯·阿奎龙到纽约拜访我,带来一个漂亮的纯银盘,上面刻着我的名字"1957—1967 年任国际法院法官,1964—1967 年任副院长",以及我退休时在任的所有同事的签字。当然这是我在国际法院工作中一件可贵的纪念品。

索　引

索引说明

《顾维钧回忆录》全书共 13 分册,都 580 余万字,是一部时间跨度很长、内容非常丰富的巨著。其中所述的外交及国内外事务,涉及的方面十分广泛,提到的人名很多。由于篇幅太长,如欲为某一问题而参考本书中的有关内容,会相当麻烦。因此,特编辑本索引,以便于读者查索、利用本书史料。

(一)本索引共分四个部分:

1.人名索引　本书提到的人名有 3700 余人,除去没有参考价值的 160 余人外,现共编入 3543 人。书中个别姓名译错或排错的,索引中都作了改正。

2.外国人姓名英汉对照表　对外国人姓名的译法,各书刊多有不同。现将本书中的外国人姓名编列英汉对照表,以便读者由英文姓名查阅史料。外国人姓名的汉译,凡外国人取有中国姓名或当年有通用译法的,都从当年译名。各民族人士的姓名,则尽量按其本国语种音译。朝鲜人和越南人的名字,都找到其原来的汉字姓名。

3.部分中国人的英文姓名　有些中国人取有英文名字,也有些中国人姓名的英译拼法特殊,因而就本回忆录中出现的这类名字,另列一表,以供参考。

4.史事索引　本书所述问题范围很广,兹选其主要和比较有参考价值的史料,缕列 306 条,以便于读者查阅。其中 16 条比较大或复杂的条目又分列 123 条子目,合计 413 条。因时间仓促,还有一些问题未及详列。

（二）除外国人姓名英汉对照表按英文字母顺序排列外，其余各部分索引均按汉语拼音顺序排列。

（三）人名索引及史事索引中，圆圈内的号码表示分册号，其后的数字表示页码。

（四）本书第一至第七分册为简体字，从第八分册起改排繁体字，索引亦排繁体字。为便于检索，索引部分加排书眉。

编　者

1992 年 12 月

按：

本书重新排版，已全部改为简体字，索引亦全部为简体字，故《索引说明》之(四)不再适用。

中华书局编辑部

2012 年 12 月

一　人名索引

A

阿埃,亨利　(4)467

阿贝茨(德驻维希大使)　(4)480

阿贝略(菲驻美代办)　(7)293
(9)60　(10)320　(11)51,
77,273

阿宾登伯爵夫人(英战友联谊会发起
人)　(5)425

阿伯康(公爵,爱尔兰总督)
(5)418

阿部信行　(3)341　(4)60,465

阿登纳,康拉德　(10)90　(11)300
(12)189,190,219,336,344,
345,610

阿恩特(共同安全署驻台北经济顾
问)　(10)211

阿尔巴(西班牙驻伦敦大使)
(12)222,

阿尔贝特(比利时王子)　(12)403

阿尔芳(法财政部司长)　(2)477

阿尔菲里(意人民文化部长)　(3)350

阿尔塞,何塞　(6)201

阿伽汗(印驻国联代表)　(2)460

阿奎龙,斯坦尼斯拉斯　(13)23,
42,61

阿拉,侯赛因　(7)274,417,657,659

阿拉纳,奥斯瓦尔多　(6)200-202

阿拉斯,吕斯蒂　(2)364

阿兰亚(巴西财政部长)　(10)304

阿雷尔萨,何塞·马里西　(11)418
(12)219-222,458

阿里,阿萨夫　(6)94,404

阿里,穆罕默德　(10)157,171-173
(12)263

阿里汗夫人,莉卡　(13)34,45

阿吕特森,斯文　(13)41

阿伦斯,理查德　(11)151

阿洛伊西(国联意代表)　(2)86

阿马斯,卡斯蒂略　(12)477

阿梅-勒鲁瓦　(法驻葡公使)
(4)305

阿蒙乌贡,维马立克　(13)23

阿姆斯特朗(《读者文摘》作者)
(7)340

阿姆斯特朗(众议员)　(8)373,374
(10)289,358,390,482　(12)526

阿姆斯特朗,汉密尔顿·菲什
(6)46

阿姆斯特朗,乔治　(5)74

阿穆尔,诺曼　(6)104,108-111,
169,170,174,225-228,249-251,
253,275,335-339,343,344,411,

424,425

阿内特(贝茨学院院长查尔斯·菲利普斯的助手) (12)485,486

阿诺德(美将军) (5)181,192,196,202-204,292

阿诺德,瑟曼(律师) (9)453,454

阿奇博,莱昂 (3)37,53,64,119,120,135,136,144,235,433-435

阿斯特,梅杰 (5)31

阿斯特,威廉 (7)638

阿特金森,布鲁克斯(6)23

阿韦拉埃斯,乌尔达内塔 (8)125,184,186,265

阿兹姆,哈立德 (12)317

埃班(联合国以色列代表团团长) (7)402

埃德森,彼得 (8)275 (9)184

埃尔德(张学良秘书) (8)267,268

埃尔金,贝希吉 (4)16,17,439,515

埃尔金,弗里敦·杰马尔 (6)414,434,442-447 (8)333,334 (9)367-369,612,613 (10)96-98,115,294,328,329 (12)286

埃尔森,罗伯特 (6)286

埃尔斯沃思(美国会议员) (6)135

埃弗龙(美商人) (10)358

埃格尔斯顿,弗雷德里克 (5)120

埃杰顿(英上院领袖) (5)514

埃克顿(蒙大拿州参议员) (7)25,26

埃克尔斯(联邦储备银行行长) (6)100 (7)440

埃克特(美少将) (10)437

埃肯(新罕布什尔州或佛蒙特州参议员) (8)353

埃拉斯,埃利亚胡 (7)345,401,402

埃礼士腾(中国政府顾问) (12)191

埃里克松,哈尔曼 (6)447-449

埃利(法参谋长) (11)70

埃利奥特(美国务院官员) (8)408

埃利奥特,沃尔特 (4)461-465,471

埃利森(美国务院官员) (7)160,161

埃利斯,弗兰克 (9)343 (10)248

埃利斯顿,赫伯特 (8)441 (9)590 (12)493

埃伦德(参议员) (7)539

埃蒙斯,阿瑟 (10)264

埃默森(美国务院官员) (8)324

埃内西,让 (3)64

埃奇,沃尔特·伊 (2)48,101-105

埃廷格(上海红十字会医师) (2)541

艾贝尔,伊利 (12)137,211,256

艾德礼,克莱门特·理查德 (5)34,72,323,330,357,514,515,533,538-541,553,560,564,568,569,669,677 (7)406,410,436,692 (8)62,160,162,165-168,178,188,223,224,267,332 (9)109,124,250,502 (11)297-299 (12)79,236

艾登,罗伯特·安东尼 （1）351
（2）35,153－156,167,221,322,
328－330,360,361,364,369,382,
383,386－389,394,419,425,430,
431,445－447,449,452－454,456,
471,502,528,529,557,560－562,
564,566－568,573－578,584,586,
589,592,601,620,622,631,632,
641,644 （3）23,27,28,39,43－
49,62,128,129,169,180,295
（4）439,542,545－547 （5）8－10,
12,13,16,20,25,26,34－36,41,
45－48,52,58－60,63,65,66,72－
76,83,88,115,143,144,174,197,
215,238－240,245－248,255,256,
258,261,263,270－272,275,276,
278,285,287,288,295,315,317,
323,324,327－329,332,335,336,
338,342,347,348,353,400,433－
435,438,441,448,458,465,470,
472,480,481,483－486,489－491,
495,506,510－512,523－525,532,
537,552,560,561,564,567－569,
608 （8）157,333 （9）65,247,
250,257,259,261－263,346－349,
351,518,575,576,690 （10）9,
19,98,114,115,191,196,304
（11）13,28,47,67－69,76,80,82－
87,95,108,271,300,323,345,515
（12）118,124,150,151,179,207,
217,218,221,224,229,235,236,
268,278,296,322,328,564,567,

568,573－576,578,579,583,600,
602,605－608,617－619,629,631,
632,634,650,664
艾尔斯,埃本 （6）502,505,529
艾尔索普,斯图尔特 （12）299,
281,718
艾尔索普,约瑟夫 （12）199,
200,203
艾尔文（英上院议员） （5）72,73,
115,122,124,128,132,133,135,
136,289,315,316,323
艾夫斯（美参议员） （11）358
艾夫斯,劳伦斯(拉里) （7）174－
176,254,527,652
艾吉兰,弗朗西斯科 （4）493,
496－498
艾寄乐 （6）285
艾克伯格(美将军) （7）477
艾克特(英上校) （5）61
艾肯,弗兰克 （9）403,423
艾肯,乔治 （11）66,140
艾肯斯(参议员) （7）539
艾里（美进出口银行董事长）
（8）307
艾丽丝(英公主) （5）240
艾利森,约翰·穆尔 （6）210,211
（8）136,137 （9）24－26,38,39,
44,58,76,79,143,146,155－157,
166,170－172,191,201,205,236,
246,252,261,262,287,296,297,
350,351,356,372,373,418－421,
471,500,503,514,515,517,518,

艾奇逊,乔治 (6)132,173

艾萨克,肯尼思 (10)479

艾萨克斯,乔治 (5)432

艾森,范 (13)46

艾森豪威尔(堪萨斯大学校长)
　　(6)45

艾森豪威尔,德怀特·戴维 (艾
　　克) (5)343,349 (6)27,45,
　　159,190,391,454,484 (7)89,
　　237－239,267,319,493,653 (8)
　　203,379,326,394 (9)369,370,
　　412,415,417,418,422,423,481,
　　491,492,494,499,505,519－521,
　　525－527,556,572,574－578,580,
　　590,591,593,600－611,613－616
　　(10)3,4,8,10＊－12,14－26,28－
　　31,34,37,38,40,46,47,51,52,
　　67－69,77,78,87,94,98,103,114－
　　117,119,121,122,126,132－135,
　　137,139,140,143,145－147,149－
　　152,154,156,160,165,178,192,
　　198,203,209,219,223,225,226,
　　230,235－237,248,252,253,257,
　　267,289,290,294－296,309,311,
　　313－315,317,334,348,362,369－
　　341,373,374,376,381,393,406,
　　423,425,439,445,447,450,455,
　　470,487,489,493,511,513,515,
　　521,523 (11)7,18,33,41,44－
　　46,50,51,59,62,64,68,78,84－
　　86,88,91－94,105,107－19,171,
　　183,189,205,210,223,253,251,

256,264,276,278,280,281,283,
293,297,307－310,312,314,336,
341,343,371,395－399,477,449,
452,453,455,457,458,473,474,
489,501－503,520－523,562,563
(12)11,19,22－25,27,29,31－33,
35－37,46－48,53,54,60,61,64－
66,71－73,80,82,83,88,92－85,
91－103,112－121,125,126,128,
134－141,143－145,147,151,153,
154,159,164－167,169,170,190,
192,196－199,204－207,213,218,
229－232,234,236,238－240,242,
248,251,255,264,266,269－271,
276,281,282,284,285,287,292,
300,301,306,307,311,318－320,
322,324,325,328,329,331,333,
336,337,340,352,356,359,361,
366,371,373,385,397,398,404,
405,410,437,439,443－446,448－
450,453－457,460,463,464,466,
475,486,496,497,501,505,506,
511,515,516,532,543,555,564,
567,600,602,605－607,617,620－
632,634－636,651,657,658,671,
673,674,680,681,684,685,692,
703,405,707,708,711,714,716,
724－726

爱德华八世(即温莎公爵) (9)362

爱德华兹(美国广播公司记者)
　　(10)179

爱德乐 (6)389 (7)336

爱迪生,查尔斯 (6)30,304 (8) 463,465,472,475,476,481,497, 500,501,507,508,510,515,533, 551,552,554 (9)481,482 (10) 381 (11)150,481 (12)424

爱泼斯坦,伊 (6)415-418 (7)23

爱斯嘉拉 (3)126,127,158,239 (4)51,70,109-111,116,546

爱斯托(英勋爵) (7)677

爱斯托,威廉 (2)16 (7)677

爱文诺,约瑟夫 (2)233-237,242, 322,329,364,432,437,440,442- 444,446,447,452-454,461,464, 465,467,499 (3)100,103,166, 178,179,182,183 (4)138, 147,150

爱因斯坦,艾伯特 (5)30

安德尔斯(波兰将军) (8)171 (11)166

安德拉德,比克托尔 (9)405,406

安德鲁斯,查尔斯 (6)14

安德鲁斯,乔治 (7)30,247

安德森(美国务院官员) (8)457, 458 (11)17 (12)556

安德森(美空军将军) (5)425 (8)303

安德森(美新闻记者) (6)554

安德森,克林顿 (9)342

安德森,罗伯特 (10)24,33,76, 225,269,385 (11)66,133,459

安德森,约翰 (5)323,326

安德森夫人 (11)460

安德森夫人,(约翰) (5)323,512

安德伍德(美参议会员) (1)211

安格联 (1)269,270,289-298

安吉尔,诺曼 (3)376

安吉拉诺 (13)46,47

安立德 (2)300

安娜贝拉(电影明星) (5)251

安斯伯里(美社会名流) (9)496, 498 (10)226,452 (11)115 (12)15

安斯伯里夫人(即路易斯·斯坦曼) (9)496,498,556 (10)226,452 (11)115 (12)15

安斯林格(美国驻联合国麻醉委员会 代表) (12)507

奥德怀尔,梅厄 (6)31

奥登(瑞典外交部长) (3)48

奥迪内(法军火商) (2)480,490 (3)68,146,255 (4)103,106, 216,231,322

奥尔德里奇,查尔斯 (8)515

奥尔曼(前上海公廨法官) (6) 276,285 (7)74,97,98 (10)44, 202,211

奥菲(蒲立德私人秘书) (5)39,40

奥弗比(世界银行美国执行董事) (10)351 (11)476 (12)322

奥弗雷(美海军上将) (11)251

奥哈拉(美准将) (10)437,449, 497,498 (12)291

奥凯里赫,维克托·约瑟夫 (7) 181,185,209,214,223,321,339,

341，440，441，452，453，490，536，
543，544，687，688，696　（8）25，
50，51，91，160，202，205，216，222，
223，277，278　（9）306，314，482，
573，576

奥克斯福特（英空军中队长）
　　（5）122

奥兰多，维多利奥·埃马努埃莱
　　（1）175，185

奥雷亚穆诺（哥斯达黎加驻美大使）
　　（10）123，184

奥里奥尔，樊尚　（2）475-477　（3）
　　261　（6）94，235　（8）323，335
　　（10）111，322　（12）288

奥立维埃（法商人）　（2）261，262，
　　267，276

奥利夫（美驻沪副领事）　（7）170，
　　172，228，332

奥利万，洛佩斯　（5）593

奥利文　（13）23，38

奥姆斯特德，乔治　（6）312　（8）
　　296　（9）326，352，357，428，442，
　　475，476，516，517，552，583，589
　　（10）9，189，209，358　（11）167

奥纳，埃切　（4）289

奥彭肖，哈里　（7）217，218

奥斯本，戴维　（12）291

奥斯德穆夫，鲍里斯　（1）332

奥斯勒（美上校，达拉斯男子俱乐部
　　负责人）　（6）219

奥斯汀，沃伦　（6）110，205，425
　　（7）212，261-263，383，384，386，

391，421，630，636，646，648　（8）
　　10，51，93，94，96，102，107，109，
　　125，133，134，139，154，155，158，
　　176，179，182，184，186，188，265
　　（10）125，138

奥苏斯基，斯特芬　（2）105-108，
　　127　（3）97，152，359，458　（7）
　　242，243　（10）92-94　（12）202

奥唐奈，小埃米特　（8）347
　　（10）437

奥特（德驻日大使）　（3）132

奥威尔，乔治　（10）473

B

巴本，冯·弗朗茨　（2）278

巴比（美海军上校）　（6）59

巴布科克，斯坦顿　（8）136　（9）
　　24，28，44

巴达维（国际法院法官）　（13）13-
　　15，23，24，28，44

巴大维　（6）248，364，367，472，480，
　　484，488　（7）18，19，63，65，66，74
　　（8）347　（9）519

巴德森，罗伯特　（8）469，473，476-
　　478，480，481，483-490，493-495，
　　497-500，502-506，508-510，512-
　　518，520，523-525，530，533-535，
　　537，540，546-549，552，572，590
　　（9）325，450

巴德旺　（13）21，23，41

巴顿，悉尼（爵士）　（1）107

巴多利奥(意大利元帅) (5)343,
346,347

巴尔马塞达 (12)571,572

巴尔图,路易斯 (2)277-279,
286-289

巴弗勒夫(海防商会会长) (3)
305-307

巴吉东,保罗 (2)209-211,223,
224,334,359,360,380,386

巴杰(英红十字会人员) (5)357,
360-362

巴克(道布尔戴出版社人员)
(9)589

巴克夫人,布莱尔(妇女俱乐部主
席) (7)538,539

巴克莱,艾尔本(美副总统) (7)
39,172,245,247,661,689 (8)
224,274,325 (9)181,225,240,
241,531 (10)391

巴克莱夫人,阿尔文 (8)274

巴克内尔(美出席日内瓦会议代表)
(3)51

巴拉巴诺夫(保加利亚驻法公使)
(3)393,394

巴雷特(美第八航空队上尉)
(5)425

巴林东,詹姆斯 (10)54

巴鲁克(美驻荷大使) (9)361

巴鲁克,伯纳德 (6)30,31,246
(7)248 (8)515

巴伦(钢琴家) (10)421

巴伦德森,卡尔 (7)237

巴内姆(医生) (5)259

巴尼特,多克 (7)471

巴尼特,罗伯特 (8)133,195,
270,293

巴思,艾伦 (10)233 (11)287,
289,290,466,467

巴索尔斯(墨西哥驻法公使) (3)
435,436

巴特勒(国际劳工组织理事长)
(3)192

巴特勒(英财政大臣) (12)224

巴特勒,理查特·奥斯汀(英国外交
部次官) (3)130,141,142,167-
172,174-178,181-189,191-198,
240,243,250,251,256,313 (4)
149,151,219,222,521 (5)3,4

巴特勒,尼古拉斯·默里(哥伦比亚
大学校长) (3)122 (5)312
(7)238

巴特勒,休 (7)30,247 (8)372
(9)453

巴特沃思,沃尔特 (5)381 (6)
132,164,166,168,208,209,226-
228,232,233,240-242,247,249-
254,259,262-267,269,270,272,
275,277,280-283,298,299,313,
314,334,349,351,358,359,378,
379,381,383-387,389,432,483,
486-488,492,509,518,546,549,
563-566 (7)28,41,43,44,54-
58,66,82,95,96,98-103,108,
113,115,134,154,170,171,183,

209,215,219 - 222,235,282,283,
290,291,319,328,334,337,369,
376,415 - 417,455,462 - 468,471,
499 - 504,507,508,514,525,532,
544,549,578,590,609,636,664,
682 (8)213 (9)9-12,540

巴西亚(参加国联大会代表)
(2)322

巴伊多尔,哈西因·拉日特 (6)
93,100-103

白崇禧 (1)403 (3)356 (5)94,
96,424,613,655 (6)238,261,
273,323 (7)75,106,117,118,
123,128,138,139,142,149,151 -
153,168,195,200,202,215,231,
311,355,357,358,374,403,404,
414,446,448,449,457,523,541,
553,572,576,577 (8)33,79
(9)543 (11)221

白吉尔,奥斯卡 (6)362-364,367,
472,476,484,551 (7)66,341,
454,468,478,489 - 500,504,509,
510,515,522,525,528,529,544,
545,565,566,579,635,651,660,
670,686,687,690 (8)221,227,
455 (11)325

白里安,阿里斯蒂德 (1)211,212
(2)47,653 (4)304 (8)180

白鸟敏夫 (4)503

白修德 (6)539

拜尔利(军事顾问团海军顾问)
(9)553,554

拜罗德,亨利(马歇尔首席副官)
(5)660 (6)275 (8)296,387
(9)527 (10)84,170,171,173,
212,258,362

拜亚尔,杰拉尔(土耳其总统) (8)
56 (10)328,329

班禅额尔德尼,却吉坚赞 (7)625

班克罗夫特(美上校) (9)53

班乐卫(法总理) (2)34,47,133,
320,409

板垣征四郎 (4)112

邦德(中国航空公司职员) (5)231

邦克(上校,麦克阿瑟副官)
(8)380

邦库(联合国法代表) (5)597

邦斯尔,菲利普 (11)530,531

邦廷,弗雷德里克 (10)427

邦扎尔(美上尉,豪斯上校随从参
谋) (5)390

邦扎莱兹(美国海军代表) (13)52

包登(总统轮船公司法律顾问)
(7)156

包可永 (7)604,605,607,615

包兰亭 (9)556-558

包瑞德 (8)121 (10)505

包西克(国联卫生处驻中国代表)
(2)541

宝道 (1)199 (2)306,529 (3)
27,32,62 (4)15,51,72,73,110,
116,119,173,174,232-234

保大 (6)415,418 (8)618 (9)
321,419,420 (10)308 (11)

25-27,49

保会 （9）321,322

保君健 （5）83,180,229 （7）90,482,494 （8）134 （9）307,308 （11）344

保罗-彭古 （2）85,86,98,104,111,124,129,134,147,183,184,193,195,203,209-213,221,243,288,521 （3）52,70,134,172,175-178,181,183,185,197,219,230,399 （4）149,150,237 （13）21

葆毅 （7）400,434

鲍德诺（将军,史迪威驻印代表） （5）229,230

鲍德特（教科文组织总干事） （7）573

鲍德温,汉森 （6）23,96

鲍登,托马斯 （11）141

鲍尔（美海军上将） （10）337

鲍尔弗,哈罗德 （5）349

鲍尔弗,约翰 （12）222

鲍尔斯,切斯特 （12）37,44

鲍格莫洛夫,基米特里 （2）331,332,356,357,587 （3）35 （4）447-449,456-458,493-495,504-507,510-512,518-520 （5）38,46,400

鲍莱,埃德温·温德尔 （5）636,644,656,657 （6）8 （7）227

鲍里斯（保加利亚国王） （4）448

鲍罗廷 （6）258 （7）25 （9）591

鲍曼（船长） （13）47

鲍斯,萨拉特·钱德拉 （7）279,280,297

鲍斯,苏布哈斯·钱德拉 （7）297

鲍威尔（参加布里奇斯宴会客人） （7）65

鲍维尔（美新闻工作者） （7）627

鲍文年 （11）332

北野（日本通讯社记者） （4）119

贝布莱尔（安理会南斯拉夫代表） （9）332

贝当,亨利·菲利普 （2）269,270 （4）228,238,274,275,277,279,280,292,293,297,299,302,304,305,309,310,318,320,335,336,341,343,347,349,356,357,386,420,421,427,430,431,435,436,469,471,472,478,480,481,487,496,497,505,511-515,523,541 （5）55 （8）403

贝尔（加拿大传教士） （5）129

贝尔福,阿瑟 （1）142,175,176,194,211,221,332,333 （9）322

贝尔纳普（美律师） （8）487,488,503-506,548,550,552,557,559,560,564-566,576,581,582,592,597

贝尔纳斯,詹姆斯（吉米） （5）468,502,503,525,532,534-536,538,540-557,561-564,677 （6）7-10,28,34,35,38,39,42-44,70-75,78,98,99,154,155,190,191,199,207,220,222,223,493 （7）

36,420 （8）51 （9）556

贝尔热（重庆法国军事顾问团团长）
（4）82,145,185

贝尔塞梅耶,唐·费尔南多 （8）
335,336 （9）225,335,365,366,
498,499,601 （10）33,184

贝尔特（古巴驻美大使） （5）580
（6）462 （7）246

贝克,雷·斯坦纳德 （1）189,194

贝克,约瑟夫 （2）469 （3）35,48,
280,282,284,381 （4）126

贝克馥（电影明星） （5）251,255

贝克麦特夫,鲍里斯 （8）403

贝克特（化学战专家） （5）52

贝克特,威廉 （5）593

贝朗热（法参议院外交委员会主席）
（3）62,190 （4）51

贝劳德（秘鲁驻安理会代表"主席"）
（12）196

贝雷（法《晨报》编辑） （3）53

贝里厄（《柯里尔》双周刊记者）
（9）444,445

贝利（合众社社长） （7）627

贝利（美国务院官员） （5）301,305

贝利亚,拉夫连季·巴夫洛维奇
（10）92,101,166-169 （11）348

贝伦德森,卡尔 （7）3

贝纳特（北京国际银行经理）
（1）344

贝奈斯,爱德华 （2）81,92,97,105,
125-128,142,149,166,187,191,
192,212 （3）97,191,199,359,
394,457,458 （4）136 （5）291,
334,439,508 （7）242,243 （10）
92,93

贝内特（加拿大勋爵） （5）356

贝内特,马丁 （5）656

贝特（印第安纳波利斯市长） （12）
648-650

贝特洛,菲利普 （2）62,268,495

贝托尔（法将军,戴高乐派驻华盛顿
代表） （5）313

贝文,欧内斯特 （5）330,333,431,
432,512,524,534,539-542,544-
553,556,559-562,564,568-570,
598-605,608,668,669,672,677
（6）73,75,109,409,547,548
（7）136,160,261-263,265,266,
305,307,340,341,378-382,404,
406,407,413,414,417,477,478,
575,576,638,639,644,677,692,
706,707 （8）98,117,159,403
（9）3-7,250,347,543,544
（10）101

贝希（联合国筹备委员会卢森堡代
表） （5）580,582,583

贝娅特丽丝（荷兰王储） （13）43

贝祖贻 （1）298 （2）28 （5）157,
227 （6）236,265,269-272,274,
275,277,279,283,285-288,295,
296,311-314,318,320,344,374,
375,383,384,389,400,414,454,
456,478,532,542,543,549,550
（8）213,318,329,330 （10）97,

349 (11)475

本德(美众议员) (11)94

本顿(美众议员) (8)604

本奇,拉尔夫 (8)548

本森(全国女记者俱乐部部长)
(12)287

本斯道夫(德驻美大使) (1)141

本松,塞萨尔 (13)61

本庄繁 (1)411-413 (2)139,141

比安凯里(国联意大利代表)
(2)236

比布,尤金 (8)338

比德尔,安东尼 (4)271-275

比顿(美空军上校) (5)313

比尔(美对外政策协会秘书长)
(3)91,94

比尔,杰克 (7)566

比尔,特拉克斯夫 (8)325
(10)294

比尔,约翰·鲁滨逊 (6)177,178,
498 (7)110 (11)11,287-290

比尔德,查尔斯 (1)31,41,65,
71,72

比尔德,玛丽 (1)32

比弗布鲁克(英飞机生产大臣)
(5)34,53

比弗尔,莱斯利 (7)246,247,689
(9)498 (10)391,393,395

比克斯比(世界航空公司副总裁)
(7)671

比米什(英海军上将) (5)329

比奇,阿道弗 (12)572,640

比奇,爱德华 (10)348

比森(太平洋学会成员) (7)204

比斯尔,小理查德 (9)440

比西,安德烈 (3)371,372

比约特(巴黎卫成司令) (3)467

彼德洛夫,阿波隆·阿列山德罗维奇
(5)526,562,613,642 (6)192

彼德森,霍华德 (6)23

彼特雷斯库,科姆嫩 (3)103,104,
107,172

俾斯麦,奥托·冯 (4)274

币原喜重郎 (1)211,212,214-
216,219-222,385,397,401,402
(2)406,407,411,412 (4)254
(9)378

毕范宇 (6)21,61,115,140

毕勋(法外长) (1)190,192,194,
197,200

庇护十二世 (3)346

庇护十一世 (4)287

庇隆,埃维塔(埃娃) (8)337 (9)
334,500

庇隆,胡安·多明戈 (6)164 (7)
430 (8)337 (9)500 (12)402

璧约翰,(英外交官) (5)62,76

卞白眉 (5)187

宾厄姆,海勒姆 (2)387,425
(6)92

波顿,查尔斯 (5)331

波尔,费利克斯 (5)339

波将金(苏驻法大使) (2)334,
337,347,371,576,634,639

波利,威廉　(8)303-306,444,445,
　448　(9)221,430,431

波利蒂斯,阿萨纳斯　(8)146,147
　(9)499,613　(10)319

波利蒂斯,尼古拉斯　(3)426,427
　(4)126　(8)146,147

波伦,查尔斯(奇普)　(6)44,96,
　209-211,215-217,229,231
　(12)325

波洛克(美国知名人士)　(3)210

波帕姆,布鲁克　(5)31,96,97,141

波斯特,肯尼思　(5)79

波斯沃尔斯基(旧金山会议美代表)
　(5)487,492

波特,菲利普　(6)492　(10)233

波伊尔(天主教大主教)　(7)411

波因顿(联合国筹委会英代表)
　(5)588

伯德　(美特工人员)　(10)504

伯德　(美众议员)　(12)473

伯德,亨利　(10)488

伯顿,哈罗德　(8)337　(9)499
　(10)388,404　(11)77　(12)651

伯恩哈德(荷女王丈夫)　(9)362
　(13)36,41,42

伯恩霍夫特(丹麦驻法公使)
　(4)107

伯基(美海军上将)　(7)687

伯吉斯,约翰·威廉　(1)31

伯克,阿雷　(12)506,556

伯克,托马斯　(6)41

伯克,詹姆斯　(7)623

伯勒尔(美远东政策协会成员)
　(5)499

伯利(英勋爵)　(5)353,368

伯利,小阿道夫　(11)15,16

伯利森,奥马尔　(10)404

伯纳多特(巴勒斯坦问题联合国观察
　员)　(6)422

勃来克斯雷(李顿调查团技术顾问)
　(2)23

勃隆伯格,维尔纳·冯　(2)544,573

勃鲁姆,莱昂　(2)317,321,322,
　330,333,357-360,364-366,370,
　371,375,382,408,410,476,479,
　490,521,539,540,599　(3)7,8,
　22,64,65,72,73,81,90,97,109,
　217,259,433　(6)93　(10)111

博杜安,保尔　(4)261-264,266,
　267,274,276,277,312,313,318,
　327-329,331-333,336-339,344-
　353,357-361,363-369,373-
　384,391,393-397,400,406,408-
　410,412-416,420,422,438,439,
　467,469

博杜安一世(比利时王)　(8)359

博尔顿,弗朗西丝　(7)180　(8)
　282　(10)72　(11)455
　(12)651

博尔特,艾德里安　(5)351

博尔特,查尔斯　(8)171,209,234,
　296　(10)419　(11)187,458
　(12)240,252

博福(英公爵)　(3)143

博格,多萝西 (2)487

博赫曼,埃里克 (7)244

博卡哈里(巴基斯坦驻联合国副代表) (10)173,174

博拉,威廉·埃德加 (1)184,201 (2)104,530

博纳尔,罗萨 (5)132

博内,亨利 (6)9,10,38,100,339-341 (7)44,689,699,703 (8)274 (9)342,343,457 (10)4,5,76,322 (11)23

博内,乔治 (3)42,72,76,81-83,86,96-102,105,114,117-121,123,130-133,135,142-144,146,148-150,152-154,157,158,176,177,179,207-209,211,213,214,216-219,222-224,231-234,236-245,249-251,258-260,268,270,272,276,280,282-284,288,295,307-309,320,322,326,329,330,332,334,344,360,361,376,397,399-401,428,429,434,435,444-446,456-460,478,486 (4)4,47,49,50,60,67,68

博恰德,埃德温 (1)66 (5)251 (8)403

博沙姆,卡农 (5)358

博苏特罗(法国民议会航空委员会主席) (3)146

博韦热(法外交部礼宾司司长) (4)478,479

博伊尔,威廉 (7)714 (8)455

(9)431

博伊金,弗兰克 (7)30,207,247,668 (8)108,163

卜舫济(圣约翰书院校长) (1)16 (5)675

布尔加宁,尼古拉·亚历山大罗维奇 (12)184,270,310,312,313,322,324,325,328,499,568,569,576,629,631,635,637,646

布尔热瓦,莱昂 (1)153 (4)305

布克曼(道德重整运动领袖) (8)234,382

布莱德雷,奥马尔 (7)39,535,545,659,699,700,716 (8)6,91,340,342 (9)370,480 (10)16,30,33,183 (11)310

布莱尔(艾德莱·史蒂文森秘书) (10)36,41

布莱克,尤金 (7)588 (8)357-359,586,587 (9)400 (10)345,350,351,490-492 (11)63,64

布赖恩,詹宁斯 (1)149

布赖尔利(牛津大学国际法教授) (5)72

布兰代斯(美最高法院法官) (5)652

布兰丁小姐(瓦萨学院院长) (6)294

布兰福德,约翰 (5)634 (6)134,137,138

布兰科(美哥伦比亚大学毕业生)

(9)485

布兰南,查尔斯 (6)496,513,514
(7)424,425,588 (9)335,588

布兰奇(国民警卫队俱乐部主任)
(10)255

布朗(底特律-爱迪生公司董事长)
(1)694

布朗(善救署署长助理) (6)169

布朗,菲利普(普林斯顿大学校长)
(7)678

布朗,菲利普(英下院议长)
(5)354

布朗,康斯坦丁 (6)329 (7)65,
125,537,697 (9)84 (10)117,
248 (12)479

布朗,克拉伦斯 (7)30

布朗,塞西尔 (8)397

布劳内尔,赫伯特 (10)69,70,100,
385,402,438 (11)358 (12)467

布雷多克(英汉丁诺市长) (5)351

布雷肯,布伦丹 (5)51,53,54,61,
70,288,353

布雷思韦特(英林利思戈总督秘书)
(5)346

布雷维(印度支那总督) (2)337
(3)84,85,133,135,316

布里克(美参议员) (10)267
(11)76 (12)651

布里奇斯,斯泰尔斯 (6)254,286,
287,296,314,326-330,345,350,
462 (7)35,65,77,112,126,180,
214,527 (8)92,243,282,389

(10)8,67,71,72,95,127,429,488
(11)60,76 (12)201,270,318

布利斯(将军,巴黎和会美代表成
员) (1)186,189

布利斯,哈里 (10)44,211,236,239

布廖赫尔(即加伦) (2)590

布林森(总统轮船公司驻华盛顿代
表) (7)155,156

布隆代尔(法驻意大使) (3)153

布卢姆,索尔 (6)12,225,459,515-
517,555 (7)63

布鲁克,艾伦 (5)331

布鲁克,巴雷特 (5)418

布鲁克,弗雷德里克 (7)37,544,
565,678 (9)359,480

布鲁克,威尔伯 (12)506,627

布鲁克夫人,弗雷德里克 (6)294,
523,525,526 (7)37,48,544,
565,678 (8)217 (9)359,480

布鲁斯,戴维 (9)387-389,400,
412,579,583,587

布鲁斯,斯坦利·墨尔本 (2)456,
458,470,527,528 (5)357
(7)645

布鲁斯特,欧文 (6)46,55,68,116,
331 (7)345 (8)374 (9)247,
433,480 (10)114,438

布吕尔(法殖民军总监) (3)113,
127,221,227,234,406,411,413,
448,489 (4)20,26,37,50,51,
85,190,191,202,203,215,263,
282-284,387,388

布吕宁,海因里希 (4)304

布伦戴奇,珀西瓦尔 (9)399 (11)478

布伦南(美众议员) (8)274

布伦塔诺(德外交部长) (12)610

布伦特(英红十字会驻华代表) (5)360

布伦特,约瑟夫 (10)120,243 (11)142,211,224,226,501 (12)11,404,540,541,544,553,554,659

布罗德(英外交部官员) (5)327

布罗德利,赫伯特 (7)670,671

布罗迪(美侦探) (8)555,558,561,562,570,590

布罗迪,罗伯特 (1)123,124

布罗迪,唐纳德 (7)566 (10)479,481 (11)479

布罗金顿(加拿大人士) (5)323,324

布罗西奥,曼利奥 (12)194,195,240,252,289,477,478,617,640

布洛菲尔德(英驻华使馆人员) (5)191

布洛普劳德(华盛顿会议荷兰代表) (1)211,212

布瓦松(法西非总统) (5)234

布约尔塞特,布林约尔夫 (7)521,522

C

蔡公时 (1)288

蔡书堂 (1)78

蔡斯(科尔盖特大学处长) (9)531,532

蔡斯,弗雷德里克 (9)477-479

蔡斯,威廉 (8)317,318,320,321,383,393,397 (9)357,426,427,432,443,460,475,476,480,509,532,554,555,562,584,586,600 (10)193,219,239,242,410,413,430,431,446 (11)125,127,130,142,143,226,285,286,469,470,483,504,567 (12)39,55,65,88,92,215,247-249,547

蔡廷幹 (1)100,208,267,268,280,281,289-291,295,301,338

蔡文治 (5)657,663 (12)360,530

蔡友祺 (12)562

蔡元培 (1)317,404 (2)31,291

蔡运升 (1)387,389

曹锟 (1)229,232,233,246,248-259,308,310,317,323-325,361 (4)541 (7)153

曹汝霖 (1)98,100,101,115,118,125,182,184

曹锐 (1)232,249,256

曹树铭(王宠惠助手) (5)174

查德伯恩,威廉 (7)216 (10)100,101

查尔莱斯(巴西驻葡大使) (4)541

查尔斯(比利时太子) (6)405

查尔斯(美驻葡武官) (4)541,543

查弗鲁拉·汗,穆罕默德 (13)22,

23,25

查佩尔,沃尔特 (6)108,

查普曼,奥斯卡 (10)242-244

查特菲尔德夫人(英名门贵族) (5)353

察雷尔特斯(南斯拉夫联邦执行委员会副主席) (5)542

长冈春一(日驻法大使) (2)70

常荫槐 (1)288

彻韦尔(英主计大臣) (9)690

陈博生 (5)89,90,150,195,222

陈布雷 (5)90,107,108,193-195,204,224,617,620,621 (6)495 (7)8,411

陈长桐(庸孙) (11)217 (12)512,515

陈诚 (2)343 (5)180,393,417,448,655 (6)162,184,188,239,273,302,373,558 (7)11,162,192,198,217,349,412,457,465,468,469,489,496,498,501,571,574,575,579,580,583,584,598,634,678 (8)33,74,80,83-88,104,108,130,163,204,210,213,215,224,226,279,283,284,289,292,371,381,390,398,401,415,440,468,483,528,573-576 (9)121,190,297,327,353,437,445,454-457,464,492,510,523,526,529,536,561,563,564,578,595 (10)204,205,209,215,216,220,237,238,246,339,382,390,417,433-436,443,472,474,475,481,498,499 (11)115,121,122,133,136,137,139,208,229,257,285,318,464,479,486,515,526 (12)21,32,45,46,144,146,249,425,526,527,536,541,545,548,554,600,662-665 (13)6

陈楚仁 (1)88

陈创 (9)467

陈岱础 (11)41

陈地球(延炯) (8)73

陈定 (7)593

陈敦陞 (12)497,498

陈公博 (1)391,392 (2)222,315,354,603,604,639,640 (3)7,8,21-23,25,32,33,293,294,489 (4)20 (9)435

陈光甫 (1)376 (2)4,336 (3)139,141,154,155,193,223,257,296,471 (5)92,97,192,273,411 (6)261 (7)84,116 (9)546,547,572 (11)217

陈国廉 (9)521

陈果夫 (1)351 (5)92,93,451,633,670 (7)344

陈汉第 (1)242,243

陈济棠 (2)333 (5)104,204 (11)228,229,239

陈家博 (7)24,161,170,551 (8)400,468,518,527,585 (9)328,395,463,464,588,589,598 (10)49,67,72,385,402

陈介　（3）191，377　（4）311，333，
　　334，354，385，424－426，445，446，
　　455，522－525，527－530，532，533，
　　536，544　（5）257

陈锦涛　（1）137，139

陈开懋　（7）602

陈立夫　（5）91，93，122，145，156，
　　186，187，417，436，445，638，669，
　　670　（6）125，286，324，330－335，
　　346，351，356，359，378，392，393，
　　455，456　（7）51，131，523，573
　　（8）214，231，234，235　（9）309，
　　437，458，463，564　（10）269，270
　　（11）150

陈立庭　（5）110　（6）497

陈良辅　（6）269　（9）465，516

陈霖　（1）172

陈篆　（1）129　（5）146

陈明仁　（7）213，215，358

陈铭枢　（1）403　（2）256，257，
　　328，333，335

陈纳德　（2）599　（5）14，31，133，
　　134，236，259，261，262，395　（6）
　　289　（7）36，74，199，200，203，
　　223，311，313，437，474，475，488，
　　621，622　（8）230，303，304，319，
　　509，567－569，587　（10）253－
　　255，269，382，441，473－475　（11）
　　148，150　（12）659

陈平阶　（5）424

陈清汾　（10）204

陈清尧　（12）471，561，562

陈庆云　（4）35　（8）367，368

陈绍宽　（2）477，478

陈维城　（1）296　（4）521，535，546
　　（5）75，79，181，255，314，327，
　　338，355

陈文柯（越南大使）　（11）27，31，51
　　（12）5，225，226，497

陈行　（5）176

陈尧圣　（12）223

陈仪　（5）86，89　（6）161，185－
　　187，262　（7）461，580，581　（8）
　　85，430　（10）205

陈贻范（原稿误为陈毅）　（1）109

陈毅（元帅）　（7）119，120　（8）41
　　（12）353

陈英兢　（7）17　（10）456

陈庸孙（即陈长桐）　（10）357

陈友仁　（1）169，170，320　（2）5，
　　260　（7）259

陈源（通伯）　（5）436　（7）436
　　（12）51

陈祯禄　（9）420

陈之迈　（5）678　（6）3，22，23，
　　168，169，390，495，521，555，556
　　（7）25，49，61，67，72，117，134，
　　135，162，176，177，180，182，183，
　　205，209，210，216，220，223，235，
　　311，341，350，351，369，418，423，
　　444，525，556，571，646，654，662，
　　670，671，674－676，713　（8）13，
　　18，68，193，251，271，318，332，
　　355，368，377，428，458，462，480，

525,528,580,585,600 （9）218－
221,268,283,305,395,399,444,
445,457,461,462,473,489,505－
508,530,557 （10）21,43,44,71,
81,112,113,116,117,119－122,
126,140,190,233,323,325,349,
424,432－434,447,468,481,483,
484,494 （11）11,12,17,55,78,
143,148,149,269,293,295,458,
463,530,532,536 （12）28,34,
42,479－481,509,510,535,539,
552,555

陈志兴 （3）488

陈质平 （6）28 （7）715 （9）106,
598 （11）42,243

程绂运 （7）436

程沧波 （5）143,151

程克 （1）246,247

程其保 （7）573

程潜 （7）149,150,404,576

程天放 （2）342,347,348,544,
568,569,571,572 （3）159
（5）151 （6）134 （7）90,428,
500,501,504,505,568,569 （8）
359－363,401,402 （10）481
（11）134,257

程天固 （4）30－33,35,36

程锡庚 （5）94

程远帆 （6）176 （7）83 （8）230

澄田（日军驻印度支那代表） （4）
443,464,499

重光葵 （1）401,402 （2）626,627

（3）156 （5）268,270－272,319,
508 （9）296 （12）7,379,380

出渊胜次 （1）214 （2）412

川井（南满铁路公共关系专家）
（11）207

川越茂 （3）38

丛孟馀 （1）94

崔存璘 （6）23,425,497,498,517
（7）117,384,530,604,607,609,
614,615,688 （8）24,68,271－
273,286,379,387,399,400,458,
462,585,589,606 （9）164,181,
220,394,395,397,399,436,452,
464,514,542,543,588,635 （10）
6,7,76,90,117,210,271,272,
347,377,385,390,391,394,406,
407,430,447,452,456,467,472,
476,495 （11）78,112,117,149,
293,317,319,332,463,465,477,
482,486 （12）447,511,544,
650,678

D

达尔朗,弗朗索瓦 （3）479 （4）
391,472,487－493,502,511,512,
516－518,530 （5）55

达夫（宾州参议员） （10）115

达夫,法兰克（圣母军） （9）
402,403

达夫,詹姆斯 （9）556

达夫－库柏（英内阁成员） （3）217

达根(美知名教育家) (6)30

达根,斯蒂芬 (7)144

达拉第,爱德华 (2)134,149,264,
506,507,539 (3)25,29,73,75,
77,81,85,89,90,109,111-116,
119,120,132-135,142-144,146,
152,159,190,191,199,212,214,
216-218,220,233-235,237,242,
245,261,280,283,286,288,322,
349,350,360,361,381,387,400,
402,417,434,435,444,449,457,
458 (4)15,16,64,67,68,73,82,
83,136,149,180,186,191,200,
205,213,214,220,229,230,237-
243,249,255-257,260,488,491,
492 (5)507 (6)235 (9)387

达赖喇嘛 (5)155,198 (6)379,
381,383 (7)625 (9)474,475

达里(法国国家保安局人员)
(4)32

达里东,让 (6)418 (7)254
(11)91

达斯夫人,奇塔·兰真 (6)66

达瓦兹,苏阿德 (3)41

达维森(工业设备公司驻重庆小组英
方代表) (3)372

大达茂雄 (11)390

大岛浩 (3)208 (4)503

戴,乔治 (10)207

戴传贤(季陶) (1)397,398 (2)
21,307 (5)110,117,118,219-
221,440,448 (7)8 (8)120,205

戴恩赛 (6)323

戴高乐,夏尔 (2)317 (3)479
(4)293,297,299,434,439,504
(5)55,234,241,249,312, 338
(6)28,234

戴鸿慈 (1)29

戴利,约翰 (12)100

戴笠 (5)157 (9)554

戴明(罗林斯学院院长) (12)209

戴切尔(英基督教会联合委员会主
席) (5)322

戴维(矿主,科茨布女伯爵第一位大
夫) (9)361

戴维斯(达拉斯第一国民银行)
(6)220

戴维斯(美国防部上校) (6)349

戴维斯(美陆军部中校) (6)366

戴维斯(美驻华外交官) (5)657

戴维斯(勋爵,英学者,世界和平和世
界组织倡导者) (5)30

戴维斯(勋爵,英自由党领袖)
(5)65

戴维斯(勋爵,英自由党领袖)
(5)65

戴维斯,阿瑟 (11)493

戴维斯,埃默尔·霍姆斯 (6)
96,104

戴维斯,克莱门特 (5)593

戴维斯,蒙内特 (6)275

戴维斯,诺曼 (2)72,73,78,80,81,
89,90,201-205,207,212,213,
365,368,521,522,544,549-557,

560-562,564-578,581,583-592,
595-598,604-608,611-617,619-
622,631-637,639-642,644 （3）
4,5,8－12,14,26,61,89,342
（4）542

戴维斯,斯潘塞 （5）548 （11）291
（12）362,466

戴维斯,托马斯 （10）291

戴维斯,约翰·佩顿 （8）451,455,
483,485

戴维斯,约瑟夫 （5）506-508 （6）
92,517 （7）185,338,519-521,
596,709-711,713 （8）216,228,
232,233,235-237,254,333 （9）
335,342,343,367 （10）75,76
（12）379,380

丹恩(常设国际法庭年金基金会秘
书) （13）31

丹尼(联合果品公司) （8）515

丹尼,勒德韦尔 （11）323,332

丹尼尔,曾赖斯 （10）226

丹尼森(美海军上校) （6）14

丹尼斯(海军上校) （12）669

丹宁,埃斯勒 （5）332,333,347
（7）410 （9）241,346,415

道,休 （5）82,232,437,610

道格拉斯,保罗 （7）539,629 （8）
31, 32, 226, 268, 278, 283, 378
（9）100,180,185,335,451 （11）7
（12）474,503,652

道格拉斯,卢 （6）235,457 （7）24
（8）508,515 （9）540

道格拉斯,唐纳德 （8）226,268,
278,283

道格拉斯,威廉 （6）67,293,294
（7）193 （10）252,393-395

道奇,约瑟夫 （10）357,409,414,
415,417,425,427,530

道森(白宫官员) （6）312

德巴列(洪都拉斯驻美大使) （10）
322 （11）77

德巴约(西班牙外交部长) （2）440
（4）301

德丁,蒂尔曼 （7）191,232

德尔博斯,伊冯 （2）320,321,329,
330,334,337,347,361,364,377－
384,386,388,389,394-398,403-
405,408,415,417,418,426-430,
432-434,440,441,446,447,449,
452,453,455-459,461-467,475,
477,479,481-483,485,488,495-
497,499,500,503,506,512-517,
519,521-523,527,532,533,537,
541,542,557,559-562,564,566,
574,577,578,584,586-593,600,
615,620-623,631,632,644,673
（3）14,21-27,29,37,47-50,52,
53,58,59,145,169,180,485

德尔加多(参议员) （10）259

德尔金(美劳工部长) （10）219

德弗斯,雅各布·劳克斯 （5）335
（6）248 （7）477 （8）11

德古,让 （4）312,314,316,317,
323-325,331,340,350,351,377,

380,384－387,389,390,392,394－
398,400,406,407,412－414,419,
443,464,499

德加涅(加拿大自由欧洲委员会代
表) (11)53

德康(法国总参谋长) (3)111

德科德特(北洋政府外交部比籍顾
问) (1)199

德克尔(毛案关系人) (8)593－598
(12)514

德克尔,克拉伦斯 (9)496,534,
537,388

德克森,埃弗雷特 (7)660 (8)
353,372 (10)23,100,235,239,
252,253,258,349,389,404 (11)
76 (12)11,503,508

德拉蒙德,罗斯科 (7)125 (10)
323 (12)229

德拉韦尔(英勋爵) (5)61

德赖斯蒂尔(英工党人士) (5)511

德里本,西摩 (10)210

德里萨,耶尔马 (10)328 (11)52
(12)643－646

德里斯科尔(新泽西州州长)
(7)260

德鲁,乔治 (11)55

德梅勒(中国政府的法国军事顾问)
(3)165,166

德尼(中国建设银行公司法国代表)
(3)374－377,408,409,450,451,
464,494

德帕丝夫人(阿根廷驻美大使夫人)

(10)57

德钦马(缅甸政府人员) (10)506

德特,伯德 (5)237

德特尔(哥伦比亚研究院印度同学的
儿子) (8)316

德瓦古叻,翁讪瓦德瓦 (13)50

德维艾特(在意被俘英将军) (5)
346,347

德维亚,卡尔东 (2)94

德文郡公爵(国联英代表团团长)
(4)151 (5)357 (8)229

德乌埃尔特(巴拿马驻美大使)
(10)378

登菲尔德,路易斯 (7)65,66

登特根,克乔夫·德 (2)315 (3)
78－80

登维,贾梅斯·奥尔 (10)123

邓,伊莉沙白 (12)479,480

邓恩,詹姆斯 (5)480－482,486,
487,536,543,544,551,555,564
(6)38

邓发 (5)565－567

邓肯,桑兹 (5)79,80,351,568,605

邓纳姆,弗兰克林 (12)423,424

邓尼金,安东·伊万诺维奇 (9)98

邓尼姆(美国议员团秘书) (12)552

邓锡侯 (5)126,131

邓悦民 (8)540,555

迪安(美将军) (8)51 (9)345

迪安,阿瑟 (10)286,287,307,316,
317,322,323,325,326,343,526－
529 (11)4,17 (12)246

迪博克,安德烈 （2）375 （3）
　311,312

迪尔,约翰 （5）192,196,202－204,
　276,292,330

迪芬道夫（美以美会总干事）
　（6）315

迪金森夫人（美国全国妇女俱乐部联
　合会主席）（7）320

迪克（国际救济组织代表）（7）582

迪莉娅（顾应昌之妻）（10）476

迪利翁（厄瓜多尔驻英大使）
　（9）365

迪林厄姆（美国名流）（10）232

迪洛瓦 （7）625

迪塔斯塔（法驻瑞士大使,巴黎和会
　秘书长）（1）174,195,197

迪歇纳（法将军）（3）486

迪亚斯（墨西哥驻英大使）（5）
　514,603

蒂博,保罗 （4）333

蒂丁斯,米勒德 （7）

蒂特,洛塞尔 （12）286,404

蒂图列斯库,尼古拉 （2）56,212

丁文江 （1）264 （2）292

丁作韶 （10）506

东条英机 （5）167,195 （6）431
　（12）379

东乡茂德 （3）208,420

董必武 （5）458,473,477

董浩云 （13）53

董霖 （5）646 （7）428,500,501,
　532,593,594,598,625 （9）463

（11）37

董绍琦 （9）411

董显光 （5）100,105,118,144,246,
　253,255,276,280,288,440 （6）
　23,517 （7）509,510,514,519,
　523,529,584,642,644,659,674,
　690,692,693,700－702,706 （8）
　95,148,203－205,212,214,217,
　220,345,379－382,394,395,426,
　431－433,463,478,483,498－500,
　502,506,509,510,512,524,526,
　531,533,534,539,541,543,545－
　547,598 （9）72,137,230,233－
　236,243,244,258,268,280,297,
　341,342,353,379,411,446,448,
　455,466,467,470,473,475,482
　（10）94,251 （11）145,206,207,
　212,259,390 （12）6,137,166,
　167,294,509,630,659,661,662,
　666,675－677,679,682

都礼华 （10）468,469

杜尔诺,乔治 （10）179

杜光埙 （12）421,424,474,503,551

杜赫尼（石油巨子）（5）252

杜建时 （5）466,663

杜朗,朱立安 （2）129,131,132

杜勒斯,艾伦 （6）23 （7）214
　（8）227－229,233,253,578 （9）
　581,583 （10）198,372,379,380,
　385,387 （11）486

杜勒斯,约翰·福斯特 （5）490,
　491,545,549,554,557 （6）46,

206, 218, 245, 246, 314, 315, 408, 409, 451 − 453, 456, 479, 480 （7）78 − 50, 103, 109, 192, 193, 195, 207 − 209, 212, 218, 237, 252, 254, 266, 267, 315 − 319, 327, 333 − 335, 376, 391 − 394, 515, 640, 645, 646, 683, 684, 700, 701, 704 − 709, 716 （8）6, 57, 63 − 68, 135 − 142, 144, 150, 151, 156, 162, 164, 173 − 176, 178, 179, 278, 312, 344, 349 − 351, 354, 378, 393, 394 （9）7, 8, 12, 14 − 22, 24 − 27, 29, 30, 38 − 47, 49, 52 − 61, 63 − 72, 75 − 88, 90 − 137, 139 − 162, 164 − 174, 178, 180, 182, 185 − 197, 200 − 202, 204, 206, 208, 209, 212, 213, 213 − 219, 223 − 225, 227, 228, 230, 231, 235 − 243, 246 − 257, 259 − 268, 270, 272, 273, 275, 277 − 279, 292, 293, 295, 306, 346, 347, 650, 651, 410, 415 − 418, 421, 422, 461, 462, 576 − 578, 590, 591, 593, 596, 601, 602, 604 − 612, 614, 616, 622, 625, 628, 636, 640, 666, 668 （10）4, 10, 11, 16, 20, 21, 30, 46, 52, 58, 86, 87, 91, 94, 95, 99, 100, 102, 114, 128, 129, 134, 142 − 146, 148 − 156, 158, 165, 168, 169, 175 − 178, 180, 182 − 186, 190 − 199, 202, 206, 209, 212, 226, 236, 241, 248, 258, 263, 264, 275 − 278, 284, 290, 293 − 304, 306, 311, 314, 315, 317, 318, 320, 322, 324 − 326, 329,

340 − 342, 348, 361, 362, 365, 380, 387, 388, 424, 426, 439, 453, 461, 464, 526 （11）4, 5, 7 − 10, 12 − 14, 18, 20 − 23, 25 − 33, 32, 41, 45, 48, 49, 51, 56, 59 − 62, 67 − 70, 75, 80, 84 − 90, 93 − 95, 98, 103, 107 − 109, 152, 168 − 172, 175, 176, 179, 181 − 192, 194 − 198, 201, 202, 204, 205, 210, 252 − 255, 259, 261 − 266, 269 − 274, 276, 284, 282, 284 − 286, 291, 297, 300, 305, 308, 341 − 316, 323 − 325, 329, 333, 341 − 360, 371, 372, 383, 386, 387, 390, 391, 395 − 398, 405, 406, 408, 415, 418, 426 − 434, 438 − 440, 442, 443, 445 − 448, 458, 468, 470, 476, 492, 497, 545, 546, 521, 522, 524 − 527, 539, 541 （12）4, 6, 19, 25, 29, 31, 36, 39 − 41, 44, 48, 52, 54, 57, 59 − 70, 72 − 78, 91 − 85, 88, 91, 94, 96, 106, 107, 115 − 119, 121, 123, 125, 126, 129, 130, 134 − 136, 138, 140, 144, 145, 148, 153, 163, 164, 169, 171, 176, 178, 182, 185 − 193, 197 − 204, 206, 210 − 221, 229 − 237, 239 − 241, 243 − 247, 251, 255, 257, 258, 264, 265, 269, 270, 275 − 280, 284, 287, 296, 299 − 313, 317 − 322, 324, 326, 329, 333, 337, 339, 340, 342, 343, 347, 350 − 352, 356, 359, 361 − 363, 366, 368, 395 − 398, 402, 404 − 409, 411, 418, 420, 421, 428, 429, 433 − 435, 437,

439,440,442－444,459,460,462,
466,473,474,481－483,487,489,
491,496,515,521,526,540,548,
564,566,574－581,584,585,589,
595,596,599,605,612－614,617,
619－623,631,632,653,656,657,
667,670,675,677,679,684－688,
691,693,695,698,699,703,716－
718,720 （13）7,10,11

杜里尔(国际联盟玻利维亚代表)
（4）150,151

杜立特,詹姆斯·哈罗德 （5）
233,425

杜鲁门 （5）381,464,468－470,482,
483,495－497,499－502,507,513,
533,535,541,542,544,559,562,
564,568,620,641,649,665,673,
677 （6）6,7,11,13,17,19,20,
23,31,35,38－40,42,55,59,64,
70,83－90,98,103,104,116,122,
129,131,133,138,159,163,185,
186,190,193,208,222－225,232,
245,247,248,256,258,275,306,
310,315,319,333,334,343,350,
355,379－382,404,418,433,435,
440,443,450,451,453,454,456－
462,464,465,470,472,474,478,
482,483,486,488,490,492,497,
498,502,503,505,508－516,520,
522－524,526－531,533－537,545,
546,548,549,551,554,563 （7）
19,21,23,24,27,28,30,31,33－

37,39,47,50,59,65,79,92,96,
110,112,114,127,132,137－141,
143,145,148,153,157,165,166,
169,171,172,177,209,210,214,
216,223,225,232,236,239,240,
244－246,248,269,273,278,284,
286,288－290,298,306,320,329,
330,334,340,344,369,371,373,
390,408,417,440,442,448,450,
453,456,460,491,495,504,507,
508,510,511,513,515,516,518,
522－525,529,530,536,538,540－
542,544,545,547,549－558,560－
566,603,624,626,648,651,652,
657,663,665,666,668,670,672,
678,680,682,687,688,693,696,
710,711,713,716 （8）6－13,15,
16,19,22,23,26,30,32－34,37,
44,48,51－53,56－58,66,67,69,
76,92－96,99－101,104,107,110,
112－116,120,122－124,128,134,
149,150,155,158,160－162,165－
167,173,174,189,191,193,202,
203,205,209,211,213,216,220,
222－225,230,233,236,237,241,
243,249,253－255,259,263,274,
275,278－280,285－288,301,304,
314,316,318,322,328,330,331,
336,344,346,353,364,372,374,
380,389,391,397,406,420,476,
526,600－603,606,610 （9）15－
17,19,21,23,38,42,64,108,160,

181,224,228,234,235,247,248,
251-253,257-259,261,284,294,
304,308,341,348,349,352-354,
367,370,412-414,425,428,430,
431,439,444,451,456-458,480,
481,491,500,505,519,526,528,
531,548,556,560,569,575,579-
581,586,599,609,610,690 （10）
10,13,16,21,34,89,97,145,190,
213,234,242,289,290,390,391,
393-395,406,407,493,505 （11）
101,102,120,151,177,297,301,
307,308,310,347,399,447,481,
527 （12）690

杜吕蒙，埃里克 （2）53,55,56,72,
94-97,116-118,125,142,156,
157,241,412

杜洛克（法国共产党领袖） （7）237

杜梅尔格，加斯东 （2）264,277

杜南特（瑞士驻法公使） （2）315

杜帕克，加尼埃 （2）477-479

杜塞尔（法驻美大使） （1）142,152

杜威，托马斯 （5）150 （6）234,
245,246,346,349,350,435,442,
449-462,471,498,503,551 （7）
14,246 （8）32 （9）100,103,
104,435,443-445,455-458,578,
600 （10）8,21 （11）452

杜维勒（俄国作家） （5）468

杜维廉（英驻华代办） （11）82,432

杜锡珪 （1）267-269,280,281,289,
338,370 （8）500

杜聿明 （5）141,659,663 （6）
161,238,239,262,286,302 （7）
17,19

端方 （1）21,23,29

端木傑 （10）475

端木凯 （7）607

端木澜 （7）602

端纳 （1）119,230,386,387,395,
415-417 （2）343

段茂澜 （8）277 （9）183,184,319
（10）230,231,483 （12）611

段祺瑞 （1）113,139,144,146,226,
307 （2）68,294,304 （5）525
（7）258 （8）513

多德，诺里斯 （6）496,513
（7）425

多恩，弗兰克 （9）471,500 （10）
45,46,505

多尔顿，休 （5）333,540,560

多尔曼（敦巴顿橡树园会议苏联代
表） （5）404

多尔森（英国国会访华团秘书）
（5）132,135

多利韦（国际和平大联盟秘书长）
（3）430-433

多诺方（《先驱论坛报》记者）
（6）522

多诺方（美邮政局局长） （7）689

多诺万，威廉 （7）132,653
（11）226

多特（华盛顿联总中央委员会会议美
国代表） （6）174

多伊奇(新西兰外长) (9)56,107

多兹(牛津大学基督学院教授)
(5)191

多兹,哈罗德 (6)117,118,137

多兹,威廉 (2)374,569

E

厄尔利,斯蒂芬 (7)184

厄斯金(美将军) (10)503,504

鄂康诺(西藏问题谈判英代表)
(1)107

恩格特(美驻伊朗和阿富汗公使)
(8)163,164 (9)304

恩泰扎姆,纳斯罗拉 (8)169,172,
346,347 (10)82,292

恩特兹(联合国筹备委员会代表)
(5)579

恩西斯科－贝略索 (12)356,
358,359

儿玉(拟议之伪中央银行日本顾问)
(3)364

F

法恩斯沃思(美记者) (7)170
(8)287

法根豪森(德顾问团团长) (2)474
(3)127 (4)453,537 (5)31

法基,沙伊赫·阿萨德 (9)391

法肯索尔,弗兰克 (1)34

法勒,亚伯拉罕 (7)640

法里纳奇(意法西斯党前总书记)
(3)350

法利,詹姆斯(吉姆) (4)3,4 (5)
287 (6)95 (7)153 (8)515

法林顿,约瑟夫(乔) (6)42,135
(7)677 (8)24 (9)510 (10)
7,232

法林顿夫人 (7)677 (8)24,283
(10)7,232 (11)31

法苏里斯(中国国际商业公司代表)
(8)411

法图(法殖民部秘书长) (4)402

范布格尔 (13)17

范策兰 (2)321 (7)415

范德比尔特(美大富翁) (7)333

范德里夫(联邦储蓄银行总裁)
(6)27

范登堡(美空军参谋长) (6)493,
517 (8)358

范登堡,阿瑟 (5)300,378,485,
490,493,494 (6)28,38,42,43,
90,91,98,99,119－122,141,154,
234,263,264,285,296,300－303,
306,346,350,404,409,456,517
(7)23,30,79,126,243,327,371,
431,709 (12)412,432,435,438,
451,453,578,694

范登堡,阿瑟(小) (9)603－606

范恩加特,科尼利厄斯 (6)25

范佛里特(美将军) (10)9 (11)
45,60,127－133,162,163,182,
187,190,192－194,245,493 (12)

132,183,267

范古利克，罗伯特 （13）46

范克莱芬斯（荷兰外交大臣）（5）594,604

范林登 （13）43,44

范罗伊延（荷驻美大使）（9）406,614

范莫克（荷东印度总督）（6）422,423

范西塔特，罗伯特 （2）361,362（3）378

范宣德 （5）678 （6）5,17,19,20,30,35,44,45,49,63－65,75,76,78,79,81,82,97,99,114,116,118,128,129,131,132,147,148,150,152,155,156,188,223,226

范源濂 （1）344,345

方正之 （10）428

方治 （5）617 （11）247

芳泽谦吉 （1）288,289,293,308－311,377,418 （2）10,413 （9）378,384,385,610 （11）70,208,231,259 （12）419,479,659

菲茨杰拉德（空军武官）（9）483

菲茨杰拉德（粮农组织总干事）（6）168

菲茨杰拉德（美将军）（5）235

菲茨杰拉德，戴维 （11）474,475

菲茨莫里斯，杰拉尔德 （13）30,57

菲尔德，弗雷德里克 （7）623

菲利普斯（美海军上校）（10）458

菲利普斯（美助理国务卿帮办）（10）404

菲利普斯（英博士）（5）52

菲利普斯，查尔斯 （12）485

菲利普斯，威廉 （2）412 （3）347,349－351 （4）235

菲普斯，埃里克 （2）384 （4）104－106,162

菲奇（海事委员会官员）（7）614

菲奇夫人（乔治）（10）202

菲舍尔（德外交部特别顾问）（12）610,611

菲什（美驻葡公使）（4）540,541,546

斐立克（盐务署总稽核）（1）274,279

费尔（法伯爵）（3）41

费尔里，罗伯特 （9）53

费尔奈（美海军上将）（4）321,322

费尔南德斯，路易斯 （8）343,382（9）499

费尔韦瑟（军情报局官员）（5）80

费克特勒，威廉 （9）534,553,584（10）24,33－36,42,269,310

费拉，加布里埃尔 （10）111

费莱彻（美名流）（5）420

费勒斯，邦纳 （10）440

费萨尔二世（伊拉克国王）（12）268

费希尔（塔里敦城负责人）（6）204

费希尔，艾德里安 （9）435,483

费希尔，路易斯 （2）418 （5）407,408

费希尔,约翰 (6)461

费伊(法官) (8)274

费正清 (6)539

芬勒特,托马斯 (9)520,523,524,548 (12)37,42,44,106

芬利(英勋爵) (5)426

冯国璋 (1)144,145,227,307,374

冯今白 (6)261

冯维根,卡尔 (3)358

冯友兰 (5)187

冯玉祥 (1)255,259-264,287,320,388,391,392,422 (2)68,385 (5)626,662 (7)18 (11)247 (12)689

冯执正 (7)447 (8)559,570,571,574,583,589 (11)143,481

冯治安 (2)397

佛朗哥,弗朗西斯科 (2)324,333,334,371,372,532,533,599 (3)72,77,98,102,113,118,273,286,326,345,346,403 (4)321,322 (5)381 (6)410 (7)393,542 (8)11 (9)308,311 (11)407,560 (12)219,222,223

佛朗哥,卡尔门 (11)152

弗格森(美国防部对外军援部门远东科负责人,上校) (9)583

弗格森,霍默(参议员) (6)68,258 (7)164,514,565,645,660 (8)275,293,396,603 (9)359,480,520 (10)29,69,83,115,258,390 (11)7,139 (12)240

弗拉纳索维奇(大使) (4)55,56

弗莱格,赫尔曼 (11)256,265,352,356,359,361-364,367,369,426-428,436,439,447 (12)17

弗莱明,菲利普 (7)609,611 (8)133

弗赖伊,奥尔德曼 (5)358

弗赖伊,马杰里 (5)322

弗兰德利,艾尔弗雷德 (8)452,459,498 (9)433,434

弗兰克福特,费利克斯 (6)30 (7)36,371,442 (12)512

弗兰克斯,奥利弗 (6)340,442,462 (7)268,282,307,345,408,544 (9)68,84

弗朗丹,皮埃尔·艾斯蒂安 (2)305,314 (3)53,218,283,400 (4)470-472

弗朗居里(法外交学会秘书长) (3)359,477 (4)136 (11)235

弗朗索瓦(工业设备公司驻重庆小组法方代表) (3)372 (4)462

弗雷塔斯-巴列 (5)577,582,584

弗雷泽(旧金山会议新西兰代表) (5)492,595,597

弗雷泽(英海军上将) (5)667,668

弗雷泽,彼得(新西装总理) (5)675 (7)3-5,26,236,237,264,265

弗雷泽,罗维特 (5)122

弗里曼,富尔顿 (6)365 (7)122,125,131,134,166,169,186,363,

367,368,376　（8）14-17,28,72

弗里曼,托尼　（7）121,122

弗利,爱德华（小）（9）587

弗利,查尔斯　（9）614,615

弗利杰斯,塞奇　（5）403

弗罗斯特,罗伯特　（9）557,558

伏罗希洛夫,克里门特·叶弗列莫维奇　（3）124　（4）117　（5）560

福布斯(索普私人秘书)（6）263

福蒂埃(东京盟军司令部情报官员)（8）95,189

福尔顿,詹姆斯　（7）203,216（10）57,69

福尔肯伯格,金克斯　（11）149

福尔索姆(田纳西州州长)（7）245

福尔索姆,马里恩　（10）83,357,409,414

福克兰(英巴雷特·布鲁克爵士之代表)（5）418,419

福克斯(美少将麦克阿瑟的副参谋长)（8）78,189

福莱斯特(美空军将军)（5）312

福莱斯特,詹姆斯　（6）14,15,41,95,96,131,234,344,349,357-359,364-368,421,465,473-475,493,549　（7）103,128,682（11）343

福萨斯,爱德华多　（9）487

福斯迪克,多罗西　（5）591

福斯迪克,雷蒙德　（7）204,318,334,372

福斯特,威廉　（7）668　（8）210,224,246,248,382　（9）439,548,584-586

福斯特,约翰　（10）101

福斯特,约翰·沃森(科士达)（1）149　（6）452　（10）380

福特,亨利　（1）153

傅秉常　（2）332　（5）159,183,184,457,500,510,524,526,528,605,613,626,639　（6）543　（7）90,91

傅冠雄　（2）32　（6）331,425　（7）105,569,595,597,598　（8）271,400,456,458,469,480,487,514,522,535,558,579　（9）395　（10）5-8,47,206,216,253,267,467（11）144,149,450,477,496　（12）26,238,460,519

傅泾波　（6）551　（7）228,230,235,236,329,330,372,373,413,454,455,468　（8）205,395　（9）465,470-472,501,502,519

傅斯年　（6）175　（7）135,162,192

傅亚夫　（9）532,533

傅作义　（5）660　（6）261,273,284,468,470,487　（7）3,7,18,123,573

富布赖特,威廉　（6）96,97,294（7）431　（10）25,29　（11）91

富尔(法国总理)（12）279,284

富基埃尔,皮埃尔·贝卡·德　（2）304,305

富兰克林,本杰明　（6）406

（10）23

富尼埃，唐·费匀南多 （12）476

富特(英国新闻部副司长) （5）70

G

盖茨，托马斯 （11）129，132
（12）466

盖达，维尔季尼奥（2）530

盖尔布兰代伊（荷流亡首相）
（5）56

盖里多(法驻华公使) （1）408

盖奇，伯克利 （5）31，118，203

盖斯科因，阿尔瓦里 （10）112

盖西克，约翰 （5）41，66，158，
347－350

甘地，莫汉达斯·卡拉姆昌德 （5）
20，21，23，24，108，128，145，152，
190，198，219，274，316 （6）404，
427 （7）195

甘地夫人，英迪拉 （7）306

甘介侯 （7）47，87，89－94，106，111，
113，114，117，118，120－125，128，
131，134，136，137，139－143，145，
147，148，150，164－167，169－172，
177，178，196－202，210，213－215，
218，223－227，229，236，311，314，
327，329－332，352，368－371，374，
442，457，458，466，468，480－482，
485，491，492，494，514，523－525，
541，542，547－561，563－566 （8）
231，382，518，529，577－580 （9）

435，441，463，493 （12）689

甘末林，莫里斯 （3）359，447 （4）
89，190，238，260

甘乃光 （5）143，443，644 （8）118

冈东(法驻华代办) （4）405

冈崎胜男(外务大臣) （9）230，271
（11）207 （12）659

冈萨雷斯，唐纳德 （唐）（6）495
（11）280 （12）369，612，670

冈萨雷斯，魏地拉 （7）518

冈瑟（福莱斯特的参谋长） （6）
349，357

高恩洪 （1）232－235，237

高尔察克，亚历山大·瓦西里耶维奇
（9）98

高尔德，兰德尔
（7）172

高尔特夫人(伍德维·威尔逊夫人)
（1）135，136

高夫，刘易斯 （9）551，613

高凌百 （5）104，249，398

高凌霨 （1）232，246－250，253－
255，309

高鲁 （2）6

高桥里清 （2）412

高思 （5）167，171，174，204，205，
231，234－236 （6）22，121，134，
156－158，169，190，234，389 （7）
29，39，612 （8）195，379

高思默 （2）238，267，275，348，349，
384，385，455，456，485，486 （3）
309－311，380，408，409，495 （4）

77, 132, 146, 165, 174, 175, 177,
178, 181, 184, 187, 201, 228, 232,
256, 339, 345, 355, 410, 423, 443,
451, 459, 562, 498, 499, 510, 523,
530, 531 (5)188

高玉树 (11)208,221 (12)505,
520,525,649,659

高宗武 (3)299,392 (4)193

戈策(美将军,开凿巴拿马运河主持
人) (10)105

戈德堡(美代表团团长) (13)
58-60

戈德华特,巴里 (10)488

戈德曼(医生) (5)259

戈德曼,埃里克 (8)329

戈登,查尔斯·乔治 (5)426,427

戈登,格雷 (12)541,546

戈兰斯(英出版社经理) (5)65

戈林,赫尔曼 (2)369,390,544
(3)58,159 (4)15,524

戈伦斯基(国际法院苏联法官)
(13)19

戈培尔,保罗·约瑟夫 (2)544
(3)457

哥特瓦尔德,克利门特 (7)243

格尔克,海达尔 (12)348,470,471,
497,500-502

格拉布(英准将) (8)24

格拉茨(美律师) (7)713,714,716

格拉姆(美律师) (8)488

格拉泽(英空军少将) (5)334

格兰特,乔治 (7)30,247

格雷(英查姆斯研究所博士) (5)
33,67,68

格雷迪,亨利 (12)411,549

格雷迪,威廉 (5)108

格雷厄姆(医生) (9)529

格雷厄姆,詹姆斯 (9)475

格雷夫(荷处长) (2)364,453

格雷夫斯(英驻远东委员会代表)
(6)104

格雷夫斯,马格纳斯 (7)174
(8)401

格雷夫斯,西德尼 (9)365,366,498
(10)115,493

格雷罗(国际常设法庭庭长) (5)
593 (13)14,23,30

格雷西,乔治 (9)404

格里蒂(美准将) (10)437

格里菲思,保罗 (7)180,181,183-
185,223,241,440,452,453,506-
509,536,688,695-700,702,703
(8)9,19-21,205

格里芬,艾伦 (7)21 (8)247,
293,370,396 (9)442,443,450

格里芬,特里斯德 (5)418

格里格,詹姆斯 (5)21,171,
334-336

格里克,本杰明 (5)571,573,574,
590,591

格里姆,艾伦 (8)342

格里姆,彼得 (7)237,238

格林(路透社记者) (3)38

格林(美作战协调局上校) (10)

372,382,403

格林(乔治) (9)436 (10)258 (11)70,71

格林(英勋爵) (5)426

格林伍德(英勋爵) (5)357

格隆基,乔瓦尼 (12)617,620

格鲁,约瑟夫 (4)131,134,146,192,338,343, (5)333,364,369,370,372-374,376-678,382,390,502 (10)322 (12)380

格鲁巴赫(法国民议会) (3)231

格鲁伯,卡尔 (11)24,25

格仑瑟,阿尔弗雷德 (10)396

格伦(美十四航空队参谋长) (5)236

格罗,安德烈 (13)25

格罗夫斯(圣约翰书院学监) (1)16

格罗斯,罗伯特 (10)458

格罗斯,欧内斯特 (7)585,630,632,634,346 (8)133,176,177,179,181,182,186,254,265,355,455 (9)301,327,328,552,553 (10)95,124,125

格思里(美军事运输部) (5)299

格特(国际货币基金执行董事会总裁) (8)355,356

葛罗米柯安德烈·安德烈耶维奇 (5)371-373,460-463,478,480-482,485-487,490,495,543,570,572-578,580-592,595-597,625 (6)204,214,417,418 (7)420,421 (8)349,350 (9)223,305,388 (13)19

龚愚 (10)45

宫崎明 (4)60,77 (11)40

古德费洛,普雷斯顿 (7)653,654,656,659,660,668,669 (8)4-6

古德-金尼斯皮尔 (5)16

古德诺,弗兰克 (1)31,32,65,71,104 (6)118

古德温,威廉 (6)248,456,457 (7)25,28,30,60,135,216,247,350-352,494,673,675 (8)388 (10)121

古根海姆,鲍勃 (7)89,112 (9)335,342,365,366,498

古根海姆,波莉 (7)89 (9)365

古根海姆,罗伯特 (6)457 (8)343 (10)4,75,76,115,248 (12)290,404,549,550

古内瓦尔登(锡兰大使) (12)411,412

古谢夫,费奥杰尔 (5)433,434,545,550,598,599

古泽骏一 (12)291

谷凤翔 (11)227

谷正纲 (5)121 (11)236,247

谷正之 (4)53,178 (5)69

顾德昌 (5)257,259 (13)53

顾夫德姆维尔,莫里斯 (1)251,288

顾福昌 (7)468 (13)53

顾海昌 (7)84

顾蒋氏(顾容之妻〈作者母亲〉)

（1）3－7,12,13,15,16,21,46,48,
　49,143,393

顾菊珍　（13）52

顾临（美外交官）　（5）288

顾孟馀　（5）186　（8）367,390
　（10）245　（12）652

顾溶（晴川）　（1）3,142,143

顾息祥　（10）409,415

顾以俪　（10）49

顾翊群　（5）121,148,367　（6）
　137,287　（7）84,197,336,563,
　602　（8）49,50　（9）316,573
　（11）471

顾应昌　（6）549　（7）85,600,601
　（8）206　（10）476

顾裕昌　（5）501,677　（8）297,298

顾毓瑞　（6）409,519,521－523,531,
　532,554－556　（7）25,27,105,
　132,148,172,182,191,226,229,
　340,351,368,410,461,531,556,
　670,671,684,686,687　（8）72,
　73,80,271,285,286,293,314－
　316,324,331,345,374,393,410,
　412,452,519,523,525,536,547,
　560,567,568,589　（9）337,394,
　433,462,476,487,548,557,575,
　615　（10）21,46,49,91,112－114,
　116－118,140,142,204,211,233,
　235,250,253－255,257,259,269,
　319,337,349,358,364,378,385,
　386,389－392,394,395,406,440,
　453,467,471,476,483,484,498

（11）62,115,117,123,148,149,
　187,219,245,332,359,448,453,
　454,456,457,463,482,486,495

（12）28,34,61,193,209,240,241,
　253,293,333,377,443,473,474,
　485,486,509,510,535,538,552,
　558－560,562,595

顾张氏夫人　（1）4,5

顾祝同　（6）343　（7）358,374,
　449,570

瓜里利亚（意驻法大使）　（3）
　275－277

关吉玉　（7）587,598

广田弘毅　（2）247,296,297,391,
　324,325,332,351,367,400,406,
　412,459,510,511　（3）56

桂永清　（2）29　（4）385　（5）423,
　424,439,447,451,453,456　（7）
　412,527　（8）103,279,430　（9）
　511　（11）226,242,266

郭宝树　（9）600

郭斌佳　（5）89,90,150,195,
　574,588

郭秉文　（1）344　（2）4,28,369,
　475,477,480,499　（3）95,127－
　129,137,155,255,371,413　（4）
　107　（5）42,58,62,70,75,273,
　274,296,298,299,301,337,355,
　356,394,395　（6）169,329　（7）
　405,566,627,628　（9）452,558,
　577　（10）67,483,484　（12）316,
　372,425

郭德权 （5）606

郭慧德 （8）294，449 （9）485
（11）153，475 （13）16，53

郭寄峤 （8）320，571 （9）437，553

郭景琨 （7）336

郭可仁（汤姆·科克伦） （12）362，
363，534

郭克悌 （9）303

郭沫若 （8）362

郭松龄 （1）281

郭泰祺 （1）170，320，391，392
（2）5，6，11，14，26，48，56，58，59，
63，67－69，77－79，87，90，97，112，
123，180，181，188，195，201，205，
210，212，221，225，247，248，255，
291，334，342，343，345－347，360，
369，382，383，390，418，426，430，
449，461，463，497，502，528，533，
542，543，575，584，604，620，632，
633，635，636 （3）5，26，28，46，
95，96，99，106，162，166，191，193，
194，196，197，207，209，220，222，
224，246，315，371，375，378，380，
383，389，392，395，396，441，453，
454，456，471，482，494，495 （4）
48，59，64，65，67，116，118，121，
148，157，162，171，249，250，334，
355，389，429，466，512，520－523，
525，536 （5）3－5，11，97，117，
189，380，444，453，608，622，625，
639，641 （6）33 （7）90，259
（8）18 （9）493

郭延亮 （12）490，496，531，532，
535，536，547，548

郭有守 （7）573

郭则范 （1）269，274，275 （2）32
（3）299，346，365 （4）51，531－
533 （5）180，453

H

哈布斯堡（德亲王） （4）136，153
（6）403

哈查，埃米尔 （3）394

哈达（印尼总理） （6）424

哈代（英驻北京使馆翻译） （1）107

哈丁，查尔斯 （3）143 （5）21

哈恩（迈阿密大学校长） （6）
327，328

哈尔西，威廉 （6）66 （8）508

哈夫利克，休伯特 （6）270，277，
279，281

哈格蒂，詹姆斯 （9）578 （12）
239，318，564，681

哈考特（美海军上将） （5）533

哈克尼斯，迪克 （8）221 （10）114

哈克沃思，格林 （5）382 （13）17，
18，26，39

哈库恩（以色列驻联合国代表）
（12）426

哈拉哈普（曾任印尼总理）
（12）409

哈勒尔（世界问题研究所副所长）
（12）648，649

哈里法克斯(爱德华·弗雷德里克·林德利·伍德) （2）329 （3）31,83,95,96,99,101-107,115,127-129,142-144,153,162,163,169,171,174,176,177,179,181,211,236,265,277,284,308,381,395,399,403,428,429,441,454,458,459,467,473,482,483 （4）59,65,83,110,133,219,222,347,388,433,438 （5）22,76,242,260,268,269,271,272,275,277-279,283,284,289,301,378-380,389,404,460-463,478,496,510,511,524 （9）351

哈里曼,爱德华·亨利 （1）58

哈里曼,威廉·艾夫里尔 （5）42,75,500,509,524,556,676,678 （6）34,123,205-208,220-222 （7）24 （8）93,218,319 （9）205,439,466,468,496,690 （10）421 （11）358 （12）406,681

哈里森(驻港总领事) （7）580,581

哈里森,本杰明 （6）452

哈里森,利兰 （2）452,454,466,470,502,526 （4）541

哈里森,威廉 （9）373,380,485 （10）118,174

哈里斯(联合远东分署长) （6）123,136

哈里斯(美丰德里卫理公会教堂主事) （10）386

哈里斯,文森特 （10）292

哈林顿夫人(美民主党全国妇女委员会主席) （7）494

哈灵顿,诺曼 （12）649,650

哈马舍尔德,达格 （10）82,83 （11）27 （12）34,36,49,53,61,62,69,70,77,79,82,86,88,90,112,114,134,244,295,296,303,309,503,706

哈蒙德(美国务院官员) （8）23

哈钦森(中华教育文化基金会主席之一) （7）566 （10）481

哈钦森,休 （10）32,269

哈斯,罗伯特 （1）419 （2）22,149,152,235,279-283

哈特(美海军上将) （8）508,515

哈特利(英勋爵) （5）357

哈特曼,弗雷德里克 （7）624,625 （10）210

哈亚勒,阿卜杜拉 （12）640,642,643

哈泽德(法院代理书记官长) （13）44

海德,马萨 （2）374

海恩兹(缅甸英军司令) （5）231

海尔伯格夫人(前道格拉斯·麦克阿瑟夫人) （9）365

海格,道格拉斯 （5）675

海卡勒,优素福 （7）275

海曼斯,保罗 （2）15,95,118-123,125,126,128,166

海斯,塞缪尔 （9）538 （10）120,211,354

海斯,威尔 (8)515

海托华,约翰 (9)184 (10)11,91,140,250 (11)287-291,467,468 (12)71,137,140,292,362,652

海因茨(德海军上将,驻华公使) (1)145-147

海因克曼(汇丰银行) (5)335

海因尼肯夫人 (13)17

海因斯,约翰 (12)377

韩朝宗 (6)478,538 (7)51,354,682 (8)11,69,190,208,252,299,415,417,419,423,424,436 (9)555,597,693 (10)409,466 (11)452,463

韩德逊·阿瑟 (2)192,278

韩复榘 (2)68,343,355

韩光第 (1)388

汉布罗(国际联盟挪威代表) (2)471 (3)200 (4)150-152

汉德,勒尼德 (8)451,478

汉弗莱,乔治 (11)205

汉弗莱,乔治(美财政部) (10)351 (11)297,476,477 (12)230

汉弗莱,休伯特 (12)81,101,102,135,197,198,224,225,243,246,581

汉基(巴黎和会翻译,将军) (1)186,188

汉基,罗伯特 (10)172

汉密尔顿(《纽约先驱报》主编) (1)58

汉密尔顿(美国务院远东司司长) (5)376,377 (9)287

汉密尔顿,托马斯 (9)40 (12)456

汉密尔顿,亚历山大 (6)538,559,562,563 (7)50,237,238,242,265

汉纳,托马斯 (11)142

汉尼根,罗伯特 (6)26

汉塞尔(小)(美陆军准将) (10)437

汉森(毛泽东的朋友) (6)276

汉斯利,斯图尔特 (7)182,627 (9)42

杭立武 (4)522 (5)94,109,149,159,203,417 (6)260 (7)186 (8)332,333,339,343,365-367,369,370,376,377,381,382 (9)65,84,258,349,493,494 (10)290,296,297,430-432,470 (11)35,235,249 (12)51

豪奇(艾森豪威尔总统经济顾问) (11)474

豪斯爱德华·曼德尔 (1)153,154,162,186,189,190,193,194 (5)390

郝播德 (5)40

郝更生 (9)399

郝墨集 (2)589

何炳衡 (7)566

何成濬 (8)251

何东 (7)514

何丰林 (1)88

何凤山　（7）521，522　（9）560
（10）174，324　（11）530

何廉　（5）644　（7）363　（13）6

何其鞏　（5）662

何士（加拿大工程师）　（1）261，
385，415-417　（2）246，247，259，
260　（5）257，276　（7）469　（8）
148，219　（10）291，308　（11）
53-56，112，176，179，284　（13）5

何世礼　（7）514，574，575　（8）45，
73，75-77，88，205，207，379　（9）
14，44，188，213，245，246，248，
259，269-272，279，287，319，460
（10）309，310，425，453　（11）64，
112，135，452，462　（12）532，534

何应钦　（2）179，180，188，219，222，
292-294，297，324，342，345，387
（3）294　（5）91，109，171，180，
183，184，203-206，210-212，226，
292，410，417，531，654，655　（6）
13，14，238，283，302，310，324，
354，361，363，364，366，367，472，
506，533　（7）9，10，12，81-83，87，
88，90，91，93，94，114，117，125，
369，577　（8）74，79，215　（9）243
（11）214，215，218，224，230　（12）
532，534，536，548，611

何柱国　（2）113，114

河本末守　（2）139

河田烈　（9）215，216，222，226，269-
274，276-281，283，286，288，293，
294，669，681，686，687

贺柏诺　（2）504-507，532，533，540，
541，559，579，593-595，615　（3）
36，39，57，105，121，125，130，228-
232，242，243

贺军捷　（12）526

贺耀组　（5）91，104

贺衷寒　（9）529

赫伯特，菲茨　（5）83

赫伯特，约翰　（5）82，83

赫德森，曼利　（5）387，593

赫丁，杜鲁门　（12）546

赫顿（英博士，远东问题专家）　（5）
40，72

赫顿（英中将）　（5）56

赫恩，约翰　（8）119-122　（9）402，
403，422-424　（10）324，445，
486，487

赫尔（朝鲜联合国军司令）　（10）
288　（12）379，380

赫尔，科德尔　（2）195，242，380，
381，438，441，454，460，461，464，
492，498，502，534　（3）59，176，
205，211，240，243，246，249，250
（4）218，222，236，467，546　（5）
36，42，106，167，174，205，249，
258，301，306，309，364，368-374，
378-381，399，404，410，479，537
（7）163，296，537　（10）250

赫尔利，帕特里克　（5）234，395，
396，400，405，409，410，453，454，
457，465，497，499，537，552，624
（6）136，187　（7）35，207，209，

468,484,493,546,567 （8）515
（10）71,213,488 （11）150

赫莱登,约翰 （11）52,54,55

赫里欧,爱德华 （2）10,24,34,47,
48,80,83,85,97,98,103,104,
111,130,202,207,306,326-328,
347,367,398,409,410,467,521,
600 （3）64,109,146,200,230,
414 （4）136,211,223,230,503,
504 （10）322 （13）21

赫林顿(美驻港总领事) （11）317

赫鲁晓夫 （12）183,184,195,499,
502,568,569,576,613,629,631,
637,646

赫斯,鲁道夫 （4）530

赫斯,迈拉 （5）351

赫斯,威廉 （10）259

赫斯特,范妮 （10）473

赫斯特,塞西尔 （13）31,32

赫斯特,威廉·伦道夫(小)（9）521
（10）100 （12）486,652

赫脱,克里斯琴 （12）373,374

赫西,哈罗德 （9）589

赫胥黎,朱利安 （5）30

黑尔,罗伯特 （9）503 （10）249

黑尔什姆(英国防大臣) （2）193

黑格(新泽西州政治巨头) （8）508

黑斯,皮埃文 （12）652

黑斯勒克(联合国筹委会执行委员会
成员） （5）578,579

黑兹利特(白宫新闻发布官）
（7）92

亨德里克森,罗伯特 （11）139

亨德森,洛伊 （6）26,422 （8）361
（12）379,380,403,404

亨德森,内维尔 （4）4

亨利(黑森亲王) （9）369

亨利,雷 （10）100,115 （11）149,
456 （12）206,397,446,467

亨利,夏尔·阿尔塞纳 （4）192,
314,315,336,339,344,352,463,
464,469,499-502

亨培克,斯坦利 （1）189 （2）521,
522,526,549,551,552,554-556,
565,566,573,578,584,585,588,
597,606,608-611,614-617,620,
631,635-637,639 （3）5-7 （4）
255 （5）39,106,107,241,310,
311,382,392,429,430,439 （6）
117,133,294,323,498,499,523,
539 （7）319,468,478,678 （9）
411,440,557 （10）404 （11）15,
16,78,495 （12）424,507,549

亨特(加拿大麦克莱恩出版社）
（11）53

亨特,威廉 （6）295,389,390

亨特夫人(麦克莱恩出版社）
（7）684

亨特莱,哈里 （1）123

亨廷顿(美拿骚县代理检察长）
（8）561,562

洪绂 （9）403

洪绅 （6）269

侯赛因,艾哈迈德 （10）128-132,

171-173

胡安定 （7）15

胡佛,埃德加 （6）68

胡佛,赫伯特 （2）80,103,105,173,
213,229 （5）252,287,638,639,
651,652 （7）514,517,539,561,
667 （8）22,249,451,455,476
（10）4,390,394 （11）298-306,
451,480 （12）130,131,424,486

胡佛,小赫伯特 （11）344,485,492
（12）131,163-169,251,257,264,
397-401,418,481,542-544,608,
609,677,686,687

胡光麃 （11）221

胡光泰 （12）540

胡汉民 （1）342,403 （2）4,67,
625 （8）287

胡里,法伊兹 （7）180,275,292,
293,657,658 （12）317

胡里,维克托 （12）471,472,
640-642

胡霖 （5）92,108,444,448,467,
475,481 （7）120

胡庆育 （6）561 （7）676 （9）76,
276,295 （10）123,231,278,431,
455,468,474,494,495 （11）
110,344

胡世泽 （2）49,112,113,212,282,
342,431,432,439,449,454,461,
468,529,603 （3）166,191,315
（4）137,139,148,150 （5）146,
168,174,180,185,187,188,204,

364-368,370,371,402,403,455,
463,465,466,471,482,526-529,
531,555,574-577,579,585-587,
590,598-600,604 （6）15 （7）
11,252,383,643,692,693 （8）
180 （9）364,494 （10）82
（11）27,387,475,476 （13）16

胡适 （1）344-346 （2）292,354,
549,556,597,612 （3）14,167,
191,204-207,209,211,223,246-
249,257,299,314,315,383,396,
421,422,430 （4）131,134,184,
227,262,268,271,310,326,333,
343,355,426 （5）36,106,107,
242,257,309,310,367,392,448,
466,467,475,477 （6）55,236,
373,388,499,502 （7）27,88,89,
93,94,101-103,106,109,110,
114,116,117,120,126,131-133,
135,143-148,152,162,168,169,
173,177-179,183,186,188-196,
199,206,207,211-213,216,218,
231,280,281,339,362,371,383,
403,437,443,444,479,482,522,
523,548,552,553,566,585,675,
676,685,686,709,716 （8）53,
55,56,108,109,153,201,214,
237,251,252,295,312-314,369,
377,454-456,463,465-468,470-
473,475,476,481-485,487,493,
495,496,499-502,504,506,514,
522,524,526,531,533,534,539-

541,543-546,551,568　（9）181,234,341,342,393,406,440,468,470,473,493,552,553,559,572（10）90,94-96,190,202,203,220,245,371,479-481,495,499　（11）64,121,122,135,145,146,148,149,152-155,212,221,284,292,306,322,387,445,451,475,478,479,481　（12）34,132,282,512,538,548,651,652

胡惟德　（1）156,158,161,165,172,173,192,200,280,282　（5）146

胡伟克　（5）417

胡志明　（6）415,418　（7）587,662,663　（8）280　（9）321,419（10）20,43,91,307,330　（11）14,486　（12）497

胡宗南　（5）124,131,424　（6）162,175,561　（7）123,138,168,215,311,356,357,412,571,572,574　（10）346

华莱士(美《读者文编》主编)　（7）340

华莱士,亨利　（5）395,640　（6）27,130,332,405,435,454,459　（7）456,713　（9）481,482

华洛思　（1）408

华盛顿,乔治　（5）357　（6）66（8）551　（9）520

怀曼(美将军)　（8）395

怀南特(美驻英大使)　（5）12,13,30,35,42,48,49,62,323,325,326,335,342,353,433,434,512,523,533,568,570-574,675

怀斯,欧文　（7）40

怀特(美财政部副部长)　（6）65,119　（8）300

怀特,弗雷德里克　（5）40,88

怀特,哈里·德克斯特　（10）301

怀特,亨利　（1）186,189

怀特,基思　（8）294　（9）473,474

怀特,林肯　（9）167　（10）396（12）608

怀特,托马斯　（10）437

怀亚特(路易斯·雷诺兹的岳父)（7）330

荒木贞夫　（2）139

黄伯韬　（6）538　（7）13,577

黄朝琴　（8）176　（11）226

黄郛　（1）211,214,215,218,219,244-246,248,260,261,301,305-307,317,320,379　（2）219,247,255,260　（6）371

黄光锐　（8）425

黄华　（10）323

黄惠兰　（5）323-325,329,339,344,351,358,677　（8）162,211,233,234,372　（9）310,335,342,478（10）3-5,7-9,41,42,47-49,57,65-72,74-76

黄季陆　（5）130,131,446

黄杰　（7）358,577　（8）619　（9）319　（11）240

黄仁霖　（5）83,113,132　（6）118,239　（7）154,156,162,165,177,

178,197-199,202　(8)373　(9)
612　(11)259,460　(12)659

黄仁泉　(6)505,528,529,532,533
(7)110　(8)442　(9)599　(10)
5-8,47,65,75,253,267,420,433
(12)264,268

黄荣良　(1)253,254　(10)81

黄少谷　(7)227,479,481,668
(9)280,449　(11)136,137,212,
213,250,251　(12)32,45,95,97,
98,103,115,119,125,144,146,
147,175,541,548

黄绍竑(季宽)　(2)198　(7)151,
153,571

黄思研　(8)208,416　(9)61,
316,694

黄维　(6)538

黄晓华　(8)403

黄兴　(13)5

黄旭初　(7)479,494

黄炎培　(1)230　(5)178,195
(7)573

黄宇人　(5)620

黄玉新　(12)208

黄镇　(12)353

黄镇球　(12)28

黄正　(4)31-33,35-37

惠勒(驻日参谋部将军)　(7)
659,660

惠勒,伯特　(5)468　(6)8

惠里,肯尼思　(6)116　(7)23,65
(8)600,603

惠伦,格罗弗　(6)31

惠洛克,沃德　(10)455

惠特曼(博士,克利夫兰世界事务理
事会)　(7)475

惠特尼(空军助理部长)　(6)
377,493

惠廷,斯塔格　(1)42,43

霍宝树(亚民)　(7)116,592,691,
711　(8)69,210,250,251,292,
293,317,332,371,378,379,396,
399,400,433,436,437,452　(9)
315,316,426,443,464,496,499,
522,526,537,572,583,587,588,
598　(10)120,237,238,243,268,
269,345,346,357,387,409,415,
420,433,437,447,466,476,480,
492　(11)137,142,150,244,342,
478　(12)404,466,504,544,548,
549,552,554

霍比(得克萨斯州州长)　(10)225

霍比夫人,奥维塔·卡尔普　(10)
65,75,112,225,257

霍伯器　(4)133　(5)58,59,112-
114,148,149,207,321　(10)345

霍恩(准将,英南非空军司令)
(5)79

霍尔(国际法学者)　(12)11

霍尔(美众议员)　(8)282

霍尔(香港教区主教)　(5)203

霍尔(英勋爵)　(5)433

霍尔(驻喀土穆美军少校)　(5)
232,233

霍尔,贝利沙 (5)43

霍尔,伦纳德 (8)507

霍尔,塞缪尔 (3)400,448

霍尔茨曼,范妮 (6)212,213 (7)320 (8)165

霍尔夫人(哥大校友) (8)282

霍尔斯沃思(英职工大会的) (5)431

霍尔特,艾尔弗雷德 (5)302

霍夫曼,保罗 (6)312,316-319,321,393,397,415,467-471,479,481,482,531,532,539,542,544,547,549,550 (7)28,67,188,189,667,685,711 (8)318,319,331 (12)47,411,627

霍格,昆廷 (5)605

霍根,弗兰克 (6)563 (7)50,237 (8)353

霍华德(马歇尔停战小组上校) (7)191

霍华德,罗伊 (3)392,393 (6)527 (7)674 (8)478,493 (9)565-567,597 (10)235,257,354,355,359,362-364,369,381,386,388,392,406,422 (11)112,113,219 (12)538,539,671

霍克斯(参议员) (6)67

霍兰(参议员) (7)25,26 (12)185

霍兰(国务院官员) (10)364,369,377,392,406

霍兰(太平洋学会秘书长) (7)25,26,675,676

霍兰,沃尔特 (8)453 (9)434,442

霍利斯(英将军) (5)331

霍利斯特,约翰 (12)398,542-544,610

霍洛韦(南非驻美大使) (11)413 (12)289,412

霍洛韦,詹姆斯 (10)310

霍姆斯,乔治 (10)112

霍姆斯,塞莱斯特 (12)290

霍姆斯夫人 (5)287,288

霍尼根-许内(德驻葡公使) (4)303

霍普,鲍勃 (7)112

霍普,盖伊 (10)120,340,409-411,415 (11)474

霍普金斯(中华教育文化基金会董事) (9)440 (10)480

霍普金斯,哈里 (5)34,255,258,368,381,394,429,468,499-501,506

霍奇(将军,驻朝司令) (6)63,433 (8)4,5 (12)385

霍特林,詹姆斯 (12)555

J

基,戴维 (9)411,567,568 (11)210,211,530

基,约翰 (7)63,76,114,501,713

基恩,罗伯特 (8)353

基恩斯,卡罗尔 (10)7

基尔,林赛 (5)419

基尔比(基尔比钢铁公司董事长) (8)283,284

基尔戈(美参议员) (7)48

基勒恩(即蓝普森勋爵) (5)664

基利昂(总统轮船公司董事长) (7)113,154-158

基奇(联邦地方法院法官) (7)559

基钦纳(西方企业公司代表) (8)286

基斯连科(盟国对日委员会苏联代表团长) (9)290,385

吉卜林,拉迪亚德 (6)67

吉布森(道布尔戴出版公司传记部主任) (8)220

吉布森,休 (5)251 (11)301,302

吉丁斯,富兰克林,亨利 (1)31 (11)116

吉尔贝(法外交部官员) (4)8

吉尔德斯利夫,迪安 (5)494

吉尔克里斯特,马尔科姆 (8)320,397

吉尔帕里克(联合后救济机构主任) (6)174,262,322

吉尔帕特里克,罗斯韦尔 (9)337,583

吉勒姆(美将军) (5)634 (6)153,160

吉勒特(美参议员) (8)604

吉罗(法将军) (5)234,241,249,313

吉田茂 (1)406,408 (9)269,

297,338,666 (11)71,390 (12)6,7,191 (13)11

纪佑穆 (2)557,558

季里诺,埃尔皮迪奥 (7)191,217,280,281,283,285-291,293,300,301,308,609,714,715 (8)169,199,343 (9)56,106,217,297,479 (10)147,259 (11)35,561 (12)250

冀朝鼎 (7)588 (8)355

加布尔,贝拉塔·阿伊拉 (5)341

加拉(法将军) (3)479

加拉杜,奥萨里奥 (2)370 (4)226

加拉格尔(英共产党议员) (5)119,297,567

加拉罕(苏驻华大使) (1)253,315-318,320,321,323-326,328-332,377,379

加莱(卢森堡驻美公使) (7)433 (9)342 (10)89

加濑俊一 (12)379,470

加伦(即布廖赫尔) (2)590 (6)258

加罗,罗歇 (4)500 (7)240,643,644,693

加纳,约翰 (7)456

加尼埃-夸涅 (13)13,17,31,41,51

加斯贝利,阿尔契德 (6)222,414

加斯顿,赫伯特 (6)169 (7)611,612 (8)133,195

加苏安(法外交部官员) (4)459

加藤友三郎　（1）211,212,214

加文,詹姆斯　（11）318

加西亚,卡洛斯　（11）28,51,
249,273

嘉宝(电影明星)　（5）251

嘉乐顿珠(唐德璞)　（9）474

嘉仁　（1）101

贾景德　（5）195　（11）208,214,
243,247

贾德幹　（2）369,565,583,616,631,
633,634,639　（3）32,137,453-
456　（4）65,67,162　（5）35,62,
75,255,315,316,327,328,332,
356,364,365,369,371,374,376,
379,480,485,491,514,598-600
（6）416　（7）383,386,394,442,
444　（8）54

贾勒特,哈里　（8）72,209　（9）600

贾利古柏　（6）403

贾马利　（12）408,409

江杓　（6）233　（8）11,300,301,
510,511,523,525,540,556,563
（9）411,450,475,490,515,516,
528,529,540,541,546　（10）243,
357,443,444

江鸿志(季平)　（9）394,395　（10）
94,95,220,275　（11）532
（12）211

江华本　（2）183

江一平　（11）223

江易生　（9）566　（10）456
（12）658

姜桂　（1）59,61

蒋百里　（2）570,601,602　（3）25,
32,34,159

蒋昌桂　（1）15,16

蒋鼎文　（2）343,345,351

蒋光鼐　（1）403

蒋介石　（1）299,300,351,352,377,
388,391-393,398-400,403-
405,407　（2）5,12,19,21,26,34,36,
39,44-45,50,52-53,56,60,64,
67-69,82,114,170,179,181-183,
186,188,190,196,198,200,219,
231,243,255,260,270,290-292,
294-296,299,303,308,324-326,
330-333,342-346,348-351,355,
356,369,380,384,385,387-389,
391,397,399,409,410,417,418,
474,510,523,535,556,573,590,
599,601,602,630,674　（3）5,15,
18,22,25,30,35-36,61,92,116,
120,125,126,131,135,144,145,
156,157,198,201,205-207,211,
214,222-224,232,234,247,248,
239,254,255,266,269,290-292,
294,298-300,303,312,314,316,
317,320,321,327,333,355-357,
379,380,388,392,406,414,417,
423-425,440,446-448,454,465,
467,475,481,482,487,489,491,
492　（4）3,5,7-14,20,22-26,
28-30,35-39,48,65,73-75,79,
82,83,108-109,117,118,120,

121, 130, 132 - 135, 143, 145, 146,
149, 151, 165, 173 - 175, 181, 185,
186, 193, 194, 196, 204, 206, 213,
216, 217, 231, 236, 249 - 251, 253,
262 - 264, 267, 272, 282, 315, 326,
334, 343, 368, 441, 442, 451, 455,
459, 460, 483, 486, 487, 507, 518,
523, 526, 530　（5）9, 13, 15 - 22,
24 - 28, 39, 43, 45, 46, 53, 55, 57,
59, 66, 61 - 64, 66 - 69, 71, 73, 75,
86 - 93, 95 - 97, 100 - 104, 106 - 110,
118 - 120, 122 - 128, 131 - 133, 135,
138 - 147, 150 - 153, 155 - 158, 160 -
171, 173 - 175, 177, 179 - 190, 192 -
199, 202 - 207, 210 - 219, 221, 223 -
231, 233, 237 - 239, 243, 248, 258,
260, 262 - 264, 266, 267, 271, 272,
275, 285 - 288, 290, 292, 294, 309,
310, 319, 320, 323, 327, 330 - 333,
335, 338, 339, 344, 345, 351, 364 -
366, 368, 370, 374, 347, 348, 380,
381, 386, 392 - 397, 399, 400, 403,
405 - 414, 416, 417, 423, 424, 430,
436, 438 - 442, 444 - 451, 453 - 460,
462, 463, 465, 466, 468, 470, 472,
473, 475, 476, 485, 497 - 500, 504 -
506, 509, 510, 513, 516 - 523, 526,
529, 531 - 535, 537, 544, 557 - 559,
562, 563, 606, 608, 612 - 626, 628,
631 - 633, 635 - 638, 640 - 642, 645 -
651, 653 - 655, 658 - 666, 668 - 673,
676　（6）6 - 7, 11, 17, 19 - 21, 32,
34, 39 - 40, 46 - 49, 51, 56 - 58, 60 -
62, 66, 68, 69, 87, 95, 115, 129,
136, 138, 139, 145, 147, 149, 153,
159 - 162, 172 - 174, 176 - 178, 180 -
187, 189, 191 - 193, 221, 223 - 239,
248, 249, 253, 254, 256, 259 - 261,
270, 274, 283, 284, 286, 288, 290,
292, 293, 300, 301, 303, 306, 308,
315, 320, 322 - 324, 330, 334, 342,
343, 348, 351, 355, 360, 363, 371 -
373, 375 - 377, 380, 383, 384, 394,
407, 427, 434, 459, 464, 465, 467 -
470, 472, 472, 478 - 483, 487, 488,
490, 494, 495, 498, 500 - 504, 506,
507, 510 - 511, 513 - 518, 520, 522,
526 - 530, 532, 533, 535 - 537, 544 -
547, 549, 551 - 553, 556 - 561, 565
（7）4 - 8, 11 - 15, 18, 19, 21, 24, 25,
28 - 30, 32, 33, 35 - 39, 45, 49, 51 -
53, 56, 66, 82 - 89, 92, 93, 106, 108 -
112, 115, 117, 119, 120, 122, 126,
128, 130 - 137, 143, 145 - 154, 161 -
164, 166, 168 - 170, 174 - 178, 183,
186, 188 - 193, 195, 197, 199 - 206,
208 - 217, 220 - 227, 229 - 233, 235,
236, 278, 280, 281, 285, 287, 288,
290 - 293, 299, 300, 304, 305, 307,
309 - 312, 316, 320, 321, 323, 324,
326 - 329, 335, 337 - 341, 344, 346 -
350, 355 - 362, 368 - 374, 377, 379,
382, 384, 403 - 406, 410 - 412, 422,
427, 430, 437 - 439, 441 - 443, 445,

446,448,449,451-454,458,460,
462,464-470,473,474,476-481,
484,488-496,498,501,502,504-
506,509,510,512-516,518,519,
521,522,524,527,529,538,542,
546,548,549,551-557,563-580,
583,584,592,600,605,642,646,
652-654,656,657,659,661,662,
664,667-670,675-678,686,688-
691,693,695,700-702,704,705,
706,713,715　（8）4,5,7,10,11,
13,18,19,24,25,31-35,46,51,
52,54-56,58,73-81,84,88-90,
92,93,97,103,104,108,109,114,
122-124,140,162,163,165,189,
190,201,203-205,210-214,216-
218,220,222,226-228,230,231,
234-238,243,244,253-255,263,
265,267-269,272,273,277-280,
282,284,287,288,294-306,314-
320,333,338,339,345,352,365,
366,369-372,374,375,379-383,
390,393-396,398,405,407-414,
416-433,435,438-449,453-455,
458-462,465,466,468,473,475,
480-482,486,493,498,506,514,
517,518,521,525,526,528,530,
531,536,539,541-543,545,550,
551,553,554,556,566,571,574,
576,577,578,580,582,591,592,
595,596,603　（9）16,30,48,62,
66,72,99,102,113,119-122,129,

131,132,137,138,152,188,189,
190,218,220,221,228,236,243,
244,258,262,280,282,312,313,
341,347,349,350,351,357,375,
378,384,398,411,429,430,434-
438,444,446,448,449,451,454,
455-457,459,460,462,463,465-
467,470,471,475,483,485,489,
493,501,502,505-507,510,513,
516,517,519,523,524,526,527,
532,533,540,551,552,553,560,
561,563,564,566,576-578,580,
584,585,588,593,595,598,599,
602-604,606-608,610-612,613,
615,620,621　（10）6,7,9,11-13,
17,19,21,22,28,31,32,37,39,
45-47,50,51,54,56,57,60,68,
71,72,75,76,87,89-98,103,118,
119,123,125,126,132-134,139,
142,145-151,153,156,158,160,
161,189-191,196,197,200,201,
203,204,206-209,211,213,214,
216-220,226,227,231,238,240,
242,245,246,251-257,261,267,
269,270,296,300-302,324,336,
345-348,352-355,358,359,361,
363,367,369,370,371,373,375-
377,380,382,386,387,391,393-
395,397-399,402-404,407,408,
417,418,420,422-429,431-436,
440-443,452-454,446,448-450,
462,465,466,468,472-475,479,

482,486,495−496,498−501,506,
509,511−513,523,527,528　（11）
10,33,34,37−39,42,43,107,110−
117,120−122,127,129−132,135−
137,139,142−148,150−152,154−
157,160,161,165,167,168,171,
172,185,192,193,197−199,201,
203,204,207−213,215,217−223,
226−233,236,238,239,243−252,
257−259,262−269,271,272,282,
284−286,296,298,299,301,307−
309,311,313,314,317−320,322−
325,328−332,336,338−342,345,
348,349,354,356−359,371−375,
380−382,384,386−388,399,392−
395,400,402,405−407,410−412,
417,420,430,433−436,438−443,
446−452,454,459,460,464,469,
470,472,473,478,482,486−489,
496,501,503−505,507,514−515,
524,526,539,560,562　（12）5,7,
16,19,21−23,25,26,30,32,35,
39,43,44,45,50,54−57,60,62,
63,68,69,73,74,79,80,82−92,
94,95,98,103,100−101,111,114,
119,121−129,132,134−140,143−
148,150−154,158,159,161−169,
171,172,182−184,186−188,190,
191,196,198,200−207,211−215,
217−220,224,231,234−236,238,
239,246,248,250,257,265,266−
268,270,271,275−277,279,280,

282,288,290,295,309,393,394,
396−399,402,404,406,410,411,
418,419,424,425,435−440,442−
445,448−451,453−456,461−464,
466,468,473,480,493,509,515−
519,521,527,530,533,534,537,
538,540−542,545−548,550,556,
561,564,566,569,573,579,583,
587,598,600,602−604,606,611,
616,619−621,623,624,626−628,
630,631,644,646−648,655,656,
658,660−666,668,670−678,681,
682,686,687,689,693,697,698,
704, 705, 716, 718, 719, 724,
726,727

蒋经国　（2）357　（5）526　（7）
188,226,227　（8）79，80，365,
366,369,441,458,462　（9）428,
434,437,439,445,561　（10）188,
189,203,204,207,289,290,344,
347,352−356,358−360,362−364,
369−373,377−397,401−407,422−
424,432,480,495　（11）111,121,
142,143,152,199,208,218,232−
234,237,239,240,242,243,245,
246,249,257,259,465　（12）30,
183,206,288,537,659

蒋梦麟　（1）219,344　（2）213,294
（5）95,142　（7）553,566,579,675
（8）33,35,54,201,463,464　（9）
392,536　（10）480　（11）216,
224,236,248　（12）545,546

蒋廷黻 （1）346 （2）28，292，308，332，390－392，396，472 （3）32，35，125，126 （5）22，96，97，210，400 （6）193，201，212，213，419，482，488，489，527，536，537，547 （7）23，93，103－106，109，115－117，126，132，135，145，147，148，152，185，187，188，193，195，200，202，205，206，213，218，231，252，339，371，383，384，386，391，394－399，401－403，417－419，422，423，426，427，442－445，485，494，522，523，525，546，566，582，584－587，628，630－634，636，640－642，646－648，675，676，678，683，693 （8）7，8，10，12，26，46，49，53－56，108，109，125－127，131－135，139，141－144，150，151，153，154，158，162－165，176－179，181，201，203，204，214，252，254，295，311－313，354，355，359，363，377，381，389，390，394，450，451，454，455，463，465－467，471，472，475，476，481－483，485－487 （9）6，28，30，32，33，47，100，103，104，185，189，280，301，303，310，319，327，330，332，333，340，359，360，382，393，394，406，407，422，434，435，440，482，483，508，552，553，559，560，604 （10）81，84，90，94，95，123－126，137－139，142，149，156，157，171，173－177，185，202，203，205，220－222，

244－246，255，275，276，280，296，318，320，360，363－365，369，381，382，390，459，460，464，465，473，479，480 （11）4，16，27，90，93，94，145，150，152，212，219，221，284，292，320，322，324，331，333，336，341，346，383，387，451，475，481，502，531 （12）34，69，80，93，95，97，100，114，132－134，146，148，250，282，306，355，386，411，425，428，430，433－435，439，444，445，447－449，456，460，461，463－465，467，469，471，508，527，531，532，534，538，539，550，572，573，650，652，653 （13）16

蒋纬国 （5）92，123，125，225，227，416 （7）52，53，106，320 （8）103，279，369，414，439 （9）434 （10）45－47，72，206，347，451，473，478，479 （11）40，122，123，259 （12）183

蒋砚傑 （11）138

蒋贻曾 （12）526

蒋荫恩 （6）289，334，502，505，515－517，519，520，529，530，532，534，545 （7）58，60，92，121，209，210，212，214，216，223，321，339，341，369，370，490，535，674，677，695，696 （8）8，25，50，91，182，205，223，226，253，254，263，277，287，332，364，380 （9）306，314，348，482，528，572，573，576，614 （10）

117,391,397,473　（11）50,91,
　　458　（12）93,178,198,292,463
蒋作宾　（2）68,100,170,174,182,
　　183,187,247,296,343
杰布,格拉德温　（5）382,386,392,
　　433,481,482,486,487,571-574,
　　577-579,581,583,590,595,597,
　　600　（9）332
杰斐逊（美企业家）　（13）52
杰斐逊·托马斯　（8）198
杰克逊（美总统特别助理）　（10）
　　117,226,372,383,384,387,402
杰克逊（善后救济总署代署长）
　　（6）169
杰克逊,罗伯特　（5）390
杰克逊,威廉斯　（1）31
杰塞普（哥伦比亚大学教授）
　　（9）495
杰塞普,菲利普　（7）183,192,204,
　　207,210,211,214,218,268,317-
　　319,321-323,325-327,333-
　　335,338,371,372,376,378,388,
　　389,390-394,397,398,422,423,
　　427,442,444,454,455,463,468,
　　478,492,544,644,662,66,675
　　（8）33,54,167,203,204,406
　　（9）440
杰瑟普,菲利普　（13）30,56,57
金（利比里亚驻美公使）　（6）194
金（夏威夷州长）　（10）232
金,麦肯齐　（2）367,369　（5）240,
　　278,293,675　（10）315　（12）130

金邦平　（1）113
金宝善　（5）121　（10）390
金布尔,丹　（9）519,520,534,584
　　（10）43
金德斯利（英勋爵）　（5）330
金九　（7）271　（8）5
金开英　（10）244
金凯德,托马斯　（8）451,455
　　（9）480
金奎植　（7）271　（8）4,5
金曼（美国外清算委员会专员）
　　（6）344
金尼（柬埔寨驻美大使）　（12）633
金尼（联合国军事参谋团美代表）
　　（5）242,606
金日成　（10）174
金塔纳（国际法院法官）　（13）20,
　　21,23,25
金问泗　（1）338　（2）112,113,212,
　　214,449,471,529,545,578,603,604
　　（3）42,166,191,315　（4）522,523,
　　535　（5）45-47,76,81,146,221,
　　226,314,316,318,337,646　（6）
　　370,372,375,412　（7）11,89,415,
　　593　（9）307,313,401,411,465,
　　573,577　（10）83,123,454,455,
　　494　（11）168,471　（13）16
津田（日海军中佐）　（2）113,114
近卫文麿（日首相）　（2）392　（3）
　　92,236,240,243,249,290-292,295,
　　299,302,303,333,343,392,490,
　　491,493　（4）122,197,205

(9)215

靳云鹏　(5)633,662

荆槃石　(8)226,230,282,414

井口贞夫　(11)70,139,280,346,389

　　(12)379,470,478,479,671

鸠山一郎　(9)384　(12)6,291

居正　(5)117,626　(7)87,116,552

K

卡伯特(美驻沪总领事)　(7)104,

　　187,228

卡德纳斯,拉萨罗　(8)588

卡多根·埃里克　(12)446

卡恩(加拿大驻国联代表)　(2)87

卡尔霍思(美海军作战部上校)

　　(6)366

卡尔霍思,约翰　(6)461

卡尔卡诺　(4)544,545

卡尔森,埃文斯　(6)10

卡尔森,弗兰克　(10)22,23

卡弗里(美驻法大使)　(5)390

卡弗里兹,莫里斯　(9)556　(10)75

　　(11)70,139

卡格尼,詹姆斯　(12)210

卡拉韦,保罗　(10)448,449

卡雷尔吉(南斯拉夫外长)　(8)154

卡里尔(法下院秘书长)　(2)

　　304,305

卡列洪·普罗佩尔·德　(西班牙驻

　　美代办)　(9)310

卡林戈,毛罗(菲律宾驻美参赞)

(12)479,480

卡罗尔(美海军上校)　(9)553,554

卡罗尔(将军,美总统秘书)

　　(10)370

卡洛尔(罗马尼亚国王)　(3)289

卡马戈,阿尔维托·列拉斯　(6)96

　　(9)362

卡姆罗斯(英报业大亨)　(5)31,33,

　　61,323,351

卡内基,安德鲁　(13)18

卡尼(美军少校)　(9)475

卡尼,罗伯特　(10)310,311,383,

　　421,422,443,451　(11)72-776,

　　166,277,278,358,395,456,458,

　　503,504,512-514　(12)210,214-

　　216,236,505,506

卡萨尔斯(英驻华使馆参赞)　(5)355

卡森,勒内　(3)467　(4)48,51

卡沙尼(伊朗穆斯林领袖)　(10)106

卡斯顿(美众议员)　(9)374

卡斯尔(英财政部官员)　(5)112

卡斯尔斯(英贵族)　(5)353

卡斯特罗(萨尔瓦多大使)

　　(12)497

卡斯特罗,贝尼托　(4)541,542

卡特,爱德华　(3)465-467　(4)

　　541,542　(6)304,305,539

卡特,伯纳　(5)46,

卡特,马歇尔　(6)199,275

卡特鲁,乔治　(4)19,20,85,164,

　　206,312-314,316,317,327,329,

　　331,333,336,350,351,386,391,

392　(5)234

卡约,约瑟夫　(3)431,460-464

凯茨(美海军陆战队司令)　(6)363

凯德伯里,乔治　(5)357

凯恩,博伊　(5)330

凯恩,哈里　(8)340　(9)506,508
　　(10)74,322,325,492

凯恩斯,约翰·梅纳德　(5)327,
　　330,336,356　(6)65

凯弗维尔,埃斯蒂斯　(7)48　(10)
　　15　(12)101,102,287

凯勒(法殖民部经济司长)　(2)266

凯莉(毛邦初秘书)　(8)561

凯里,小阿奇博尔德　(10)460

凯里,詹姆斯　(6)67　(7)179

凯利(贝尔纳斯的随从参谋,美国陆
　　军上校)　(5)540

凯利里,亨利·德　(3)445

凯洛格,弗兰克·比林斯　(5)593

凯末尔,阿塔土尔克·穆斯塔法
　　(12)540

凯南,乔治　(7)338　(10)224
　　(12)44

凯普哈特,霍然　(12)338,498

凯斯,埃弗雷特　(7)204,242,318,
　　334,335,372　(8)38,39

凯特尔(英金融巨头)　(5)330

凯西(英印西孟加拉省省督)
　　(5)437

凯希亚(利比亚驻美公使)　(11)85

凯泽,亨利　(6)47

凯泽,劳伦斯　(8)73

坎贝尔,杰拉尔德　(6)65

坎贝尔,罗纳德·休　(4)140,180,
　　540,541,544,545　(5)76,546

坎波拉,阿尔维托·多明格斯
　　(7)240

坎宁,乔治　(5)490　(6)97

坎宁安(上校,圭亚那空军基地司
　　令)　(5)237

坎农,约瑟夫·格尼　(1)41

坎帕,米格尔,安赫尔　(12)289,
　　402,412,498

坎特伯雷大主教　(5)560-562

坎特韦尔大主教　(5)255

康德黎　(5)318

康纳,威廉　(8)95　(9)495
　　(10)248

康纳利,托马斯(汤姆)　(5)485,
　　490,484,585,586　(6)12,28,517
　　(7)31-35,61-63,65,74,75,77,
　　107,114,126,216,239,240,249,
　　316,339-341,370,402,501,515,
　　530,531,709　(8)71,209,601
　　(9)425　(10)225

康内利(美空军将军)　(6)92,
　　154,161

康内利,马特　(6)6　(8)33,
　　220,224

康普顿,乔治·布罗考　(1)42

康有为　(1)17,56　(8)282

康泽　(5)566　(7)14

考埃尔夫人,理查德　(9)365

考恩,迈伦　(7)156　(9)354-357,

468-470,476,499　（11）28,144
（12）322,627,631

考尔斯（《展望》杂志拥有人）
（12）47

考夫曼（医生）　（6）4　（7）691
（8）294

考夫曼,亨利克·德　（2）583,584,
612,617-619　（6）38　（7）433
（9）149　（10）100　（12）379,380

考克斯（美律师）　（8）441

考克斯,爱德华　（7）30,31,247

柯达（远东农业信贷署官员）
（5）499

柯克（哥大校长）　（13）6

柯克(海军上将,曾任青岛第七舰队
司令)　（6）59,289　（7）159,
160,176,688,689,712　（8）46,
76,404,499-501,515　（9）335,
336　（11）148

柯克,亚历山大　（5）81　（8）
348,349

柯克兰（哥伦比亚特区地方法院法
官）　（8）512,521,527,529,530,
534,535,540,549

柯兰,理查德　（1）379,380

柯乐博（美国务院中国科科长）
（8）38,39,44,72,97,101,102,
133,195,257-259,261,275,277,
293,365,383-387,395　（9）45

柯里,劳克林　（5）88,94,95,107,
108,118,233,401

柯林斯（退役空军上校）　（11）
310,455

柯林斯（驻波多黎各美将军）
（5）237

柯林斯（驻达喀尔美军上校）
（5）235

柯林斯,弗兰克　（7）653　（8）4

柯林斯,弗雷德里克　（10）526

柯林斯,勒鲁瓦　（12）210

柯林斯,约翰·劳顿　（7）223　（8）
286,296,342　（9）443,534,584
（10）75,96,97,183,225　（12）23,
39,228

柯美尔（法外交部官员）　（2）431

柯尼碧克,范　（1）211,212

柯台山　（7）580-584　（8）107,
213,250,283,288　（11）221

科布顿,理查德　（3）453

科茨（美公共关系问题专家）
（8）504

科茨布女伯爵　（9）361

科蒂,勒内　（10）322

科恩,本杰明　（8）325　（10）439
（12）37,42,59,106,119,153,696

科恩大夫,乔治　（3）359

科尔,斯特林　（10）35,259　（11）
456,458

科尔班（联合国筹务委员会挪威代
表）　（5）582,583,591

科尔宾（法驻英大使）　（2）386,
389,394　（3）459

科尔伯格,阿瑟　（6）369　（7）654,
669　（10）354

科尔伯格,艾尔伯弗雷德　(6)304
　　(7)25,204,205,208,214,351,
　　539,673,674　(8)21,452　(10)
　　215　(11)455

科尔蒂内,鲁伊斯　(8)569

科尔顿,巴纳姆　(8)496

科尔多瓦(国际法院墨西哥籍法官)
　　(13)20,21,23

科尔曼(哥伦比亚学院院长)
　　(7)237

科尔特(法将军)　(3)447

科尔维尔夫人,辛西姬　(5)676,677

科芬,特拉斯　(12)652

科芬,特雷斯　(8)285,286

科吉夫尼科夫(国际法院苏联籍法
　　官)　(13)18,19,23,24

科克,小厄尔　(9)426

科克霍夫(比驻法意大使)　(4)
　　541,542

科克伦,托马斯(汤姆)(郭可仁)
　　(6)12,13,55　(7)183,222,223,
　　230,280,305,311,328,340,373,
　　377,378,438,452,459,488,622,
　　623　(8)476,587　(11)269

科克伦,小威廉　(11)93,123,202,
　　208,223,224,226,259,265,276

科克伦,詹姆斯　(10)233　(11)
　　287,290,291

科拉罗罗(希腊驻葡公使)　(4)540

科里西克(国际法院法官)　(13)14

科利纳(墨西哥驻美大使)　(8)333

科林(荷兰首相)　(2)636

科隆纳(梵蒂冈枢机主教)　(3)347

科士达(即福斯特,约翰·沃森)
　　(1)149　(6)452　(10)380

科斯特洛(侦探)　(8)552,555

科斯特洛,比尔　(10)26,27,233
　　(12)424

科特,皮埃尔　(2)108-111,323,
　　375,477,478,480,490,495,521,
　　598,600　(3)64

科图伊(李宗仁私人医生)　(7)486

科扎特,詹姆斯　(7)652

克尔,罗伯特　(12)287

克尔,琼(麦卡锡之妻)　(10)488

克尔,沃尔特　(12)254

克尔奇威,乔治　(1)31

克拉顿(英驻日参赞)　(9)138

克拉夫,拉尔夫　(12)327,331,345,
　　569,572,658

克拉克(美参议员)　(6)529

克拉克,阿什利　(5)63,76,310,
　　311,332,333,336,340,341

克拉克,埃德温　(8)377　(10)296

克拉克,刘易斯　(6)265　(7)98,
　　99,169,223,322,359-363,370,
　　384,395,438

克拉克,马克　(6)287　(7)223
　　(9)370,373　(10)82,94,126,
　　133,164,174,206,216,253

克拉克,乔治　(2)4,315,318,319,
　　356　(5)341,355　(8)403

克拉克,汤姆　(6)24,26,332,333
　　(7)112,440　(8)274　(9)335,

366　（10）225　（11）140

克拉克,约瑟夫　（10）431

克拉伦敦(英贵族,勋爵)　（5）353

克拉姆(巴德森律师事务所律师)
　（8）547,549,576,590,597

克拉斯塔德(国际法院挪威籍法官)
　（13）14,19,23,24,41

克莱,卢修斯　（10）116　（12）47

克莱顿,威廉　（6）8,9,22,49,52-
　54,65,97,140-145,147,157,227,
　228,232,240

克莱尔,冯　（2）234

克莱芬斯,范　（5）46,334,337,594,
　604　（6）105,107　（11）294
　（12）312

克莱门茨(美参议员)　（12）508

克莱琪,罗伯特　（2）390　（3）424,
　425　（4）192

克莱斯勒,沃尔特·珀西　（3）
　140,155

克兰,伯顿　（8）41,251

克兰,达里斯　（10）89,215

克兰伯恩,索尔兹侯爵(第五)　（2）
　330,456,461-467,525,526,528,
　529,533,631,634,369,641　（3）
　52　（5）73,75,274,323,329,357,
　492,568,569

克劳,艾伯特　（7）693,694

克劳德,亨利　（1）406　（2）16,
　24,662

克劳福德(美众议员)　（9）202

克劳福德,杰·伊　（6）406

克雷德,哈罗德　（10）451

克雷格(经济合作署官员)　（7）663

克雷格,肯尼思　（7）702,703

克雷吉(食品专家)　（6）164,
　165,167

克雷克勒,海因茨　（9）334

克雷洛夫(国际法院苏联籍法官)
　（13）24

克礼,保罗　（1）118,119

克里尔,乔治　（9）224

克里孟梭,乔治　（1）147,174-177,
　186,187,199　（3）88,260　（4）
　19,211,230　（7）258

克里普斯,斯塔福德　（4）253,254,
　256　（5）61,66,70,71,75,88,
　145,156,178,217,288,314,315,
　319,325,334,335,340,344-348,
　351,421,422,436,441,533,534,
　540,609　（6）504　（7）37,340,
　345-350,378,382,404,542,575
　（9）344　（12）649

克里普斯夫人,斯塔福德　（5）65,
　66,217,314,315,325,346,361,
　413,419,420,436

克里斯蒂(美军上校)　（5）236

克利夫兰,哈伦　（6）123,173,312,
　322,375,542,543,549,550　（7）
　21,28,38,48,50,51,134,207,
　372,458,531,661,662,711　（8）
　33,54,133,213　（12）38,205

克利福德,克拉克　（6）275

克利马斯(立陶宛驻法公使)

(3)385

克鲁夫人(英驻法大使夫人)
(5)33

克鲁格(美内政部长) (6)28

克鲁斯-萨拉查 (12)477,572

克伦斯基,亚历山大·费奥多罗维奇
(1)152 (8)403 (9)149

克伦威尔,奥利弗 (5)539

克伦威尔,詹姆斯 (11)138,
139,472

克罗克,阿瑟 (5)499 (7)537

克罗纳克(粮农组织会议比利时代
表) (6)509

克罗斯比(英经济作战部长) (4)
180,482

克罗泽(曼彻斯特《卫报》总编)
(5)38

克洛岱尔(法驻瑞士大使) (3)347

克洛斯,艾伦 (12)648,649

克佩尔,弗雷德里克·保罗 (1)34

克萨达(阿根廷驻葡公使) (4)544

克维多(厄瓜多尔外交官) (3)
422,423 (7)635 (10)125

肯尼(美律师) (7)623

肯尼,约翰 (9)572,587,588

肯尼迪(美律师) (7)539

肯尼迪,吉·普 (8)508,515

肯尼迪,乔 (5)287,288

肯尼迪,约翰 (10)75,393,488
(11)118,119 (12)717

肯尼迪,约翰爵士 (5)360

肯尼特(英金融巨头) (5)330

肯普,詹姆斯·弗曼 (1)36

肯特(英公爵) (4)306

孔令傑 (5)148,177,245,248-250,
252-254,258-261,275,412,413,
415,503 (6)503,523,532,533,
534 (7)326,327,332,564,580,
674,695 (8)394,426,429,430
(9)599 (10)6,47,48,66-68,
87-89,113,205,215-218,232,
252,253,267,269,324,345,387,
407,417,418,420,423,427,428,
429,432-435,442,449,468,486
(11)90,115,121,131,132,195,
452-454,457,460,463,464 (12)
238,239,268,270,508,624

孔令俊 (5)252,254

孔令侃 (5)243,245,246,250,253-
256,258,266,276,277,279,280,
282,285,288,314,315,440,472,
505 (8)394 (10)7,205,269

孔令仪 (10)48,65,66,205,364,
486 (11)132,284,450,496

孔切索,奥雷利奥 (9)375,380,
381,391

孔萨莱斯,塞萨尔 (10)105

孔祥熙 (1)393 (2)97,129,131,
255,293,300,310,324,341,352,
354-358,360,364,367,369,387-
389,391,397,405,408,409,418,
422,423,434,456-459,473-477,
479-482,484,492,496-499,503,
515,527,597,604,620,624 (3)

25,34,36,68,106,107,126,128,
130,154,155,186,201,249,255,
256,261,295,300,358,363,364,
366,367,369－371,373,409,456,
460,471,480,481,494,495　（4）
4,22,23,26－30,32,36,98,103,
157,161,167,168,202,204,212,
231,244,256　（5）63,86,88,89,
92,93,97,109,113,117,120,148,
149,151,152,167,176,177,182,
185,186,191,203－208,223,224,
226,227,240,248,272,276,285,
327,337,364,366,367,374,378,
379,381,388,394,395,397－399,
401－405,409,417,459,503,505,
640　（6）68,119,248,292－294,
502－505,516,518,528,532,533,
557－559　（7）51,61,110－112,
181,224,326,328,336,346,374,
454,482,526,538,539,548,552,
588,674,677,695,696　（8）19,
52,108,300,394,452,567,568
（9）398－400,470,535,564,565,
599　（10）6－9,48,205,360,364,
386,442,495　（11）4,150,155,
157,450　（12）288

寇尔(即英弗查佩尔勋爵)　（3）424
（4）521,522　（5）4,5,95,128,
144,152,215,220,221,668　（6）
12,407

寇仁(英外交大臣)　（1）205　（5）
218,675

库,弗雷德里克　（1）377　（5）319,
603　（7）414　（9）577,578,613
（11）376　（12）180,231,232,251,
306,321,395,446,475,476,621,
622,627,628,631,652

库尔塞尔,弗朗索瓦　（6）322

库克(美国务院官员)　（7）67,70

库克,西里尔　（1）123

库利,哈罗德　（12）421,422,474,
502,503

库尼奥("报业联盟"代表)　（7）37

库珀(美参议员)　（7）684

库珀(美驻印度大使)　（12）632

库普,特德　（12）22

库奇(弗吉尼亚大学校长)　（6）66

库欣,哈里·阿隆索　（1）31

库亚德尔诺,米克尔　（10）184

库兹涅佐夫,瓦西里,瓦西里耶维奇
（5）434　（12）432,433

邝富灼　（1）67

邝友良　（12）659

邝兆荣　（5）277,278　（6）316

奎松(莫利纳)曼努埃尔·路易斯
（4）482　（5）294,651　（12）250

L

拉贝里(法兰西银行总裁)　（2）
475,476

拉博纳(法驻苏大使)　（4）510

拉弗隆特,比托里　（7）647

拉福莱特(美参议员)　（5）378

（7）185

拉瓜迪亚,菲奥里洛·亨利 （5）
678 （6）3,5,8,9,13

拉加德（国际联盟法代表） （2）
521,559,566

拉科斯特（联合国法代表） （9）360

拉克里卡（西班牙驻美大使）
（9）601

拉列亚,米哈伊 （6）408

拉马迪埃,保罗 （3）217 （6）93

拉姆（救世军专员） （5）357

拉穆尔,帕克 （6）506 （10）114

拉穆勒（法官员） （3）134

拉纳（尼泊尔驻美公使） （7）276

拉尼埃,约瑟夫 （10）155 （11）
73,75,79,81

拉帕德（国际联盟瑞士代表） （2）
152 （10）328

拉琴斯基,爱德华 （5）42,414,510

拉让泰,让·里乌斯 （10）111

拉塞尔,理查德 （7）25 （8）338
（10）179

拉塞尔,内德 （9）72

拉森,阿瑟 （11）139

拉斯基,哈罗德·约瑟夫 （5）
65,534

拉斯穆森,古斯特夫 （7）241,
250,255

拉斯廷（美众议员） （8）274

拉特尔·德·塔西尼 （9）316,317,
319,320,323,324,356,438,514
（8）619

拉特利奇,威利·布朗特 （7）268

拉铁摩尔,欧文 （5）85,120 （6）
539 （7）625,662,663,673-675,
688 （8）406 （9）453

拉廷,约翰 （10）58,503,510

拉西曼 （1）398,399 （2）237,
241,242,271,279,284,343,439,
448,449,460,516 （3）192,212,
231,255 （4）33,134-136,206,
211-213,241,242,252-257 （5）
185,331

拉希姆,穆罕默德·卡米勒·贝·阿
卜杜勒 （6）419-422 （7）658

腊斯克,戴维·迪安 （7）104,132,
177,186,199,355,363-369,378,
384-388,391-394,396,397,478,
526,615,636-640,664,673,678-
682,686,697,700,701,704 （8）
13,26-29,35-38,52-54,56-63,
65,66,68,70-72,91,92,97,102-
107,109,111,126-133,139,140,
146,149,154,156-160,182,183,
195-197,213,215,218,255-259,
261-263,269,276,288,307-311,
341,344,351,360-363,365,366,
369,370,372,374,375,378,381,
383-387,393,401,402,435,443,
481 （9）5,6,9,22,42,45,49,60,
80,100-102,104,109,110,112,
114,116,118,119,121,122,125-
133,137,139,159,175-177,181,
191,196,197,201,203-206,208-

215,222,223,230－233,235－237,
239,241,245,246,248,296,305,
315,317,318,320,323,327－333,
338,339,356,427,431,432,467,
492,497　（12）627　（13）51

来栖三朗　（5）34

莱昂斯,约瑟夫·阿洛伊修斯　（2）
360,361,364－367,369,374
（5）400

莱顿(爵士,英政治家)　（5）61

莱恩(太平洋学会美国委员会秘书)
（8）38,39

莱尔德,梅尔文　（12）246

莱克里卡,何塞·弗　（4）471　（6）
410,411　（9）307,310－313
（10）5　（11）152

莱曼(参议员)　（7）515　（10）72,
226　（11）91,102　（12）102,
197,243

莱曼,赫伯特　（5）370,377
（6）169

莱默里(法殖民部长)　（4）316－
318,322,326,327,331－333,339－
343,350－352,368－373,375,377－
380,385,393,398,400

莱热,亚历克西　（2）237－241,257,
258,262－265,267－277,283－285,
288,305,306,334,348,358,361－
363,366,367,415－421,483,484,
488,491－495,506－513,516－518,
522,523,533,557－559　（3）12－
21,25,28－31,36,38－41,53－58,

67－70,93,109－111,114,121－125,
130,131,135,136,163－167,172,
224－226,228－234,236,237,245,
246,249－252,261－275,284－287,
310,311,315,316,322,334－338,
340,369,380－383,389－392,395－
397,402,406,414－416,419,428,
439－442,444,449,472－477,485,
495　（4）39－44,48－50,57,61－
66,74－76,83,93,109,110,123,
127－130,140－145,147,170,174－
177,181,191,192,194,196－201,
212,214,219－221,223,225,228,
266　（9）390

莱赛姆(勋爵,英名人)　（5）357

莱瑟斯(英军事运输大臣)　（5）
296,297,299,301－305,433

莱斯特,萧恩　（2）135－137,143,
191,192

莱维罗,安东尼　（8）459　（10）100

莱乌特里奥(菲律宾代办)　（12）5,
240,250

莱西,威廉　（12）250

莱希,威廉　（8）488,498,512,515,
516,518,521,522,530,535,540,
547－553,559,560,564,565,575,
576,582,587,592,597

莱因哈特　（12）327,345

赖伐尔,皮埃尔　（2）264－266　（3）
271,274,275,400　（4）136,257,
349,356－363,366,368,369,375,
378,393,420,436,439,450,451,

467,469-471,480,487

赖家球　（8）597　（9）553,569
（10）81,467,476　（11）73,477
（12）652,653

赖利,亨利　（7）652

赖琏　（5）631　（7）15,105,106
（8）54

赖名汤　（10）388,419,421

赖普汉,罗杰　（6）318,322,469,
470,478,486　（7）47,50,51,53,
115,341

赖斯,斯图尔特　（9）302

赖斯,约翰　（13）51

赖斯顿,詹姆斯　（5）347,369,377,
378　（6）544　（7）455　（8）167,
187　（10）140,250　（11）99
（12）41,42,177,178,476,652

赖特,汉密尔顿　（6）68

赖特,昆茜　（10）359

赖特夫人,汉密尔顿　（5）397　（6）
68,289　（7）105,430,431,540,
716　（8）226,282　（9）225

赖伊,特吕格弗　（5）322,333　（6）
32,212　（7）383,384,395,398,
420,630-635,639-646,704　（8）
7,10,70,93,94,96,132,153,168,
343,346　（9）365,370,558　（10）
81-83

兰伯特,汤姆　（12）369

兰德(侯爵夫人)　（3）64

兰德(美海军上将)　（5）302

兰德,威廉　（10）385,412

（11）142

兰德尔(上校,国防部部长助理)
（11）128,130

兰德里(上校,白宫空军武官)
（6）518

兰登(美共和党人)　（8）476

兰格(挪威外交部长)　（2）149,
150,152,190,214-218　（7）
247,248

兰格,比尔　（10）15,73　（11）
114,115

兰格,威廉　（6）67,116,303,332
（7）515,645　（12）15,101,102,
153,180,185,286

兰根霍夫(联合国筹委会比利时代
表)　（5）582,583

兰纳特纳(电影明星)　（6）403

蓝德尔,克拉伦斯　（10）447
（11）128

蓝金,保罗·斯科特　（10）31

蓝普森(即基勒恩勋爵)　（1）216,
218,290,293-297　（2）147,155,
156,190,194,213,356　（5）
81,664

蓝钦　（8）71,72,78,169,190,207,
237,270,277,279,289,290,292,
293,362,373,374,383,440,441,
443,466,467,617-620　（9）21-
23,66,70,72,100,104-106,111,
117-122,129,131,132,151,155,
160-163,166-170,173,174,176,
184-186,189-191,197,201,207-

209,215,216,219,220,222,226－
233,235,239,247,248,259,264,
265,267,268,271－273,277,279,
280,282,284,289,296,316,317,
333,353,354,380,439,459,465,
466,469,471,476,509,513－515,
517,519,547,548,552,553,568,
579,584,593,609,660,662,664
（10）10,11,13,18,25,49,50,58－
60,63,64,103,121,127,128,160,
161,191,198－201,208,220,229,
238－242,247－249,261,264,270,
271,278－280,300,365,366,376,
377,409,410,427,430,431,446,
452,460,463,503,507－510 （11）
5,20,21,25,33,34,42,44,48,
127,136,138,160,161,168,173－
182,187,190,191,193,195,196,
201－203,223,224,226,253,259,
262,266,276,284－287,311－313,
315,318,324,326－328,341－343,
345,347－350,386,387,392,409,
418,433,468－470,485,509,511,
515,525－529,537,538,540 （12）
19,77,88－92,121,124,125,127－
129,134,136,137,142－147,151,
152,159－161,165－172,174,175,
207,208,219,229,257,271,403,
404,420,435,436,438,440,448,
450,453－455,460－463,487,489,
515,518,520,523－525,530,531,
533,534,546,558,596－600,607,

614,659,668,683,684,706
（13）7
蓝辛,罗伯特 （1）140,141,144,
148－151,160,175,176,186,189,
190,193,194 （4）256 （6）452
（10）107
蓝荫鼎 （11）118,257
郎之万 （2）320
朗,布雷肯里奇 （1）141,144,160
（5）241,390 （10）422
朗,拉塞尔 （10）227
朗,莫里斯 （2）419
朗,休姆 （5）492 （6）276
（7）345
朗特里,玛莎 （7）409,450,455,
456,468,478 （8）275 （9）440,
521,599 （10）46,47,252
朗沃思夫人,艾丽斯 （6）92 （7）
469 （10）100
朗西曼,瓦尔特 （3）150,152－154,
159,160,458
劳,班涅迦尔 （8）126,168,169,
177,186,187,188,267
劳,伯纳 （5）46
劳,理查德 （5）13,71,354,429,568
劳埃德,格伦 （11）478,492
劳埃德,塞尔温 （9）373 （10）182
（12）567,583,605,617,632
劳东（荷驻法公使驻美大使） （3）
301,302 （4）78,112,113,257－
260 （6）24
劳顿,弗利特伍德 （10）103

劳合-乔治,大卫 (1)147,175,176,
　　186-188,192,199,206,211,213
　　(4)134,154,507 (5)285,342
　　(6)95

劳合-乔治,梅甘 (5)342

劳合-托马斯(英驻华大使馆公使)
　　(2)411

劳克林,约瑟夫 (12)291

劳拉马 (6)428,429,430 (7)274

劳伦斯,戴维 (7)36 (9)359,
　　480,481,527 (10)24,117

劳伦斯,托马斯·爱德华 (7)338

劳森(英工党议员) (5)72,73,
　　115,119,120,124,126-129,132,
　　135,234,315,354,677

劳特帕克特,赫希 (13)18,23,25

劳希,弗兰克 (6)41

勒布伦,阿尔贝 (2)46,129,243,
　　304,311 (3)63,349,387,458,
　　464,465 (4)257

勒夫(国际法院职员) (13)39

勒克斯,什特凡 (2)322

勒鲁瓦(法职业外交官) (4)535

勒皮西埃(法驻暹罗公使) (4)373

勒森纳(谈判萨尔问题德代表)
　　(2)286

勒图尔纳,让 (9)514,515,517,
　　518,527

勒文塔尔,马克斯 (10)79-81

勒叙厄尔,拉里 (12)205

雷伯恩·塞缪尔·托利弗(萨姆)
　　(7)207,645,661 (8)274 (9)

181,225,498 (10)65,225 (11)
　　139,162 (12)202,287

雷德福,阿瑟 (6)304 (9)252,
　　357,370-372,422,509-513,534,
　　548,609 (10)11,16,19,24,29,
　　33,70,193,212,218,232,239,
　　240,242,249,251,256,372,373,
　　381,383,385,422-424,426,440,
　　441,527 (11)111,125-127,133,
　　175,275,285,296,297,308,335,
　　336,396,447,448,450,459,460,
　　482,486,487,490,492,497,503-
　　505 (12)19,35,41,54-58,64,
　　66,96,121,134,145,153,181,
　　193,206,210,248,252,255-257,
　　261,262,264-268,270,271,275,
　　276,281,282,403,505,506,515-
　　519,521,535-538,540,541,546-
　　548,556,557,560,599,707,
　　716-719

雷德曼(英新闻部官员) (5)509

雷德蒙,维尔 (5)319

雷恩斯(美财政部总顾问) (8)260

雷法章 (9)530,531

雷克托(美参议员) (12)251

雷克托(美上校) (9)475

雷诺,保罗 (3)53,109,116,143,
　　283,374,402-406,450-453,494
　　(4)3,4,180,209,217-220,223-
　　225,228-230,237,242,252,256-
　　263,266,267,271-275,280,349
　　(6)28,234

雷诺兹,菲利浦 （7）414,455,456

雷诺兹,卢 （10）242,243

雷诺兹,路易斯 （7）39,223,329,
330,373 （9）471,472

雷斯特雷波－哈拉米略,唐·西普里
亚诺 （8）348 （9）197,198,
299,300

雷斯维克,林赛 （5）354

雷亚,乔治·布朗森 （2）9

雷伊,鲁斯特雷 （2）147,148

黎吉生 （5）172

黎培理 （9）403,484 （10）242
（11）461,462

黎塞留 （7）56

黎元洪 （1）67,137,226－229,231,
233,239,241,246－248,308,354,
360,361,374 （13）5

黎照寰 （6）176,177

李,埃德蒙 （9）452 （11）118
（12）315

李,迈克尔 （6）386－388 （8）407

李－史密斯(英工党议员) （5）43

李承晚 （5）494,495 （7）270,
271,273,281,285,288,290,291,
299,300,389,390,481,653,659
（8）4,5,7,241,245,246,352 （9）
380,576 （10）132,133,140,144－
153,155－158,164－167,175,183,
288,317,318 （11）21,33,37－40,
42－44,79,107,129,165,172,173,
201,206,264,289,290,309,317,
390,395,507,517,563 （12）323,

341,611

李大为 （7）52,83,106,155,172,
199,320,354,442,528,530,626,
627,656,712 （8）414,439

李大钊 （1）323,324,347

李德洋 （12）505

李德燏 （5）612 （7）525 （8）3,
474,567,568 （9）528,529 （10）
347,387 （11）260 （12）512

李登辉 （1）121

李迪俊 （7）627

李鼎新 （1）232,237

李杜 （1）415 （2）333 （3）54

李度 （7）624

李顿 （1）406,408,409,417,418,
420－422 （2）5,6,8,9,14－22,
26,28,32,46,47,53－59,61－63,
66－76,78－80,82－89,91,93,94,
96,101,109,117,118,121,124,
134,135,137－139,142－145,149,
151－153,156,159,171,174,175,
235,390,561,626,627,646,662,
663 （3）9,53,453 （7）677
（8）464,471 （10）391

李法端 （8）300,311

李榦 （5）300,370,664 （6）258,
259,268,269,285,287,295,311,
314,320,321,328 （7）28,29,38,
45,49,50,58,63,64,66,67,72,
76,115,117,165,183,195,197,
199－201,207,213,309,310,336,
372,450,451,453,454,500,514,

528－531,534,535,589,591,592,
603,616,648－651,661－663,665,
667,669,675,689,691,711 （8）
18,69,210,249－251,260,272,
292,293,311,317,332,370,394,
396,400,433,436,437,470,586
（9）302,303,326,353,426,435,
436,440,441,451,455,456,496,
498,514,522,531 （10）113,120,
236,237,243,244,268,269,305,
345,409,414,479,480,490－492
（11）63,64 （12）514,515,551,
552 （13）53,55,56

李国钦 （5）257 （10）6

李国伟 （5）368

李海,威廉 （4）479－487 （5）266－
268,271,272,291,294,465,612,
647 （6）11,13,14,234,440－442,
464,472－478,511,549 （9）588

李罕(罗斯福秘书) （6）96

李汉魂 （7）15,215,479,481,485,
487,488,492,494,524,526 （8）
231 （9）463

李鸿音 （10）219

李鸿章 （1）333 （6）452 （7）505
（9）240 （10）380

李华明 （9）600

李璜 （5）456,466,474,475,477,
625,630,633 （7）12 （11）223

李济欧 （7）567

李济深 （2）256 （6）323 （7）153

李家鏊 （1）331

李锦纶 （4）289,301,540,541,544,
545 （5）4 （7）488,494

李觉之 （8）367,368 （9）542

李骏 （5）146

李骏尧 （10）268,296,345,415,
420,431,432,434,435,466,473
（11）120 （12）508,554

李孔劭 （6）376

李立三 （6）551 （7）18

李弥 （8）35,259 （9）327,596
（10）17,19,49－64,66,189,190,
196－198,200－202,206,208,209,
220－222,234,240,270,271,304,
331,365－368,374－376,387,388,
433,459－465,468,469,503 （11）
295,531,535 （12）611

李铭 （5）673 （7）85 （10）479

李平衡 （2）345,351 （3）489
（5）257,430

李普曼,沃尔特 （2）446 （4）37
（5）396 （6）96,97 （10）17,18
（12）62,99,179

李奇微 （6）285,287 （8）178,
240,286,350－352,354 （9）64,
138,232,303,306,325,369,370
（10） 383 （11） 396 （12）
505,506

李奇武 （5）204

李绍荣 （9）556

李石曾(煜瀛) （1）180,183,209,
388 （2）34,43,291,324,354,
380,409,410,487,490,498,499,

506，516，521，590，603，624　（3）
25，32，35，36，42，122，167，211，
212，222，229－235，239，255，374－
377，408，409，413，414，416，417，
450，453，494　（4）20，26，32－34，
36，108，109，115，116，120，121，
164，190，191，522，523　（5）257
（10）104　（11）235，343，344，495

李士珍　（8）224，225

李书华　（10）104

李叔明　（5）673　（7）344

李澍　（7）606，613　（8）442

李思浩　（1）307

李松涛　（11）213

李威廉　（12）338

李惟果　（5）93，141，142，198，199
（7）44，45，77，106，110，117，137，
162，163，177，178，220，226－228，
250，281，283，359，360，371，452，
525，556，563，564，587，589，599－
601　（8）18，69，70，135，136，141－
143，253，332，377，419，422，431，
458，462，463，466，475，483，521，
569　（9）12，13，20－22，30，32，42，
47，61，62，70，74，104，129，175－
177，181，187，198，244，245，277，
287－289，296，506，507，635

李维诺夫，马克西莫维奇　（2）91，
92，94，104，105，147，148，157，
163，164，239，328－332，356，361，
364，376，391，400，402，441，442，
452，456，459，465，470，500－502，

527，544，560，564，565，574－576，
587，589，590，597，606，644　（3）
32，35，46－51，66，92－94，96，99，
101，102，105，125，126，152，156，
172－175，185，186，190，196，197，
202－204，217，218，220，281，296，
304，418－420，443　（4）256　（5）
185，249，269－271，368，404，482
（9）375

李文彬　（10）367

李文范　（5）117

李熙谋　（12）316，512

李英生　（9）473

李约瑟　（5）422

李振鹏　（7）17，46，341

李植泉　（10）205

李滋罗斯　（3）95，106，128，129，
137，194，376，450，453，464　（4）
108，252　（5）145，327，335
（11）298

李子范　（10）365

李宗仁　（1）388，403　（3）356
（5）147，657，660，663　（6）162，
183，322－324，468，470，539，545，
560，561　（7）6－10，17，28，40，46，
47，51，52，58－61，66，75，81，82，
85，87，89，90，92，94，103，104，
109－111，114，118，120，128，131－
137，142，143，145－153，161，163，
168，176，177，190，193，195－197，
199，202，205，209，210，212－214，
216，218，219，223－227，229－231，

235,236,310,327,330,331,337,
338,341,358－362,368－372,374,
384,396,403－405,412,422,427,
442,443,445,448,449,451,453,
457,462,478－482,484－495,499,
504－506,512,522－524,526,541,
542,547－567,576－578,624,649,
693 （8）33,54,55,212,213,231,
382,517,518,520,525－527,529,
530,545,550,575－580 （9）435,
453,463,493,553,603 （10）342,
447 （12）545,689

里贝,尚普捷 （4）67－69,78－81,
86－88,101,149,186,214

里宾特洛甫,约阿希姆·冯 （2）
538,539,544 （3）159,259,270,
280,283,284,295,394,443,457
（4）3,83,84,87,88,446 （5）217
（6）446

里德(国际法院法官) （13）14,23

里德,罗伯特 （5）83

里德,斯坦利·福曼 （5）390 （7）
246,247 （8）358 （9）411
（10）76,78,252,422 （11）140
（12）512

里德夫人,海伦·奥格登 （10）355,
359,362－364,369 （7）109,126

里丁(朝鲜问题日内瓦会议英首席代
表) （11）13

里法伊,阿卜杜勒·莫奈姆 （10）
337－339

里弗代尔(英勋爵,商界领袖) （5）

317,318

里甘,肯(参议员) （9）498

里格尔曼,哈罗德 （7）716 （8）
450,477 （9）84,411,412,459,
460,482

里基特,凡尼斯 （8）166

里基特,威廉 （7）338,519 （8）
160,166,172,216－219,221,223,
225,227－236,283,334,335

里奇伯格,卡尔 （6）95

里斯(上校) （12）517,520

里亚斯(安理会哥伦比亚代表)
（5）603

理查兹(美陆军妇少队少校)
（6）15

理查兹,詹姆斯 （9）461 （10）73
（11）120,142,156 （12）30,96,
97,180－184,186,193,207,257,
264,265,318,395,396,402,403,
422,583,584,616,617,656－658,
671－674

厉志三 （9）612

利奥波德(比利时国王) （4）123,
130,238 （6）405

利比(荷兰亲王) （13）42

利伯曼(《纽约时报》记者) （6）530

利弗罗,安东尼 （12）652

利斯托韦尔(英勋爵,议员) （5）329

利特尔(布鲁金斯学会主席)
（12）549

利特尔(美将军) （6）523

利特尔,诺曼(美律师,助理司法部

长)　(7)48,171,172,241,242,688　(8)9,297　(9)482

利特尔顿,奥利弗　(5)335

利文斯顿,亚历山大　(5)511

栗山茂　(11)207　(13)9,11,13

连瀛州　(5)104　(9)494

梁诚(震东)　(1)30

梁寒操　(5)178

梁敬錞　(6)400　(7)589

梁龙　(2)449　(3)456　(7)434,566,654,656　(11)118

梁启超　(1)17,180-182,209

梁如浩　(1)109-111,208,334,335

梁声泰　(8)527　(9)541,542　(11)472

梁士诒　(1)93,105,124,221,283,284

梁序昭　(11)226,240,503　(12)192

梁永章　(7)320　(10)120

梁裕灿　(8)352　(9)218,304,375,601,602　(10)40,165　(11)346

梁銎立　(5)75,226,314,364,368,370,371,407,415,574,575,582,590,592,593,676　(7)640　(9)496　(13)8,57

廖崇圣　(12)6

廖竞存　(6)310

廖世承　(5)204

廖耀湘　(5)229

廖仲恺　(8)287

列宁,弗拉基米尔·伊里奇　(3)289　(6)445　(9)325,354　(10)245　(11)303,304　(12)272,613

林彪　(5)194　(7)17　(8)29

林长民　(1)230

林德利,弗朗西斯　(2)190

林德利,欧内斯特　(7)455,629　(9)184,600

林登(哥伦比亚大学图书馆)　(10)483,484

林登,罗伯特　(8)448　(9)76　(10)59,60　(11)511

林可胜　(5)360　(6)347

林肯,亚伯拉罕　(5)35,409,665,671　(8)293　(10)23　(12)374

林利思戈,维克托·亚历山大·约翰·霍普　(5)24,83,152,204,346　(6)427

林迈可　(7)410

林平　(4)113,115,116

林赛(牛津大学万灵学院院长)　(5)40,71,72,264,395,419

林森　(2)16,83,179,290,296,666　(4)217,222　(5)92,120,167,186,208,209,331,344　(7)360

林士贤　(10)458

林沃尔特,阿瑟　(6)108,111,114,169,170,172,173,188　(9)540

林铣十郎　(2)366,414

林语堂　(7)573　(8)114,115

凌道扬　(6)276,277,285,544,545

凌鸿勋　(5)451　(9)538

菱田(哥大法学博士)　(11)207

刘安祺　(7)404　(11)233,237

刘崇杰　(1)411　(2)20,58,60,114,209,222,223,247

刘存厚　(5)96

刘大钧　(7)38,97,331,332,483,603,688　(8)69,88,226,281,282,414　(9)464,474,491

刘大中　(11)138

刘东岩　(7)47,105,117,266,281,341,359,395,399,568　(11)223

刘恩源　(1)307

刘斐　(7)577

刘符诚　(3)256

刘攻芸　(7)86,87,576

刘鈇　(8)

刘鸿生　(5)346

刘景山　(5)110,148,306

刘炯光　(8)489,491,499,525,540,543,544,565,571

刘锴　(5)246,250,253,255,273,281-283,309,310,318,365,367-371,376,378,379,402,461,464-466,471,484,621,633,639,641,642,645,656　(6)69,193,531,543　(7)10,23,144,398,413,526,632,633　(8)139,180,272　(9)30,107,182,398,540,541,543,564,598,604　(10)286,291,292,318,389　(11)53-55,475,476,530,532　(12)92,97,249,

411,449,486　(13)53,56-60

刘廉义　(11)237

刘明钊　(5)227,228

刘瑞恒　(5)81,307　(8)574　(9)392-396,398　(11)82,148,257

刘尚清　(1)389,393　(6)67

刘少奇　(7)25　(8)362

刘师舜　(5)240,440,646　(7)90,105,582　(11)532

刘世芳　(8)455,466,471,483,486,514,539-541,543-546

刘维炽　(9)492

刘文岛　(2)3,69,301,304,320,405　(3)16　(5)613　(7)543

刘文辉　(2)67,68　(5)224

刘湘　(2)67,68

刘选萃　(5)608　(6)193　(8)337

刘易斯(美国务院官员)　(10)437

刘易斯,坎贝尔　(7)48,111-113,154,158,174,175,204,254,320,537-539,652

刘易斯,罗伯特　(2)244-246,253

刘易斯,小富尔顿　(11)502　(12)7-9,219

刘永仁　(6)6,509　(7)16,563

刘玉章　(11)233,237

刘驭万　(6)434　(7)299,389　(8)5,6,143　(9)435　(11)150,284,383,387

刘毓棠　(9)503　(12)31

刘云瀚　(10)45

刘泽荣　(5)443

刘哲　(1)387,389　(5)666,667

刘珍年　(2)68

刘仲容　(7)226

柳鹤图　(9)475,600　(10)33,34,
　122,421,465,483　(11)72,74,
　122,163,458,512　(12)526

龙绳文　(11)485

龙云　(5)131,132,138,142　(7)
　356　(11)485

泷平　(2)414

隆巴德(毛邦初案掌卷官)　(8)566

隆东(法驻华使馆人员)　(4)201

隆美尔,埃尔温　(5)80,81,119

隆姆(法外侨管理处处长)　(4)31

隆裕太后　(8)121

卢炳玉　(8)239

卢茨,勒鲁瓦　(6)364-368,473-
　475,549

卢汉　(5)141　(7)341,355-358
　(8)35

卢卡塞维兹,尤利乌什　(2)434-
　436,498　(3)71,320　(4)124-
　126　(8)171

卢卡斯(美参议员)　(7)528

卢卡斯(美将军,这事顾问团团长)
　(6)245　(7)570

卢卡斯,吉姆　(12)101

卢奇奥利(意大利驻美代办)
　(9)185

卢祺新　(6)498,502,519　(7)29,
　60,63,339

卢田均　(9)242,620,621　(11)207

卢忻斋　(2)311　(10)483

卢信　(1)232,243

卢伊顿,范　(美空军上尉,运输机驾
　使员)　(5)80

卢致德　(5)359　(11)82,148

鲁宾逊(威斯汀豪斯电气公司总经
　理)　(6)47

鲁滨(苏驻比公使)　(2)639

鲁尔(美援华联合总会副主席)
　(6)523,532

鲁夫(法财政部司长)　(2)476,477
　(3)405,450

鲁克斯(联总署长)　(6)132,175

鲁思(国际货币基金组织瑞典代表)
　(8)356　(11)464

鲁斯,克莱尔　(7)189

鲁斯,享利　(6)23,37,41-43,129-
　134,304,306,369,374,377,517,
　519,527,531,532　(7)51,79,
　188,189,475,702　(8)376,378,
　463　(9)100,103,185,435,600
　(10)45,73,202,207,208,226,
　257,354,359,362-364,369　(12)
　48,652

鲁斯夫人,享利　(6)304,451
　(7)132

鲁特(主教)　(5)469　(8)234

鲁特,谢尔登　(5)470

鲁特,伊莱休　(1)211　(9)411

鲁特,约翰　(5)469,470

陆锦　(1)246,247,250,253,254,310

陆徵祥　(1)95,96-98,111,115,

116,122,127,132,133,147,155,
158,159,161-168,179-184,186-
200,202,204,208,226,359　（2）
30,298　（5）522　（6）25
（11）226

陆宗舆　（1）159

路易十三　（4）476

吕德尔(法侯爵)　（3）460

吕希菲拉德(美国大学国际法教授)
（10）321

伦弗罗,路易斯　（7）440,441,
453,682

伦纳德,比尔　（12）206

伦斯,约瑟夫　（12）202

罗班(印度支那总督)　（4）469,475

罗贝尔,佩尔　（3）91　（4）379

罗必安(法驻华大使)　（4）498,
499, 509, 523, 530 - 532, 542,
544,546

罗宾逊,詹姆斯·赫维　（1）31,71

罗伯茨(美律师)　（8）216,463,
465,470-473,476,481,482,485,
497,507,522,523,545,555,575,
576,578,581,582,587,588,592

罗伯茨,查默斯　（11）295,359,375,
376,382,395-397,403,446,562
（12）234,243

罗伯茨,弗兰克　（9）466,496
（10）212

罗伯茨,内德　(8)216

罗伯茨,欧文　（8）463,465,470-
473,476,481,482,485,497,507

（11）140

罗伯茨,韦斯利　（10）23

罗伯茨,小劳伦斯　（10）65,250

罗伯茨夫人(美国航空公司)
（7）65

罗伯逊,查尔斯　（5）72

罗德里克斯(智利驻美大使)
（12）640

罗德里格斯,阿贝拉尔多　（7）174

罗恩(邱吉尔秘书)　（5）282

罗尔巴克(宾夕法尼亚师范学院院
长)　（8）342

罗尔斯顿夫人(罗尔斯顿钢铁厂厂
主)　（8）217

罗丰禄夫人　（5）420

罗弗(美司法部官员)　（10）403

罗格(法空军部官员)　（2）47,48

罗哈斯,曼努埃尔　（6）407　（8）
199　（12）250

罗家伦　（6）427　（7）302　（8）205
（10）326　（11）259

罗杰士(英银行家)　（3）129,374-
376,451,453,494　（5）144,227

罗科索夫斯基(波兰国防部长,苏联
元帅)　（8）171

罗兰(法殖民部长)　（4）238,248-
252,256,262,263,274

罗兰,亨利　（2）437

罗隆基　（6）55

罗梅若(美律师)　（8）558

罗慕洛,卡洛斯·普　（6）97,428
（7）283, 284, 288, 289, 301, 398,

714,715　（8）179,343,390　（9）
58,60,106,217,292,362－364,
370,391,491,492,499,552,599
（10）20,21,221,259,484　（11）
28,35,51,77,127,193,249　（12）
250,497,506　（13）45

罗塞因(阿森松岛美空军上校)
　（5）236

罗森菲尔德,伊西多　（10）318
　（11）54

罗森内,沙布塔依　（13）8,11,14

罗申(苏驻华大使)　（6）561　（7）
125,126,219,226,331

罗什福尔,尼古拉　（12）552,562

罗士培　（5）425

罗斯(美基督教会理事会总干事)
　（11）23

罗斯,查尔斯　（6）520　（7）564
　（8）6

罗斯,弗朗西斯(英爵士)　（5）564

罗斯,杰克　（7）391,396　（8）48
　（10）176

罗斯,沃尔特　（8）340

罗斯伯里(英勋爵,爱丁堡地区民防
　司令)　（5）32,33

罗斯伯里夫人　（5）32,33,352

罗斯柴尔德,亨利　（2）502
　（3）359

罗斯福,富兰克林　（2）4,74,87,
102,112,124,188,198,202,205,
207,213,219,243,260,335,336,
338,339,365－367,369,439,446,

448,458,470,471,487,503,508,
519,530－532,534－537,549,556,
585,601,608,612,621,623,642
（3）4,7,14,34,42,59,138,191,
223,246－248,286,298,303,307,
314,315,322,324,328,341,342,
345,383,395,396,398,400,401,
437,456,474,475,476,478,481,
485　（4）3,4,11－14,45,53,55,
134－136,147,172,203,208,231,
232,235,236,254,257,260,266－
268,272,294－296,344,431,433,
467,468,479,481,483,504,532,
533,535,536,541,545,546　（5）
8,9,14－16,25,29,33,34,36,39,
42,44－46,59,66,88,91,94,95,
106－108,114,118,120,145,151,
181,192,195,196,202,205,207,
216,223,233,236,240,244,247,
252,254,255,257,258,261－263,
268,271,273－276,277,288,290,
291,294,295,310,312,316,319,
326,327,333,336,337,365,368,
369,374,380,381,383－385,392,
393,395－406,409,410,412－415,
429,433,434,436,439,446－448,
450,453－459,464－466,468,470,
472－479,482,483,495－497,499－
501,503,516－522,524,525,529,
531,535,537,539,540,559,568,
624,636,640,651,652,673,677
（6）27,31,32,33,37,55,59,84,

94,95,98,129,136,190,205,221,
224,235,406,454,461,474,507
（7）34,35,42,61,153,163,165,
184,211,222,239,242,296,440,
442,456,458,519,520,537,546,
560,561,572,672,710　（8）4,82,
305,476　（9）305,351,375　（10）
92,93,213,224－226,386,421
（11）78　（12）47,234,269,
380,628

罗斯福,西奥多　（1）30,56,368,
376,377,381　（7）469　（10）100

罗斯福,詹姆斯　（4）541,546

罗斯福夫人,安娜·埃莉诺　（3）
248　（5）151,273,275,277,280,
281,284,285,287,464,466,474
（6）33　（11）15

罗索（意大利驻美大使）　（9）342
（12）290

罗文幹　（1）232,234,238,239,241－
243,246－248,252,263,264,275,
277,281,282,286,295,304,307,
361,384,386,409　（2）5,19,21,
26,56,58,63,66,82,83,90,92,
112,156,167,176,179,182,188,
190,196,208,213,222,223,247,
315,661

罗沃尔小姐（法外交部女官员）
（13）21

罗夏（法外交部政治司司长）　（4）
441－445,450－452,454,462,463,
469,477,478,507－511

罗亚尔（美陆军部长）　（6）329
（7）38,39　（8）489

罗亚尔（英公主）　（5）326

罗亚谷诺（意大利驻华大使）
（2）304

罗伊斯（国际劳工组织理事）　（6）
257,258

罗伊斯,亨利　（12）246

罗忠诒　（2）69,201,212

罗卓英　（5）141,180　（7）504

洛布（哥伦比亚医疗中心）　（5）286
（11）4

洛布,威廉　（8）452

洛德,奥斯瓦尔德　（9）615

洛夫（弗吉尼亚大学校友会）
（6）46

洛夫,查尔斯　（10）210

洛夫德,埃里克　（5）427

洛夫斯通,杰伊　（10）95,381,382
（11）78

洛基特（总统轮船公司董事长）
（7）155

洛基特,爱德华　（7）199,202　（8）
509,523,531,534　（11）269

洛吉（达喀尔英军少校）　（5）
233,235

洛克菲勒,纳尔逊　（2）74　（6）133
（12）468,498－500

洛克菲勒,约翰·戴维森　（7）470

洛克菲勒第三,约翰·戴维森（第三
长子）　（7）235

洛克哈特（《纽约时报》记者）

(7)235

洛克黑德(世界贸易公司总经理)
　　(6)171　(9)488

洛朗(东方汇理银行)　(3)450

洛里,唐纳德　(10)75,76,362

洛丽泰扬(电影明星)(5)251

洛佩斯(联合国筹委会菲律宾代表)
　　(5)588,

洛奇(康涅狄格州州长)　(11)358,
　　455,457

洛奇(美众议员)　(7)310,525,540

洛奇,亨利·卡伯特　(1)184,201
　　(2)104

洛奇,小享利·卡伯特　(6)295
　　(10)81,137-139,176,187,275,
　　280,282,313,369,390,393,459,
　　464,484,485　(11)4,93,105,
　　276,292,294,331-333,346　(12)
　　4,97,109,133,134,282,340,386,
　　388,394,421,428-434,438,447,
　　456,573

洛维特,罗伯特　(6)111-114,131,
　　173,174,232,242,275,311-314,
　　343,388,394-397,409,424,432,
　　433,467,482-488,524,532-534,
　　545-549,553,557,562-566　(7)
　　21,320,334　(8)322,334,363,
　　364　(9)357,414,415,439,468,
　　583-586,599

洛温斯坦,赫伯特　(12)201

洛祖夫斯基(中苏莫斯科谈判苏代
　　表)　(5)526

M

麻克类(巴黎和会的英国代表团顾
　　问)　(1)192,335,338　(2)
　　156,193

马奥尼,查尔斯　(11)531

马步芳　(5)224　(7)215,311,
　　312,341

马达里亚加(西班牙驻国联代表)
　　(2)53-55,91,92,146,147,166,
　　191,192

马丁(瑞士代办)　(4)540

马丁(印支部队总司令)　(3)
　　447,448

马丁,埃德温　(7)157　(10)347,
　　349　(11)14,17,49,50,79,82,
　　271,436,437,447,460,474
　　(12)159

马丁,爱德华　(9)514　(10)115
　　(11)76,456

马丁,保罗　(12)445,447,449
　　(10)291

马丁,杰琪　(12)287

马丁,乔　(10)259　(12)474,475,
　　503,651

马丁,威廉·麦克切斯尼　(小)
　　(6)100,149,156-158,169,389
　　(7)588　(8)194,307　(11)
　　477,478

马丁,约瑟夫(小)(乔)　(6)59,99,
　　295,331,332,453　(7)22,411,

645 （8）318,328－330 （9）499
（10）8,65,67,69,72,99,259,388,
395,396,425,439 （11）84,94－
96,157－159,168,343 （12）286

马丁内斯,帕库亚 （3）261,346

马尔登(美经合署官员) （7）83,
664,665,669 （8）30

马尔蒂诺,加埃塔诺 （12）240

马尔金(参加敦巴顿会议人员)
（5）392

马尔科姆,尼尔 （5）30,47,73

马尔科斯(希腊共产党人) （6）445

马格鲁德,卡特 （8）148 （9）44,
466,467,471

马格纳森,沃伦 （7）214 （8）314－
316 （9）55 （10）71,235,239,
253,349

马鸿宾 （7）215,521,571－573

马鸿逵 （7）215,571－573 （8）
210,211,213

马基雅弗利,尼科洛 （4）449,450

马纪壮 （9）511 （10）33－35,42
（12）668

马继援 （7）521

马康卫 （8）593,594 （9）534,
537,538,568,583,616 （10）26,
103,184,187,203,223,229,230,
236,242,248,251,259,260,271,
272,303,306,372,373,377,381,
385,387,406,409,413,415－417,
430,437,440,441,461,462 （11）
14,17,19,22,23,26,34,50,72－

74,127,142,163,168,181,187,
190,194,201－203,265,270,294,
313,318,319,324,325,333,335－
337,339,346,352,357,359,368,
371,375,376,384－386,391,394,
401,406,408,413,414,419,422,
424－426,434,436,440,442,447,
458,482,486,511,553,554,557
（12）14,16,25,29,30,40,41,63,
71,104,107－111,134,137,138,
141,143,144,147,148,159,164,
173,174,187,190,193,199,206,
207,218,219,237,271,275－277,
279,289,297,300－302,304－307,
320,321,329,331,332,349,367－
369,373,378－380,382－384,386,
388,390,391,397,404,411,414,
420,423,426,433,443,450,455,
466,479,481,492,495,510,520,
521,523,546,555,574,581,617,
675,677,678,683,688,701

马柯迪 （1）406,419 （2）16,25,
561,562,564,567,568,572,580－
582,613,643,662

马科斯(法外交部官员) （2）
269,271

马科斯,费迪南德 （13）61

马克尔,黑兹尔 （12）528

马克斯(英海军部官员) （5）435

马兰(法右翼保皇党人) （3）217

马兰,路易 （9）486

马朗热(法朱安将军副官) （8）

279,280

马立克,雅科夫　（7）268,585,586,
629　（8）70,94,109,141,153,
343,346－349,395,397　（9）6,40,
52,57,184,339,388,423,622,624
（12）479

马利奥内(红衣主教,梵蒂冈罗马教
廷国务卿)　（3）348,349,358

马利克（黎巴嫩驻美公使）　（7）
301,302　（12）352－355

马林科夫,格奥尔基·马克西米利安
诺维奇　（10）77－79,92,101,117,
155,167－169,259,309,511　（11）
303　（12）180,183,184,195

马林诺夫斯基（东北苏军司令）
(5)614,616

马隆,凯蒂　（10）74,489

马隆,乔治　（7）25,26,48,645
（8）162,372,449,602,603　（9）
500　（10）4,71,74,404,488

马洛里(医学博士)　（6）47

马慕瑞(美国务院东方事务局局长)
（1）216,218,220,293　（10）456

马尼(乌拉圭驻美公使)　（3）159

马纽尔斯基(乌克兰驻联合国代表)
（5） 583, 586, 588, 589, 595 －
597,602

马萨里克,扬　（5）580　（6）202
（7）241,243　（10）92,93

马特尔,达米安　（2）221

马天则　（6）5

马廷斯(巴西驻美大使)　（6）97

马锡里,勒内　（2）149,236,237,
241,321,330,437　（3）64,157－
159　（5）433,512,570,574,575,
578,579,581,582

马歇尔（红十字会美国代表）
(9)395

马歇尔(美军医)　（5）136

马歇尔,保罗　（7）25

马歇尔,乔治　（5）78,233,258,276,
335,393,395,410,468,473,559,
606,620,622,623,628,630,633－
638,640－642,645,647－655,660,
663,664,666,670,672,676　（6）
5,7－9,11,14,17,19,23,34－45,
46,48－50,52,54－63,75－82,86,
87,92－94,96－99,109,111,114,
123,125－133,137－140,145－156,
159,160,163,177,178,183,187－
193,198－203,209,210,215－217,
222－225,228－234,236－242,244,
247,248,250,252－256,258,259,
261,262,270－275,277,281,283－
285,287－290,296－299,315,325,
328－330,334,345,348－358,378,
384－387,395,409,426,443,451,
454,458,473,478－483,485,488－
490,493,503,505,510,512,513,
515－521,524,526,527,529－531,
534－537,544,547,552,558,559
（7）23,24,27,34－37,39,41,42,
60,66,79,101,108－110,112,114,
115,117－121,125－127,132,137,

141，144，147，148，157，162，171，
172，177－179，184，186，191，194，
204－206，208，209，220－222，236，
325－328，332－334，339，344，372，
373，392，412，437，441，450，452，
454，470，476，477，480，492，496，
506，507，510，559，567，570，571，
575，653，668，672，673，700－702
（8）95，116，119，122－124，148，
149，155，160，161，166，171，192，
202，204，212，213，216，218，219，
223，225，234，235，237，304，320，
340，369，372，379，394，395，411，
548　（9）21，42，219，387，413，
425，428，431，439，443，457，492，
497，527　（10）3，46，142，190，
213，214，251，405　（11）204，258，
301，302，308－310，320　（12）47，
111，689，690

马歇尔，斯　（12）250

马修斯，弗里曼　（3）470，471，479－
481　（4）238，248－252，256，262，
263，274　（5）55

马修斯（哥伦比亚大学外国留学生顾
问）（7）50

马修斯（美海军部长）（7）450

马占山　（1）388，415　（2）587
（5）657

玛丽王后（英）　（10）206　（5）
609，676

玛塔，达（葡萄牙银行总裁）（4）
298，299

迈克尔小姐（国际法院书记官）
（13）23，51

迈纳，克拉克　（5）502　（11）
480，481

迈斯基（苏驻英大使）　（2）389，
401，404，426，497　（3）53，378
（4）134　（5）23，34，65，75，342，
343，560　（10）93　（13）19

迈耶　（5）656　（6）276　（8）586
（11）320　（12）216，290

迈耶（办理日本赔偿事宜的美上校）
（5）656

迈耶，尤金　（6）276　（8）586

麦高恩（勋爵，英政府要员）（5）61

麦戈文（英贵族）（5）353，357

麦格拉思（美司法部长）（8）431
（9）313

麦格拉思，霍华德　（6）248，458
（7）330

麦格赛赛，拉蒙　（10）259，320
（11）35，37，38，40－44，173，174，
206，249，273，561　（12）250，327

麦圭尔（神父）（9）497

麦基，弗雷德里克　（7）40，114，132，
176，177，199－202，216，223，530，
531，713　（8）53，92，401

麦基恩（罗林斯学院院长）　（12）
209，210

麦吉，阿奇　（12）517，518，520

麦吉，乔治　（7）302

麦卡德尔，卡尔　（9）601，602
（10）71，396－399，404，405，426

（11）266,358 （12）104

麦卡伦,帕特里克（帕特） （7）31,
60-63,65,73-75,98,126,171,
172,319 （8）92 （9）224,308,
440,500,501 （10）69,258,261
（11）91,151,156,456

麦卡特尼（英博士） （5）72

麦卡特尼（英勋爵） （5）676

麦卡锡,约瑟夫 （7）645,662,664,
673-676,684,688 （8）53,406,
420,604 （9）440 （10）42,45,
71,487,488 （11）53,55,78,158
（12）474,608,609

麦凯,道格拉斯 （10）71,258
（11）455,457 （12）206,210,
287,513

麦凯,詹姆斯 （9）440 （10）479

麦凯布,托马斯 （6）399 （8）133,
197-203,302,307

麦凯德（美驻印将军） （5）229

麦凯勒（参议员） （7）180 （8）246

麦康内尔（美空军将军） （6）230

麦考尔（顾氏私人医生） （6）4

麦考密克（《芝加哥论坛报》创办人）
（6）458 （7）469,645 （11）
111,167

麦考密克（美众议员） （6）247
（7）693

麦考密克,斯蒂芬 （12）292

麦考益（李顿调查团的美国代表）
（1）406 （2）16,21-24,662 （6）
67,92,104 （8）463-465,470-

472,481,482,507 （12）555

麦科马克,约翰 （6）55 （7）27,
44,47 （8）288 （12）626

麦克阿瑟（麦克阿瑟将军的侄子）
（10）230

麦克阿瑟,道格拉斯 （5）50,242,
514,547 （6）5,59,60,63,67,
111,132,139,162,287,348,358,
388,429,430,454,480,484,489,
520,546 （7）459,511,514-516,
518,519,525,635,653,659,660,
697,699,700,702-704,708,716
（8）4,8,11,14,15,17,19,24,26,
28,37,42,44,45,63,64,67,73,
75-78,88-90,92-96,108,114-
116,119,120,123,124,148,151,
153-155,160,161,189,191,192,
202-205,207-209,215,223,252,
255,266,285,286,314,318,320,
322,323,328-332,336-338,340,
342,344,347,347,368,374,379,
380,387,391,397,408,409,419,
420,431,501 （9）3,4,8,12,14,
16,21-23,32,38,42,44,46,5475,
94,103,304,336,365,423,455,
437,481,492,619 （10）12,60,
206,230,381,439,440 （11）260,
266,285,298,302,306-311,359,
362,367,369,370,452,481,482,
515 （12）380

麦克阿瑟第二,道格拉斯 （11）266,
359,362,367,369,370,515 （12）

219,322,574,575

麦克德莫特,迈克尔 （6）516,520,547 （7）514,564 （8）263,271,375

麦克杜格尔（教授,共产主义者）（5）72

麦克法兰（参议员）（8）288

麦克拉肯（毛案文件监管人）（8）522,523

麦克莱恩（美海军少校,第六军区司令）（10）453

麦克莱恩,雷蒙德 （7）461

麦克莱伦（美参议员）（9）500 （10）115 （12）608

麦克劳恩（美将军,援助国民党整编军队）（5）606

麦克雷（美海军上校）（6）14

麦克雷,纳尔逊·格伦 （1）35,36

麦克洛伊,约翰 （6）242—244,394 （12）47

麦克马洪（参议员）（8）388,600 （9）432,435,456,458,461 （10）425

麦克米伦（英外交大臣）（12）278,284,296

麦克纳特（美驻菲大使）（6）45

麦克奈尔（国际法院院长）（13）43

麦克奈尔（美国防部官员）（7）452 （8）373

麦克奈尔（美将军,驻迈阿密）（5）237

麦克尼尔,赫克托 （7）255,423,432,436 （9）545

麦克尼尔,威尔弗雷德 （11）127,129,130,163,358,456,458,492,493,497,528 （12）252,404

麦克诺顿（加将军,驻联合国代表）（7）383

麦克唐戈尔,威廉 （6）495

麦克唐纳（美将军） （8）303 （9）600

麦克唐纳（美驻台总领事） （7）464,467

麦克唐纳（英《泰晤士报》主编）（7）644

麦克唐纳（英殖民大臣） （3）447

麦克唐纳,拉姆齐 （2）192,193,195,202,203,206,577

麦克唐纳,马尔科姆 （2）568,573,574,583,584,601,631—637,639

麦克唐纳,小（拉姆齐·麦克唐纳之子） （2）193

麦克维伊（美特文宁将军副官）（11）128

麦克沃伊（《读者文摘》编辑） （11）70,71

麦里纳,西奥多 （2）105,201,242

麦钱特,利文斯顿 （7）501,502,614,615,629,630,634,648 （8）13—17,25,133,213,349—352,365,372 （9）9,20—22,60,79,80,139,145,147,149,428

曼德 （1）416 （2）152

曼斯菲尔德,哈罗德 （10）483

曼斯菲尔德,迈克尔　(7)163,327,
　335,336　(9)374　(10)255,258
　(11)102,257,272,273,420　(12)
　30,37,38,271,621

芒迪(美陆军中将)　(10)437

芒罗,莱斯利·诺克斯　(12)81,97,
　107,133,134,712

毛邦初　(5)127,130,139,368,387,
　460,531　(6)5,275,286,342,
　345,347,377,386,436,465,472,
　476,478,493,505,506,509,555,
　558　(7)8,40,52,188,200,203,
　205,206,474,499,556,563,581,
　673,688,697,700,712,716　(8)
　91,215,217,403-411,413,415-
　437,439-445,447-451,453-459,
　461-463,465-467,469-475,477,
　479,481-487,489-495,497-501,
　503,505,507,509,511,513,515-
　517,519-531,533,535,537,539-
　541,543,545,547,549-553,555-
　565,567-575,577-585,587-591,
　593,595,597-599　(9)33,162,
　221,228,234,244,258,280,325,
　326,344,345,428,432,433,438,
　439,441,450,457,473,477,489,
　490,505-507,528,536,540,541,
　566,597　(10)87,325,345,447
　(11)131,143,476,477　(12)237,
　514,527,541,659,689

毛景彪　(12)473,552,561

毛里西奥,纳乌科　(8)358

毛泽东　(5)565-567,625　(6)55,
60,274,276,551　(7)7,25,428,
531-534,545-547,577　(8)59,
148,149,152,216,362　(9)363,
484　(10)43,97,139,248,259,
323,509,528,529　(11)31,297,
302,317　(12)5,9,10,52,79,
353,697

梅班克(美参议员)　(8)284

梅尔茨,查尔斯　(9)470

梅尔维尔,沃德　(6)538

梅金(澳驻美大使)　(5)600,602
(6)96,194,201,460,462　(8)274

梅金,罗杰(英驻美大使)　(9)387
(10)362　(11)67

梅津美治郎　(2)292,387

梅拉斯,乔治　(12)223

梅兰芳　(1)126

梅乐和　(1)296　(5)152,227,240

梅乐斯　(9)554　(10)248,352,386

梅里霭　(5)631　(7)101

梅里尔,弗兰克　(10)505-507

梅南,居伊　(3)430,432-435

梅农,克里希纳　(3)146　(5)21,
23,634　(9)422　(10)188
(11)47,292-294　(12)232,251,
295-309,313,317,318,320,328,
361,420,466,476,517,524,621,
622,630

梅诺,罗伯特　(10)493

梅塞尔斯,维克托　(7)172

梅塞史密斯,乔治　(7)559

梅斯塔夫人,珀尔 (7)112 (11)
140,141 (12)290

梅塔(印驻美大使) (9)412

梅塔克萨斯(希腊驻法公使) (4)
245－247

梅西耶(比利时枢机主教) (7)412

梅耶(法总理) (10)117,155

梅贻琦 (1)345,346 (5)134,142
(6)55 (7)566 (8)252,551
(10)480 (11)121,472

门罗,詹姆斯 (6)97 (7)48
(11)362,364

门罗,詹姆斯 (6)97 (7)48
(11)362,364

蒙巴顿,路易斯 (5)340－348,350,
329,331,339,341,344,347,393,
442,513,514

蒙巴顿夫人 (5)16,323,348,350,
356,329,331,339,442

蒙哥马利,鲁思 (8)275

蒙哥马利,亚历山大 (5)295 (6)
27 (10)96－98,115,225

蒙克(丹麦外长) (2)583,612,
617,619

蒙克,约翰 (4)546,547 (5)678

蒙齐奥(梵蒂冈驻法使节) (2)35

蒙塔塞尔(利比亚驻美大使)
(12)640

蒙特(美参议员) (7)25,540
(10)45,73 (12)528

蒙特罗斯,安东尼奥·德洛斯 (8)
588,589

蒙特斯(拉脱维亚外长) (2)440,
466,468,469 (3)43,100,101,
105,182,190,314

孟戴尔,乔治 (3)84－90,108,109,
113,116,130－135,212－217,220－
223,226－235,257－261,283,297,
322,360,397,402,405－413,417,
424,446－449,487－489 (4)17－
20,33,39,48,50,51,53,67,83－
87,94－96,100－103,109,158－
161,165,172,204－212,223,228－
230,237,256,277－281,310
(5)14

孟戴斯-弗朗斯,皮埃尔 (9)387
(11)75,79－81,83,95,103,306,
344,345,418 (12)184

孟席斯,罗伯特·戈登 (7)715
(12)232,234,235

孟治 (7)50 (8)376－378,552

米迪,弗朗西斯 (5)610,674

米尔(美国务院礼宾司司长) (6)
517 (7)556 (10)369

米尔福德,黑文 (5)339

米高扬,阿纳斯塔·伊凡诺维奇
(5)61

米克尔,约翰(美经合署人员) (7)
531,616

米勒(美国务院官员) (8)335,336

米勒,彼得 (7)469,645

米勒,米尔顿 (10)269

米勒夫人,霍普·赖丁 (9)520

米勒兰,亚历山大 (3)142

米利金(博士) (5)255

米利金,尤金 (6)257 (10)72,
100,101 (12)626

米内光政 (4)315

米尼,乔治 (8)472 (11)78

米切尔(美部长) (12)287

米切纳,詹姆斯 (12)411

免田(日海军将军) (13)46,47

苗培成 (5)617

缪斌 (9)435

缪培荃 (9)421 (10)116

缪云台 (5)135,142,345 (6)262
(7)356,357

摩根,阿瑟 (5)426

摩根索,亨利(小) (1)376 (2)4
(3)138-141,154,155,248,253,
257,296,324,480,481,483,484
(4)184,236 (5)92,273,337,
376,394,411 (6)119,171,533
(7)61,560,561 (8)300,548

摩萨台,穆罕默德 (8)335 (10)
106,110,170,172,292

莫德尔斯基(安理会波兰代表)
(5)600

莫德惠 (1)387,389 (2)69 (5)
95,96,195,230,231,667 (6)388
(7)120,149 (11)227,243,251
(12)659

莫尔根斯泰因(挪威驻美大使)
(5)494 (7)244,248,249,470
(10)100,314 (11)502 (12)15

莫尔斯(博士)(国际事务学会)

(8)324,325

莫尔斯(海事委员会官员) (7)
607,608,614

莫尔斯,韦恩 (8)388,389,452,600
(9)432-435,478,490,505-508
(10)227,349,354,393 (11)91
(12)101,180,185,197,198,243

莫克,范(荷东印度群岛副总督)
(5)56

莫拉(乌拉圭大使) (12)131,356-
358,497

莫勒,埃德加 (3)138,483 (6)
566 (7)35,37,92,277,278,408,
506 (8)23 (10)90,224,248
(12)466

莫勒夫人,埃德加 (6)418

莫雷利(意大利国际法院法官竞选
人) (13)14,15

莫里尔,切斯特 (8)378 (11)
474,475

莫里森,赫伯特 (5)70,74,288,333
(8)332 (9)109,110,124,144,
145,171,257 (11)93

莫里森,克林顿 (10)211

莫里斯(法官) (8)540,545

莫里斯科(荷驻国联代表) (2)453

莫理循 (1)119,386

莫利,雷蒙德 (6)235 (8)
318,319

莫洛托夫,维亚切斯拉夫·米哈伊洛
维奇 (3)342 (4)66,118,121,
122,127,254,282,429,438,445-

447,456,515,518 （5）376,471,
480－486,488,491,495,525,526,
528－530,534,535,538,540－543,
545－557,560－563,568,570,678
（6）7－9,32,44,70－75,77－80,
101,109,195,207,445,446 （7）
305,306,421,520 （8）147,362
（10）82,101,325,326,329,342
（11）9,14,21,48,49,61 （12）
131,177,179,184,284,299,310,
388,394,406,408,412,427,481,
484,634 （13）19

莫洛亚,安德烈 （5）428

莫姆(爵士,法学家) （5）593

莫内,让 （2）273,283,422 （3）
255 （4）106,213,244,252 （6）
46,235

莫内维尔(法殖民部副国务部部长
（3）42

莫斯汉(军火经纪人) （2）487

莫斯科索(厄瓜多尔驻美参赞)
（7）635

莫塔(国联行政院意代表) （3）105

莫泰,居斯塔夫 （2）506 （3）376
（4）546

莫泰,马里于斯 （2）34,306,337－
340,342,410,487,490,498,504,
506,510,516,521,600 （3）24,
36,37,42,63,65－67,84,109,116,
144,145,230,261,347,414 （4）
33,51,223,352,353 （5）14,631

莫特里科（西班牙女伯爵）

（12）413

莫希齐茨基,伊格纳齐 （4）4

莫耶,雷蒙德 （7）661 （8）279
（9）470,494,513,514 （10）9,44,
211,414 （11）138,142,346,447,
458,478 （12）11,202,216,398,
403,520,521,542－544

莫耶,罗伯特 （9）426,427 （10）
437,445,446

莫因(英驻近东副国务大臣)
（5）81

莫泽(美律师) （8）518－520

莫泽留斯基(联合国筹委会波兰代
表) （5）583

墨菲(英蒙巴顿秘书) （5）340

墨菲,罗伯特 （4）33,51,223,352,
353,546 （5）55,340 （8）387
（9）292 （10）276－283 （11）
271,450,459－461 （12）164,166,
168,229,534,377,686－688

墨索里尼,本尼托 （1）122 （2）3,
131,287,301,312,314,315,318,
320,323,465,530,533,555,570,
600,601,613,640 （3）7,8,28,
34,40,64,65,79,81,82,98,159,
185,200,203,210,212,271－275,
277,281,282,284,286,293,350,
351,358,381,382,391,398,400,
401,410,426 （4）76,90,198,
235,236,246－248,257,283,542
（5）28,167,241,329,338,342,343
（6）25,431 （7）393 （8）11

默布斯(医生)　(5)257,259

默里(参议员)　(7)135

默里,菲利普　(7)320　(9)577

默里,吉尔伯特　(5)72

默思,乔治·辛克莱　(5)69,353

默温,戴维斯　(11)120

木村四郎七　(9)242,272－274,
　276,279

牧野伸显　(1)175　(2)406,414
　(7)259

穆德,约翰　(1)168

穆迪(美军事顾问团顾问)　(6)324
　(7)200

穆迪夫人(得克萨斯名人)　(7)686

穆尔,戈登　(11)456

穆尔,莫里斯　(6)317,318,320－
　322　(7)72

穆尔,约翰·巴西特　(1)31－33,
　65,66,68－72,378　(5)251,311,
　593　(6)371　(8)403　(11)207
　(12)11　(13)20

穆尔夫人,戈登　(10)68　(11)456

穆尔夫人,莫里斯　(8)376,377

穆尼奥斯,鲁道尔夫　(7)640

穆尼斯,若奥·卡洛斯　(10)304

N

那赫喇　(2)236,237,242

那齐亚　(2)302,303,342,349,386,
　415,417,418,510,523　(3)71,
　85,122,232,316,342,414　(4)

76,240　(5)492　(6)407,408
　(7)44

纳尔逊(美战时生产局)　(5)395,
　398,404,405,440　(6)506,542

纳尔逊,霍雷肖　(3)75

纳吉布,穆罕默德　(10)114,157,
　170－173

纳赛尔,加麦尔·阿卜杜勒　(11)
　293　(12)353,408,416

纳森,约翰　(7)500,503,504,528,
　531,616,649,650,661,669
　(8)396

纳什,佛兰克　(10)141,247,
　250,251

纳逊(英上院议员)　(5)71,514

纳伊姆,佐赫拉　(7)104

奈(美参议员)　(2)530

奈尔里曼(埃及国王未婚妻)
　(8)284

南日　(10)174　(11)61

瑙玛希拉(电影明星)　(5)251

内尔沃·波迪利亚　(5)357,586,
　587,593　(6)41　(8)573,584,
　595　(10)82

内斯(美金融和发展政策办公室主
　任)　(6)143－145,269

内田康哉　(1)395,412　(2)11,
　187,247,406,626,657,661

尼蒂,弗朗切斯科·萨韦里奥　(2)
　549　(3)261

尼尔森(美法官)　(8)337

尼格林,胡安　(2)440,446,452,454

尼赫鲁,贾瓦哈拉尔 （3）146 （5）
20,21,23,24,88,110,128,145,
152,271,272,274,634,674 （6）
32,196,382,427 （7）195,264,
265,274,278,279,296,300-303,
305-308,340,402,406-408,414-
416,430,435,439,456,658,675,
715 （8）47-49,61,62,120,183,
188,267,315,316,333,396,603
（9）4,196,238,340,350,351,502,
545 （10）117,156,157,171-173,
298,326 （11）40,47,51,58,68,
104,105,260 （12）6,79,151,
232,251,295,296,299,301,312,
313,320,324,328,329,353,361,
406,420,582,620-623,627-634,
646,649,682,685

尼科尔森（美财政部驻中国代表）
（3）140

尼科斯·卡尔 （7）712,713,716
（8）95,122,123,213 （9）526

尼克松（英牧师） （5）413

尼克松,理查德·米尔豪斯 （7）25
（9）526,576,579 （10）3,5,48,
64,72,73,100,117,121,219,256,
267,295,300-302,358,362,377,
384,385,424,425,431,432,434,
436,438,439,448,449,489,526
（11）23,45,46,98-101,173,175,
176,178,179,200,201,343,421,
489 （12）26,30,81,94,130,233,
240,286,356,486,203,674,680,

681,717

尼米兹,切斯特·威廉 （6）8,63
（8）455,508

倪米亚（英格兰银行金融专家）
（5）144

倪宜祥 （10）188,189,203,204,347

倪源卿 （6）517,519,520,544
（7）675 （8）164 （9）220,221,
297,504,526 （10）318,468,473,
477,478 （11）149 （12）538

聂荣臻 （7）412

牛拉特,康斯坦丁·弗赖赫尔·冯
（冯2）86,107,544,569,570

纽伯格,理查德 （11）358

纽厄尔,伊萨克 （7）709

纽曼（美空军上尉） （5）76-80

纽瑟姆（美公共关系问题专家）
（8）493

钮逎生 （10）468-471 （11）37,44

钮永建 （5）616,617 （10）450,472

侬金乃 （9）385-387,406

努,让·德 （8）153 （9）559

努甲拉（暹罗驻法大使） （4）92,
95-97

诺埃,詹姆斯 （10）253

诺埃尔-贝克 （1）153 （2）151,
382,439 （4）126 （5）6,52,73,
570,577,580,581,583,585,587-
592,595,597,600,609,676

诺德林格（美律师） （8）477

诺顿（库克学院校长） （1）24

诺克斯,菲兰德·蔡斯 （1）58

诺兰,老威廉 (10)100

诺兰,威廉 （7）76,77,171,172,
183,195,197－202,213,310,313－
315,317,319,333,339,342,343,
372,431,432,450,451,512－514,
522－525,527,528,530,535,539,
540,644,645,660,664－668,670,
701 （8）92,166,246,248,249,
253－255,258,288,365,366,404－
407,412,413,416,418,424－426,
429,431,433,438,441,442,444,
447,448,453,456,463,588,602,
604 （9）221,223,228,235,236,
265,268,280,283,440,442,498,
520,602,606 （10）15,18,25,29,
43,46,72,73,81,87,95,100,114,
115,117,123－126,140,179,203,
249,255,296,349,394,407,431,
439,451,527 （11）8,9,34,40,
44,34,35,91,93,94,96－98,101,
102,143,159－161,185,199,276,
347,357,420,430－432,455,458
（12）10,11,31,81,151,153,154,
185,193,201,243,245,246,269,
270,286,315,347,373,424,460,
534,623－627,679－682

诺里斯(美上校) （9）475

诺曼（加拿大驻联合国代表）
（9）182

诺伊斯(联合国大会美代表) （7）
646,647

O

欧伯(国联挪威代表) （2）582,583

欧文(联大英代表) （5）595

欧文(美礼宾官) （9）483

P

帕滴(泰国大使) （13）45,52,57

帕杜(滇越铁路经理) （4）459,462

帕尔默夫人,米切尔 （7）112

帕克(美经合署人员) （7）115

帕克(美空军中校) （5）78,79

帕兰德特（荷兰驻葡萄牙代办）
（4）540

帕里尔曼,塞缪尔 （10）416

帕留斯基（法财政部办公室主任）
（3）495

帕梅拉(葡萄牙大使) （5）569

帕斯,伊波利托 （9）500

帕斯沃尔斯基,利奥 （5）382,385,
386,392,481,522,598,599,601,
604,607,608 （6）104 （8）140,
141,269 （10）90 （12）580

帕泰诺特尔,雷蒙 （3）96,98,144

帕特里奇,厄尔 （10）372

帕特里奇,理查德 （9）552

帕特森（纽约市政府公共关系专员）
（7）254

帕特森,理查德 （6）58,131
（8）56

帕廷(荷兰外长) (2)545

派尔脱(李顿调查团人员) (2)56

潘朝英 (7)338,342,358,359,368-370,395,396,417,418,487,592 (8)453 (9)434

潘迪特夫人,维贾雅·拉克希米 (6)32,195-198,200-202,427 (7)275,277-281,284,286,287,290,295,296,300-304,306,417,658 (8)121,323 (9)84 (10)276,278,281,282,284,285 (11)106,292,294 (12)582

潘复 (1)280-282,284-286

潘公展 (8)54

潘尼迦 (8)186

潘文华 (5)126

潘兴 (5)186 (6)67

潘友新 (5)89,183,185 (6)403,413,548 (7)246,587 (9)295

庞德,达德利 (5)331

庞德,罗斯科 (7)183,327,333,335 (8)455,463,464,470-472,476,481,482,507

培根,罗伯特 (6)258

培根夫人,鲁思 (10)358 (12)387,388,430,432,433

裴斐 (6)55-57,539

裴克,威利斯 (5)391

佩蒂纳克斯,安德烈·热罗 (3)149

佩顿(美驻加尔各答领事) (5)231

佩恩,汉娜 (11)65

佩恩,威廉 (11)65 (12)271

佩尔,赫伯特 (4)393-396, (5)370 (8)216

佩尔特,艾德里安 (11)85

佩奇,厄尔 (5)56

佩奇,诺曼 (7)494,656,670,676,686 (8)271,279,297 (9)504,572,603 (10)140,250,352,468,477,478,482,498 (12)562

佩什科夫 (5)535

佩斯,弗兰克 (9)335,520,533-535,548

彭德怀 (10)174,179

彭菲尔德,詹姆斯 (6)112,114,152,173,174,188,189,255

彭孟缉 (7)504 (11)257,285,496,497 (12)52,526

彭学沛 (6)492,509

蓬巴洛(侯爵,科英布拉大学校长) (4)539

皮埃特里,弗朗索瓦 (3)75-78

皮杜尔,乔治 (5)483,490,535,541,545,551-553,600,604,605 (6)72,75,94,342 (7)417,692,693,699 (10)155,341,342 (11)28,48,49,70 (13)21

皮尔(上校,孟加拉省督军事秘书) (5)83

皮尔尼(魏德迈在华时部下军需官) (6)283,285 (7)98

皮尔皮奇(国际法院书记官) (13)23

皮尔斯(美经合署人员) (6)542

皮尔逊(进出口银行董事长) (4)3

皮尔逊,德鲁 (6)554,555 (7)
49,53,56,181,656,677,692 (8)
168,441,446,452,459,479,480,
498,499,586 (9)432,434,462,
471-473,496,505,506 (10)323,
457 (12)190,

皮尔逊,莱斯特 (7)413,632 (8)
169,174,177,180,181 (9)406,
424 (10)147,155,284,294,292,
302,308 (11)52,53 (12)92,
242,247,250,296,632

皮卡得(联大加拿大代表) (5)590

皮科(法驻华参赞) (3)472

皮罗(美国务院驻纽约代表) (7)
484-487

皮纳蒂(意驻法大使) (2)129

皮尼翁(法驻印度支那高级专员)
(8)276,619 (9)317

皮斯利,阿莫斯 (10)258 (12)
634-640

皮特尔(麦考益将军私人助理)
(2)16

皮特曼(美参议员) (3)307,419
(4)131

皮休,皮埃尔 (5)55

皮耶蒙(意大利亲王) (4)542

皮宗敢 (5)122,143,171 (6)
154,231,345,347,363,514,518,
550,551,558 (7)8,40,93,102,
132,133,154,156,165,176,183,
197,198,200,202,204-207,216,

219,235,236,319,320,441,448,
468,469,479,480,489,490,492,
494,499,500,504,509,510,514,
515,525,528,529,544,556,563,
564,567,571,584,654,660,669,
690,696 (8)18,22,24,29,52,
69,91,171,207-209,225,231,
234,235,237,238,253,284,286,
287,289,292,317,319,320,405,
408,415-421,423-426,428,429,
431,432,435,436,449,470,488,
492,499,510,511,516,521,535,
557,563 (9)312,326,335,443,
475,489,499,505-508,532,535,
552,553 (11)142,220 (12)
473,561

片山哲 (9)620

平珀(美海事委员会官员) (7)
607-609

平肖,吉福德 (8)297,298

平沼骐一郎 (3)303

珀金斯,理查德 (10)479

珀金斯,特罗伊 (8)102,106,293,
360-362,402,466,221,223 (9)
191,13,196,197,209,213,222,
246,318-321,323-325,328,411,
412,426,438,517,518,534

珀维斯,约翰·肯尼迪 (5)349,435

蒲立德 (1)376 (2)306,334,
347,367,368,374,381,391-393,
396,408,424-426,439,447,490-
492,518-520,533,535,536,538,

543,673,674 （3）58－61,125,
138－142,154－156,210,211,223,
248,296,320－325,332,336,340－
346,394－398,450,468－471,479－
484,489 （4）3,4,10－14,52－55,
57,106,109,136,146－149,181,
184,191,194,195,202,203,207,
208,224,230－232,235－237,255－
257,260,272,453 （5）39,265,
273,508 （6）58,59,83,93－96,
125,131,139,234－236,246－248,
254,275,276,284－288,296,304,
306,314,327－332,344,345,359,
369,374,375,414,415,454－456,
461,462,471,522 （7）14,24,36,
108,148,360,412,491,542,543,
556,562,563,565,671 （8）9,43,
166,206,218,225,279 （9）340,
465,466,469,615 （10）45,91,
95－97,100,190,203,207,208,
225－228,372,448,470,485,486
（11）111,172,185 （12）45,559

蒲纳德 （2）565

蒲士培,罗伯特 （3）191,378
（5）193

浦寿昌 （12）353

浦薛凤 （5）370,400

普拉东 （4）350,391,395,397－400,
412,413,415,417,418,472－477

普拉萨·拉索,加洛 （8）346

普拉特(商纳助手) （1）119

普拉特(美将军) （10）115

普赖德(美海军上将) （11）211
（12）84,85,121,168,215,220,
249,554,558,560

普赖尔,塞缪尔 （7）671－673

普赖斯,哈里 （6）259 （7）66,
67,72

普兰唐,伊冯娜 （3）143

普雷斯布雷,奥利弗 （9）521
（10）252

普里福伊,约翰 （6）357 （7）
121,171

普利茅斯(英外交次官) （3）267

普利文,勒内 （8）259,275,277,
279,280

普罗伊斯(战争罪行委员会美代表)
（5）370

溥伦 （1）57

溥仪 （1）57,80,120,261,410
（2）68 （7）594 （8）121

Q

齐默恩(牛津大学教授) （5）40,72

齐默尔曼(教授,邱吉尔科学顾问)
（5）511

齐燮元 （1）324

齐亚诺 （2）314,315,465,499,582,
604,640 （3）7,79,81,273,293,
347,350－358,389,396,411,454
（4）88,90,194－196,205,240,241,
542 （5）241,342

齐亚诺夫人 （2）315

恰基(匈牙利外交大臣) (4)479

钱昌照 (5)485,526,528,657

钱昌祚 (5)308

钱大钧 (2)343 (5)455 (6)161,184,185 (7)192 (8)428

钱德勒(美参议员) (5)308

钱端升 (5)109,319,334

钱家骐(其) (13)52

钱立 (6)362,509

钱临三 (10)426

钱赛勒(爵士,英法学家) (5)593

钱思亮 (8)252 (10)480

钱泰 (2)112,113,212,449,471,529,542,543,634,639,642 (3)16,35,42,166,191,315 (4)66,117－119,121,133,148,227,522,523 (5)110,146,164,168,173－175,179,180,183,188,204,205,226,640,677 (6)543 (7)593,594 (8)180,181 (9)360,463,465 (10)132,455,457,458 (11)168 (13)16

钱天鹤 (5)121

钱英英 (13)53

钱永铭 (2)6 (7)85,606,613,614,617 (9)446

乔丹,威廉·约瑟夫 (2)471 (3)48,101,103,167,175,314 (5)45,56,357

乔登,菲利普 (5)64

乔伊,特纳 (8)353 (9)305,373 (10)163,180

乔伊特(英上院议长) (5)562 (8)332 (9)65,84

乔治(法将军) (4)260

乔治(美参议员) (10)71,72 (11)420 (12)31,37,38,42－44,68,80,106,107,153,154,178－180,185,197,198,201,207,243,251,257,258,264,269,270,297,329,337,339,340,346－348,395,396,400,402,405,422,706

乔治,托马斯 (7)337

乔治-皮科 (4)51,77

乔治六世 (2)356,473 (3)142,143 (5)115,170,174,186,218,227,255,260,276,287－290,330,419,542,569,591 (9)358 (10)9

乔治五世 (1)101,205

桥川(同盟社记者) (5)452

切特维克(英霍尔本商会负责人) (5)356

切特伍德,菲利浦 (5)360,426,427

秦邦宪 (5)628

琼斯(宋子文的美国友人) (5)512

琼斯,霍华德 (9)397,458,459,560 (10)148,414 (11)116,123

琼斯夫人,惠廷甘 (5)512

丘艾布,穆罕默德 (7)293

丘奇,玛格丽特 (7)22 (8)353 (10)72

丘特尔,雷金纳德 (9)443 (10)450

邱昌渭　(7)47,94,149,226,369
　(12)425,545,551,573
邱吉尔,伦道夫　(5)605　(7)242
邱吉尔,温斯顿·斯潘塞　(1)351
　(3)88,143　(4)90,118,133,250,
　265,273,280,294,297,299,306,
　311,427,490,515,521,529,544,
　546　(5)9,16,17,20,21,25-29,
　33,34,36,39,40,43,44,46-48,
　52-55,57,60-62,64-67,71,75,
　79,80,88,90,91,98,103,105,
　115,119,137,144,181,182,192,
　195-197,212,213,215,216,223,
　238,239,243,244,247,263,265,
　277-295,299,301,314-316,319,
　325,326,329,330,335-337,339,
　341,344-346,351,374,380,399,
　414,416,424,433,436,448,458,
　459,465,470,479,500,502-504,
　506,510-513,524,530,532,533,
　537,539-541,560,564,568,569,
　622,677　(6)15,95,427,454
　(7)222,239,242,266,410,430,
　458,520,705,710　(8)199,201,
　225,226,333,460　(9)241,247,
　248,250-253,257-262,339,346-
　354,421,614,690　(10)30,70,
　78,98,112-115,117,129,132,
　136,139,155,156,168,169,172-
　174,250,290,291,293,314,341,
　386,421,516,522　(11)30,47,
　67,76,83-87,95,102,105,108

　(12)47,130,196,222,224,235,
　268,278,628
邱清泉　(6)514　(7)13,577
屈赛(电影明星)　(5)251
瞿常　(7)567
瞿季冈(祖辉)　(7)602
犬养健　(9)248,249,258,262
犬养毅　(2)10,625　(9)248

R

让蒂尔(法驻葡公使)　(4)541
让纳内,朱尔　(13)21
饶伯森　(5)633,657,660,663
　(7)327,333,335　(8)594　(10)
　85,86,102,103,112,134-137,
　151,164-168,175,179-182,185,
　212-214,228-230,236,247,248,
　250,257-259,261,263-265,272,
　298,299,301,303,305-308,316-
　318,323,340-343,349-351,372-
　377,380,384,385,387,424,426,
　430,438-441,452,453,461,462,
　464,495,496,527　(11)5,14,19-
　23,34,35,38-40,50,111,164,
　175,179-182,188,200,204,262-
　266,269,275,313,314,316-320,
　322-326,329-333,335-341,345,
　346,349,352-354,356,358-371,
　374-386,389-394,397,398,400-
　406,408-420,422-429,434,436-
　440,442,446-448,459,460,473,

474,482,483,486,492,503,505,
511,539,540,562,564 （12）4,6,
14－20,22,23,25,27,29,30,
35－41,48,63,65,68,70－73,76－
90,94,95,103－109,111,112,114－
117,119－123,128－130,134－145,
147,148,156,158－164,166－168,
171－174,176,178,186,190－193,
199,202－204,218,219,227,228,
232－237,248,255－257,261,262,
264－268,270,271,275－282,289,
297,313,314,318－321,323－327,
331,338－345,349,350,360,362,
364－369,373,387－392,395,396,
401－404,406,409,410,414－423,
430－435,437,438,450－458,460,
464,466,473,479－481,488－496,
512,515－519,521－525,529,541,
546,547,564,566－574,576,579,
581－583,594,595,600－607,614,
617－623,631－634,650,653,668,
675－677,679,682－684,688,693,
702－704,707,712,716－719
（13）13

饶汉祥 （1）238,242

热朗（法情报机关负责人）（4）393

任可澄 （1）280－282

任玲逊 （7）674 （8）388,389
（9）614 （12）174,293,295

任嗣达 （6）171,247 （7）609,611

任显群太太 （9）538

日置益 （1）116,372

荣赫鹏 （5）198,199

荣鸿三 （7）363

荣书庭 （10）349,360 （11）228

容闳 （11）148,149

容揆 （1）154

阮崑利 （9）564

芮恩施（美公使）（1）73,104,116,
123,128,145 （8）358

芮娜,路易丝 （5）251

瑞安,克伦德宁 （10）252

S

萨顿（美将军,史迪威部下）
（8）107

萨尔茨曼（美助理国务卿）（6）
208,209,405,406

萨福均 （7）116

萨金特,奥姆比 （5）46,47

萨拉查,安东尼奥·德奥利维拉
（4）292,293,296,297,306,535,
539 （7）542 （12）286

萨拉科格卢（土耳其外长）（6）
445,446

萨莱赫,阿拉尔－伊阿尔 （10）
105－111

萨伦格罗,罗贝尔 （2）333

萨罗,阿尔贝 （1）211,212,333
（2）264,326,537,538 （3）37
（4）489 （9）322

萨默菲尔德,阿瑟 （10）69,70,294,
295,389,404,489 （11）23 （12）

206,340

萨默维尔(美将军) (5)392,393

萨姆纳(美外交人员) (12)468

萨皮尔(联合国土耳其代表) (8)179

塞尔兹尼克(洛杉矶接待宋美龄委员会成员) (5)255

塞克斯(英知名人士) (5)353

塞拉西,海尔 (11)71 (12)477

塞勒(美众议员) (7)312

塞利格曼,埃德温 (1)31,71 (9)459

塞利特,诺马尔 (11)23

塞缪尔,赫伯特·路易斯 (1)121 (5)325

塞奇(莫耶的私人助理) (12)542

塞维利亚-萨卡蓬,唐·吉列尔莫 (11)77

塞西尔,罗伯特(勋爵) (1)153 (2)139-141,174,175 (3)53,54 (5)5,6

赛尔,弗朗西斯 (7)107,108,255,256,267

赛明顿,斯图尔特 (6)286,377,436-439,465,476 (7)131 (8)314 (12)287,681

赛西普,阿尔维诺 (10)438-440

赛珍珠 (5)350 (6)404

桑德勒(瑞典外长) (2)364,466,467 (3)101,103,179,180

桑理诺(意外长) (1)175

桑派奥(葡萄牙外交部秘书长)
(4)299-303

桑切斯,古斯曼 (9)297,374-376,411

桑兹,邓肯 (5)79-81,351,568,605

瑟蒙德(亚拉巴马州州长) (7)245

森(印驻美公使) (7)285,300,658

沙班达尔,穆萨 (10)326,448 (11)24

沙夫茨伯里勋爵 (6)295

沙赫特,亚尔马 (2)544

沙拉信,朴 (9)373,391 (10)275,320 (11)39,76,84,90 (12)5,6

沙利文,约翰 (6)8

沙利文,约瑟夫 (8)489,503-505,507 (9)433

沙斯特罗阿米佐约,阿里 (7)634

沙逊,维克托 (5)111

山崎(山座圆次郎) (2)412

杉村阳太郎 (2)405-407,411-414 (3)57,98,99,143

杉山元(陆相) (3)92

商震 (2)293 (5)96,141,237,366,370,371,385,392,395-397,402,531,606,607 (7)39

上村(驻华使馆一秘) (2)167

上村信一 (9)414,583 (10)96

尚布尔,居伊拉 (3)146,147,156,242,479

邵力子 (2)343 (4)426,447 (5)110,120,142,442,443,623,630,655 (6)539 (11)218

邵挺　(7)434,435

邵毓麟　(10)364,368,369,371,387,388　(11)34,244

邵元冲　(5)123

舍尔,赖因哈特　(3)60

舍托克(巴勒斯坦犹太人协会代表)(6)212

申克,休伯特　(9)513　(10)120,348,444　(11)142,143

申翼熙　(7)661　(8)352

沈昌焕　(5)122　(6)372　(8)165(9)220,551　(10)142,245,468,473　(11)227,296,318,322,323,351,372,400,405,537　(12)13,14,20,27,28,31,32,88,97,98,125,136,142,146,166,186,203,394,399,521,531,532,534,559,659　(13)55,56,60

沈鸿烈　(2)290　(5)122,153,154,616

沈金鉴　(1)125

沈觐鼎　(2)222

沈昆三　(6)374

沈锜　(10)359,372,379,380,385,388,389,392,406,424,486(11)515

沈仁佑　(1)258

沈瑞麟　(1)413

沈士华　(8)120,121,205　(9)463

沈熙瑞　(7)343,357,371,450,451,500,528,589,591,592,669

沈怡　(6)236

沈元鼎　(6)243

沈宗瀚　(8)204,214,280,281(11)248

沈宗濂　(10)157

沈祖同　(5)230

胜间(日海军高级官员)　(3)341

圣克鲁斯(联合国乌拉圭代表)(7)255

圣劳伦特,路易斯　(7)345　(9)398　(10)291　(12)92,449,632

圣乔治,凯瑟琳　(8)353　(10)69,72,256

圣约翰(美少校)　(9)475

盛世才　(2)223　(5)90,153,154,178,184,399,401,424,442　(6)561　(10)245

施斌　(1)172,180

施炳元　(1)21,22

施谛文　(7)101　(10)172

施厚元　(1)22

施纪元　(7)6,85-87

施里夫(美上校)　(6)21

施履本　(1)118,310,373

施米特(达纳)　(11)253,445,446

施明　(5)300,331

施奈德(即德克尔)　(8)593

施皮格尔,哈罗德　(6)395,396

施特雷斯曼(德国布吕宁政府外长)(4)304

施威策,阿瑟　(2)446

施韦伦巴赫(美劳工部长)　(6)26

施赞元　(1)21,22

施肇基　(1)16,21,22,30,67,121,
133,134,158,161,164-166,171-
175,177,179,191,192,200,204,
206-208,210,225,229,243,244,
259,265,321,397-400,404　(2)
6,14,25,60,69,72-74,112,149,
166,189,195,200,210,219,221,
239,298,299　(3)248　(4)522
(5)92,242,300,309,367,370,
394,448,471　(6)359　(7)61
(9)607　(10)67

施肇基夫人　(9)467

施肇夔　(3)166　(5)79,412,645

施肇祥　(1)16,21

十河(子爵)　(2)502

石博思　(6)269,275,337,339,343,
344,411,424,425　(7)122-124,
384,385,462,464,484,532-534,
549,550,582,635,668,679

石村(印度支那日军总司令)
(4)426

石道生　(7)310,331　(8)210
(9)464,491,522,549,588,589
(12)560,561

石井菊次郎　(1)148-151　(2)412
(4)256　(7)163

石觉　(9)532

石兆鹜　(8)489,491,499,525,540,
543,544　(9)441

时昭瀛　(8)442　(9)504　(11)
235,471

史迪威　(5)57,84,85,106,111,

112,141,180,229,261,262,266,
272,288,292,374,392-395,403,
405-407,409,410,412-414,416,
426,640　(6)86,533　(7)35
(8)107,320　(9)90　(12)649

史蒂文森(英代表团巴特勒助手)
(3)169

史蒂文森(英空军少将)　(5)83

史蒂文森,艾德莱·尤因　(5)577-
587,590-598　(9)531,556,567,
570,574,580,581　(10)36-42,
224,234,235　(11)15,299　(12)
246,247,254,577,581,658,681
(13)51

史蒂文斯(美海军上将)　(8)282

史蒂文斯,罗伯特　(10)183,215,
385,443　(11)111,346　(12)
506,581

史密斯(《洛杉机日报》)社长
(9)495

史密斯(波士顿花旗银行)　(10)479

史密斯(共和党参议员)　(11)420

史密斯(近东英军总司令)　(4)439

史密斯(美众议员)　(7)180

史密斯(赔偿问题会议美官员)
(5)657

史密斯(上校)　(7)354

史密斯,埃尔莫尔　(8)373

史密斯,保罗　(8)372-374
(9)336

史密斯,但尼斯　(8)226

史密斯,劳伦斯　(8)410,411,

414,415

史密斯,罗伯特 （5）252

史密斯,玛格丽特·蔡斯 （8）337,
353 （12）474,475,503

史密斯,门罗 （1）31

史密斯,乔治 （12）248

史密斯,斯坦利 （5）203

史密斯,沃尔特·比德尔 （7）237
（8）216,218,221,225,227-229,
231,232,282,395 （9）414,430,
581,593 （10）49-57,60,67,68,
72,126,169,184-187,189,197,
202,226,258,270,271,296,297,
357,362,369,375,387,388,409,
413,414,438 （11）35,56,80,95,
108,112,271,396,450

史密斯,亚历山大 （6）350,456
（7）525,565,659,660 （9）240,
246,247,252,265 （10）18,117,
179,249,257,258,405 （11）76,
93,94,112,135,136,139,143,
152,153,156,157,198,205,257,
272,282,285,515 （12）30,156-
158,163,193,201

史末资,简·克里斯琴 （1）153
（5）274,484,675 （6）196,198
（8）180

史塔生,哈罗德 （5）490,492-494
（6）453 （9）481 （10）43,44,
73,141,211,212,250,251,276,
348,446,447,450 （11）457,459,
478,492,497 （12）532,628-630,

634-636,640,651

史特朗,赛拉斯 （5）253

史汀生,亨利·刘易斯 （2）22,23,
61,72,73,103,105,112,173 （3）
421 （5）266,292,309,310,410,
471,472,513,651 （6）35 （7）
394,520 （8）476 （10）250
（11）87

史玉书 （7）17

舒尔曼(美驻华公使) （1）303,
304,369,370 （3）138 （8）
212,358

舒马赫(大通银行副董事长)
（7）624

舒曼(美空军上校) （9）523

舒曼,罗贝尔 （4）136 （6）414
（7）414,638,643,644,699 （8）98
（9）5,339,409,518,576,595
（10）231

舒梅生 （11）12

舒普,杜克 （10）215

舒施尼格,库特·冯 （3）64

舒史密斯,斯蒂芬 （10）206

水祥云 （7）320

司强曹(参加华盛顿会议比利时代
表) （1）212

司徒雷登 （6）5,7,34,44,48,111,
117,129,131,132,153,170,173,
176,190,191,201,235,259,260,
336,342,361,363,364,372,373,
425,472,527,551,559,563,565,
566 （7）46,47,58,62,63,81,82,

89,95,96,99,101,102,121,122,
124,125,130,131,140,160,161,
169,171,172,177,179,193 - 195,
202,214,215,218,225,228 - 236,
269,309,329 - 332,335,337,338,
372 - 374,376,413,444,454,455,
468,473,490,525,529,701 （8）
71,72,205,235,377,378,395
（9）440,465,466,470 - 473,476,
501,502,519,552,612 （10）190

司徒美堂 （7）447

司徒殷 （1）243

斯大林 （2）391,409 （3）124,125,
154,289,342,462 （4）35,80,82,
87,294,295,519,526 （5）61,128,
150,181,204,234,273,342,344,
359,374,397,399,408,436,446,
447,450,452,456,468,497 - 500,
502,509,516 - 519,521,522,524,
526,528 - 531,541 - 543,560 - 562,
564,568,668 （6）44,87,101,
205,436,438,443,445,446,457
（7）164,222,239,240,519 - 521,
531,532,545 - 547,643,710 （8）
47,121,147,326,327,345,460
（9）223,256,257,315,339,375,
623 （10）56,77 - 79,88,92,96,
169,225,294,343,509,520 （11）
9,303,348 （12）234,613

斯蒂尔曼,查尔斯 （6）317,327,
374,375

斯蒂尔曼,约翰 （9）466

斯蒂尔斯(记者) （5）122 （6）494

斯蒂芬,罗杰 （11）137,138,244

斯蒂格（法殖民部长） （3）37,
42,65

斯蒂凯尔（联合国荷兰代表）
（10）221

斯顿普（美海军上将） （11）264,
287,311,567 （12）39,55,77,92,
126, 197, 214, 215, 220, 255, 410,
515, 516, 519, 521, 556, 654,
668,707

斯弗尔札(伯爵,意驻华公使) （7）
78 （1）122 （6）25,26,414
（7）78,261 - 263

斯怀尔(太古轮船公司) （5）30

斯捷英(苏驻意大使) （3）281

斯卡利,约瑟夫 （7）216

斯科比（驻希腊英军指挥官）
（7）242

斯科特,罗伯特 （8）332,333
（9）65

斯科特,威尼弗雷德 （5）251,252

斯拉维克,尤赖 （6）77

斯莱特（美律师） （8）570,581,
589,590,597

斯马瑟斯,乔治 （11）64,66,67,140
（12）26

斯密脱（即沃尔特,比德尔·史密
斯） （11）11

斯奈德,约翰 （6）11,58,131,234,
392,393,397 - 399 （7）37,164,
165,170 （8）194,195,274 （9）

315,401,587

斯内尔(英勋爵) （5）357

斯诺,埃德加 （6）291 （10）323

斯帕茨（美第五航空队司令）
（5）236

斯帕克,保罗·亨利 （2）560,562,
564,565,567,638 （3）47,79
（5）580－583,595,597 （6）33,
200,405 （7）394,420 （10）258

斯帕克曼,约翰 （7）135 （8）324,
389 （9）240,247,252,265,466,
531 （10）15,19,28,29,45,258,
289,290,401 （11）420 （12）13,
30,44,80

斯帕尼尔,欧文 （10）444

斯潘格勒,弗雷得 （11）237

斯庞斯勒（美经合署官员） （9）426

斯佩尔曼（红衣主教） （6）42,204
（7）411 （9）484,572 （10）487
（11）23,455,457

斯佩基埃（拉脱维亚代办）
（11）413

斯彭德,珀西 （3）285,286 （4）
428 （7）715 （8）116－119 （9）
56,57,87,224 （10）259 （12）
211 （13）13,15,29,30,42,44,
45,51

斯皮罗普洛斯 （13）13,15

斯皮瓦克,劳伦斯 （7）450,455,468
（8）275 （9）184,440,599 （10）
46,47 （12）652

斯普林,西塞尔 （1）141,142,151

斯普林斯廷,小乔治 （10）409

斯普鲁恩斯,雷蒙德 （9）357
（11）71

斯塔尔（斯塔尔保险公司董事长）
（7）191,686 （8）329

斯塔尔斯豪韦尔,斯塔尔肯鲍赫
（13）47

斯塔夫（荷兰国防部长） （13）17

斯塔杰斯,约翰 （8）245,246

斯塔克（美西太平洋海军总司令）
（5）511,514

斯塔克,沃尔特 （3）74

斯塔拉切（意法西斯党总书记）
（3）350

斯泰因,鲍里斯 （2）465

斯坦,冈瑟 （5）122,156

斯坦博（美进出口银行董事）
（6）156

斯坦哈特,劳伦斯·阿 （6）411

斯坦利(英勋爵) （4）136

斯坦曼,路易丝 （6）67 （7）539
（9）556

斯坦纳,塞莱斯坦 （7）693,694

斯坦特（海军陆战队将军） （7）
174,176

斯特拉博尔吉(英上院工党领袖)
（5）564,565 （7）265

斯特赖伯特（美新闻署署长） （10）
382,404,405

斯特赖克（美国务院中文专家）
（11）443,447 （12）15

斯特朗,安娜·路易斯 （6）291,308

斯特朗, 罗伯特 (7)360 (8)9, 13,16,26,36,45,72,293 (9)22

斯特劳斯(美海军上将) (8)451

斯特劳斯(原子能委员会主席) (12)511

斯特鲁布尔, 亚瑟 (7)660,687 (8)38-40,42,44,45,52

斯滕法尼(意大利官员) (3)34

斯通(美法官) (8)497,501-504,507

斯通, 查尔斯(第三) (10)32,269, 437 (12)267

斯通, 唐纳德 (9)530

斯通, 沃尔特 (6)506

斯图尔特, 华莱士 (9)231,233

斯图尔特, 乔治 (8)379 (10)99 (12)122

斯图尔特, 乔治(美国防部官员) (10)372,410,413,415,445

斯图尔特夫人, 古斯塔夫 (12)290

斯退丁纽斯, 爱德华 (5)364,365, 368-371,376,378-380,382,385, 388,389,460-465,470,478,480-486,490,491,495,496,500-503, 509,523,546,570,571,574-577, 598-605 (6)45,46,65,66,95 (7)537,652 (12)412

斯托, 利兰 (6)308

斯托克, 威廉 (10)444

斯托特, 约翰 (8)320,433

斯威策, 阿瑟 (5)375,377 (8) 140,282 (9)337 (10)310

斯韦思林(英化学工业家) (5) 50-52

斯温顿(英西非高级专员) (5) 233-235 (11)455

斯沃普, 赫伯特 (8)478,534

斯沃普, 杰拉尔德 (8)478

松冈洋右 (2)78,79,85,168,178, 181,193,204,205 (4)315,336-339,344,352,354,463,464,485, 486,494,495,499-503,506-508, 510,524,534

松平恒雄 (2)194,412

宋蔼龄 (5)146,167,177,192,218, 219,223,226,227,276,393,411, 459 (6)503,504 (7)111,112, 254,538 (8)53 (9)535,599 (10)48

宋达 (9)532

宋教仁 (1)88,358

宋美龄 (2)343,350,599 (3) 248,466 (4)523 (5)66,68,89, 101-104,106,119,140,143,148, 151-153,156,168,177,182-184, 186,187,192,193,197,198,202-205,211,217-219,221,223,224, 226-228,232,235-262,266,268, 269,271,272,274-290,309,310, 314-317,319,325,326,329,344-346,393,394,409,411,412,416, 423,436,439,440,458,459,466, 472,503-506,606,620,632,647, 655,660,668 (6)95,136,176,

182,270,293,351,407,514－538,
543－545,551,552,557,558,566
（7）14,15,21,22,24,29,30,35,
37,51,52,63,65,66,108,110－
112,119,121,127,128,134,135,
136,148,154,162,175,176,180,
183,189,198,204－208,213,215,
220,221,278,304,310,326,327,
332,333,339,340,343,351,352,
373,374,441,449－452,454,468,
469,477,479,480,488,494,509,
519,522－525,538,571,580,592,
659,674,675,701,705　（8）19,
24,52,54,75,123,124,165,204,
263,268,279,304,306,372,379,
380,395,409,416,417,422,425,
426,428－430,444,445,465,480,
501,541,542　（9）350,437,444,
465,475,507,535,548,560,564,
565,567,570,571,572,599,612
（10）5－9,32,47－49,55,64－79,
87,142,198,199,205,209,214－
216,226,232,399,420,421,433－
435,440,486　（11）4,131,132,
145,151,155－157,210,270,271,
273,284,450－460,463,464,480,
501　（12）239,250,267,288,290,
462,517,518,658,662

宋庆龄　（5）167,325,346,445,474
（6）10－12,14,291

宋希濂　（7）576

宋哲元　（2）293－295,343,355,

386－388,391,397,427

宋子安　（5）280　（6）529,543
（10）119,356　（11）150,249

宋子良　（4）156,168　（7）37,207
（8）108,163,167,222,406　（9）
564　（10）206

宋子文　（1）351,398－401　（2）19,
26,56,58－60,81－83,114,171,
179,198,205,206,208,212,213,
221,223,225,231－233,235－237,
239－243,247,254,255,260,261,
271,273,304,315,324,341,349,
350,354,423,487,499,603,624
（3）36,61,95,122,194,211,222,
232,234,255,374,414,417,450
（4）108,253,326,333,499　（5）
18,22,41,67,76,95,98,106,110,
111,113,114,120,131,147,149,
153,158－170,172－174,176,177,
180－182,184,185,188,191,197,
202－204,207,211,216,218,227,
228,234,238－240,246,247,254,
255,257－262,266,268,271,272,
274,277－285,290－294,299,300,
302,304,305,309－311,314,316－
319,326,327,329,330,332,334－
337,339,341,360,361,365,381,
393,394,409,410,413,414,423,
430,438,442,444,447－449,452－
458,465－468,470,473,475,476,
478,480,481,484,485,495－503,
505,506,508,509,513,518,520－

323,326,354

孙碧奇 (10)81

孙秉乾 (9)310,311

孙传芳 (1)264,265,287

孙丹林 (1)232-235,237,263,264

孙继平 (7)9

孙嘉禄 (1)22,23,25,26,67

孙科 (1)351,352,404 (2)5,
324,332,335,341 (3)14,32-36,
54,63-65,94,95,124,125,129,
156,157,222,232,233,239,255,
292,377,378,418,420,461,468,
469,488,489 (4)20,32-37,52,
53,59,66,68,80,113-121,133,
134,154 (5)88,90,94,96,110,
113,117,120,149,151,177,184,
196,197,224,225,444,446,448,
531,626,628,629,670 (6)55,
96,103,162,185,322-324,514,
515,539,552,553,560-562,564
(7)3,4,6-9,28,29,40,47,61,88,
90,91,104,134,136,149-152,
227,410 (9)421,493 (10)362,
479,480 (12)658

孙立人 (6)161 (7)14,109,116,
471,472,503,504,509,510,514,
515,570,679,713 (8)213,251,
279,365,394,401 (9)434,456,
465,593 (10)226,495 (11)
211,226,257,267-269,462,463
(12)183,490,496,504,531-539,
541,542,546-548,689

孙连仲 (5)657,660,663

孙润宇 (1)267,287

孙越崎 (5)617

孙中山(逸仙) (1)20,62,67,69,
84,85,88,89,145,302,303,320,
323 (2)67,160,306,380,412,
625 (3)290 (4)130 (5)12,
20,120,122,445,558,567,620,
631 (6)103,323,324 (7)5,
150-152,258,259,305,350,469,
488,664 (8)34,87,287 (9)
355,419 (10)450 (11)147,
217,229 (12)374,540 (13)5

所罗门(美驻台北武官) (8)26

索鲍列夫(苏驻英参赞) (5)371
(12)134

索顿斯托尔(美参议员) (6)283
(7)645 (12)651

索尔,沃尔特 (6)156,169

索尔斯(美海军上将) (7)8

索尔特,阿瑟 (5)300,301
(9)401

索尔兹伯里(英1951掌玺大臣)
(9)346 (10)155

索尔兹伯里,哈里森·埃文斯
(11)303

索尔兹伯里侯爵(第四) (5)62

索科林,弗拉基米尔 (2)460

索普,威拉德 (6)145-148,150,
151,153,156,157,163-170,227,
228,232,240,242,251,254,255,
258,259,262-265,267-270,277-

282,344 （8）387

索任斯基（国际法院未到任苏籍法官）（13）24

索萨·莱昂,若阿金·德 （13）34

索耶（美商务部长）（6）386

T

塔布衣夫人,热纳维埃夫 （2）448,455,459,460,538 （3）84,244,425,471 （4）56,275

塔迪厄,安德烈 （2）103

塔尔博特,哈罗德 （10）76 （11）66,133

塔夫脱,罗伯特 （5）300 （6）234,248,276,283,285,294,303,327,350,419,453－455 （7）241,320,370,371,514,517,561,660,713 （8）162,163,165,166,244,601,602,604 （9）480,481,491,492,499,505,519－521,525,527 （10）29,30,76,117,122,267,487,488,493 （11）78 （12）46,248

塔夫脱,威廉·霍华德 （1）58 （5）652

塔基阿尼（意驻美大使） （6）38,97,405 （7）48,261 （8）297,298 （9）498

塔兰,罗伯特 （5）358,359

塔利,亨利 （8）253 （12）421,422,535

塔马约,马丁 （12）287

塔塔列斯库（罗马尼亚驻法大使）（3）277,287－289,456 （4）144

塔特（美国务院法律官员）（8）520

塔特,杰克 （12）369

台克满（英驻华外交官） （5）159,162,172,174,193

太田一郎 （9）172,226,233

泰奥多尼（意大利侯爵）（4）247

泰贝伦（土耳其驻美大使馆参赞）（6）26,97

泰伯（美众议员）（6）248,330－332 （10）71

泰丁斯,米勒德 （7）549,558,564 （8）420 （9）342,435,453 （10）425

泰莆亚（英自由党议员）（5）72,73,115,120－122,126,128－130,132－138,156,274,315,316,325,353,354,415 （7）405

泰莱基,保尔·格罗夫 （4）479

泰勒（美律师）（10）471

泰勒（医生）（5）314

泰勒,格伦 （6）332

泰勒,马克斯韦尔 （5）343 （10）9 （12）466,506

泰勒,迈伦 （3）138,479

泰勒,乔治 （6）117

泰勒,韦恩 （6）312

泰利埃,德 （3）435

泰利埃,勒（比利时驻法大使）（3）117

泰隆宝华（电影名星）（5）251

泰桑,弗朗索瓦·德 （2）419,422,
　484,485,537,538,559,560,586,
　634 （3）52

谈丹崖 （1）299

谭葆慎 （5）75,296,298,299

谭伯英 （7）606,613,614,620
　（9）529

谭伯羽 （8）235,298,311,355,356,
　368,556,557 （9）315,316,492,
　598 （10）111,184,267,346,402,
　492 （11）135,138,292,456,464
　（12）25,552

谭绍华 （2）28 （5）370,678 （6）
　3,17,19,22,53,99,134,143,145,
　163,171,173,244,252,275,287,
　316,331,334,363,400,425,432,
　492,498,503,505,509,517,521,
　538,549-551,555,562,566 （7）
　24,46,52,91,106,117,160,170,
　180,183,188,197,206,309,310,
　336,440,484,492,523,549,550,
　556,600,626,627,689,716 （8）
　7,72,87,91,92,136,137,140,
　163,178,235,240,260,261,270-
　272,275,277,293,294,311,314-
　316,319,384,391,417,452,466,
　469,470,484,488,493,499,509,
　517,519,522,525,526,541,551,
　553,559,563-565,576,585,589,
　593,594,596,597 （9）20,21,24,
　46,67,71,74,76,79,80,129,146,
　160,185,187,189,220,249,263,
　271,277,282,287,316,324,367,
　395,396,438,452,454,462,474,
　475,486,487,514,530-532,541-
　543,546,548,553-555,572,573,
　583,587,588,598,601,635 （10）
　6,9,21,47-49,64,99,112,116,
　119,120,132,206,223,230,236,
　249,250,259,267,296,347-349,
　353,357,360,372,385,386,390,
　392,394,406,426,440,467,473,
　476,478 （11）5,13,14,27,72,
　73,117,148,149,179,211,252-
　256,273,293,294,296,313,317,
　324,325,333,335,336,342,346,
　350,359,368,372,375,376,383,
　384,386,387,391,394,401,406,
　408,411,413,422,424-426,434,
　436,438,440,441,448,450,454,
　458,463,477,482,486,553,554,
　557 （12）15,16,25,27,30,71,
　100,101,130,141,159,178,193,
　218,271,297,318,320-322,329,
　331,362,368,387,388,404,433-
　435,443,474,479,502,503,511,
　531,535,538,562,614,650-
　653,701

坦克斯利,加文 （9）498,521
　（10）5,100,252

坦普尔(中华教育文化基金会董事)
　（10）479

汤恩伯 （7）6,75,85,86,371,374,
　505 （11）230

汤尔和 (1)232,238,252,263,264, 280-282,386

汤姆林森(英驻美大使馆外交官) (9)216

汤普森,多萝西 (7)48,241,242, 688 (9)304

汤普森,费利克斯 (8)305

汤普森,戈登 (5)32,360

汤普森,克拉克·华莱士 (12)202

汤普森,勒鲁瓦 (8)305

汤武(驻意代办) (5)81

汤因比 (5)40

唐宝黄 (3)53,127,165,235,416 (5)53,54,144,158,344,348, 421,423

唐才常 (1)258

唐才礼 (1)258

唐恩,哈里 (8)274,275

唐继尧 (1)92

唐骝千 (13)52

唐榴 (9)566 (12)659

唐梅(宝钥) (1)93-95 (11)306

唐纳德(中央情报局人员) (8)286

唐纳森,杰西 (9)500,588 (11)140

唐尼(美参议员) (7)649

唐琪 (13)52

唐绍仪 (1)56,58-60,77,78,84, 85,88,89,93-95,107,138,208, 229-232,343,357,359 (10)158 (11)222,226,305

唐生智 (2)179

唐有壬 (2)223,247,297,303

唐在复 (1)173

唐芝英 (13)51

唐子长 (7)569-571,581

陶百川 (5)623

陶布(美上校) (9)475

陶德曼 (2)10 (3)23,131,132

陶尔斐斯,思格尔贝特 (2)287

陶里亚蒂,帕尔米罗 (6)414 (7)237

陶威斯,查尔斯 (1)399

陶希圣 (3)299 (4)193 (5)195 (10)245 (11)248

陶寅 (5)296,298

特莱克斯特,查尔斯 (6)66,67

特雷尔(美外贸专家) (9)443

特鲁希略,莫拉纳,拉斐尔·莱昂尼 达斯 (9)374,375 (10)57 (12)286

特略,唐·曼努埃尔 (8)572,573, 583,584 (10)87,88,111 (12)240

特伦查德(英勋爵) (5)77

特伦特(英勋爵) (5)351

特罗扬诺夫斯基(苏驻美大使) (5)416 (12)325

特纳,弗兰克 (8)293,437 (9) 426 (10)120 (11)138,142, 313,316,358,474,478,482,492

特纳,霍华德 (11)144

特维南夫人(美在华女传教士) (7)340

特文宁,内森 (10)383,438,488
(11)127-129,132 (12)193

天羽英二 (2)271

田伯烈 (3)423-425

田村(日外交评论家) (9)274

田耕莘 (5)665 (9)484,485
(11)560

田文烈 (1)232

田中义一 (4)293,295

田中玉 (1)312

畑俊六 (4)283 (6)106

铁托,约瑟普·布罗兹 (6)58,413,
438 (7)242,243,298,306,671
(8)148,152,306,461,606 (9)
436,438,441,451,485 (10)139,
248,259,321,400,509 (11)302,
303,317

廷伯曼(美将军) (6)367

童冠贤 (7)47

涂允檀 (7)298

土肥原贤二 (3)312

托比(美新罕布什尔州参议员)
(6)95,96 (10)258

托德(美水利专家) (6)272

托马斯(美海军上将) (10)42
(12)669

托马斯(司机) (7)147 (8)140
(11)157,431

托马斯,查尔斯 (11)133

托马斯,雷金纳德 (5)341

托曼(多米尼加驻美大使) (9)297
(10)57

托门,卢伊斯 (9)374-376,411

W

瓦德曼,小詹姆斯 (8)287,288

瓦加斯,热图利奥,多内莱斯
(5)236

瓦卡雷斯库(罗马尼亚人) (3)359

瓦莱里,瓦莱里奥(教廷使节)
(4)496

瓦莱特(英新闻部远东科科长)
(5)68,180,181

瓦朗坦(法外交部官员) (2)
266,267

瓦勒拉,埃蒙·德 (2)81,82 (3)
167 (8)119,122 (10)486,487

瓦伦纳,亚历山大 (2)375,380,
398,481,482 (3)134,449 (4)
34,387,395

瓦尼埃(加拿大驻法公使) (3)
385-387

瓦斯孔塞洛斯(葡萄牙总理)
(4)541

万贝里,鲁什泰姆 (6)403,447

万福麟 (5)230,661

万考芝(国际秘书处人员) (2)16

万彦信 (9)556

万耀煌 (5)126

汪大燮 (1)44,241-243

汪丰 (9)107,182

汪精卫 (1)170,180,183,209,298,
391,392,403,407 (2)3,5,6,10,

19, 26, 43, 56, 59, 60, 66, 67, 84, 101, 112, 127, 198, 200, 208, 217 – 223, 225, 243, 247, 248, 255, 256, 259, 260, 283, 290, 292, 296 – 300, 302, 320, 335, 342, 343, 345, 348, 351, 604, 625　(3) 25, 32, 33, 35, 126, 222, 239, 248, 290 – 294, 298 – 301, 303, 311, 312, 320, 321, 392, 489　(4) 14, 54, 60, 72 – 74, 76, 108, 119, 132, 146, 193 – 198, 204, 205, 215, 217 – 222, 224, 226 – 228, 232, 425, 446, 451, 452, 454 – 456, 460, 465, 507, 508, 525, 526　(5) 109, 445, 647　(7) 61, 599　(8) 287　(9) 74, 76, 258, 298, 307, 676, 688

汪荣宝　(1) 158

汪孝熙　(4) 9, 51, 58, 121, 177, 182, 234, 244, 289, 290, 292, 389, 459, 541

汪亚尘　(6) 495

王, 卡洛斯 (即毛邦初)　(8) 559

王炳南　(6) 48, 55, 56　(11) 302　(12) 340, 351, 386, 388, 392, 393, 395, 399, 414, 419, 482 – 484, 493, 534, 586 – 588, 590, 600, 601, 618, 722, 723

王宠惠　(1) 44, 207, 208, 210, 212, 219, 225, 228 – 234, 236 – 238, 240 – 243, 252, 256, 281, 296, 304, 320, 351, 352, 354, 361, 386, 393　(2) 296, 310, 354, 360, 363, 370, 377,

410, 418, 427, 428, 442, 590　(3) 126, 154, 366, 380, 383, 414　(4) 33, 34, 77, 135, 171, 228, 373, 421, 459, 464, 512　(5) 4, 16, 24, 86, 88, 91, 93, 96, 101, 109, 110, 120, 122, 143, 151 – 153, 157, 159 – 166, 168, 171, 173, 174, 177 – 179, 188, 192 – 194, 204, 210, 227, 364, 439, 442 – 444, 447 – 450, 452, 455, 456, 459, 460, 462, 463, 475, 477, 484, 493, 494, 499, 500, 519, 523, 526, 558, 559, 613, 617, 626, 634, 674　(9) 550　(10) 395, 473　(11) 146, 208, 213, 218, 219, 228, 230 – 232, 257　(12) 519, 532, 536, 548　(13) 5, 6, 30 – 32

王宠佑　(3) 257　(12) 519

王达　(9) 693

王定邦　(8) 456, 458, 528　(10) 65

王抚洲　(12) 539

王恭守　(9) 464

王观洲　(10) 45

王广圻　(1) 97, 172, 181　(4) 136, 137

王化成　(5) 159 – 161, 455

王怀庆　(1) 238, 239, 255　(5) 663

王季澂　(12) 163, 169

王济远　(8) 269

王家襄　(1) 228, 231, 236, 238, 242

王稼祥　(7) 643

王洁　(11) 231, 250

王景春　(4) 546　(5) 355　(7) 589

（9）541

王景歧　（1）129

王克敏　（1）265，266，268，269，271，277，278，306，307，321－323，330

王克勤　（9）541　（11）55

王兰亭　（1）247，250，310

王乃聪（驻美采购委员会成员）（9）693

王芃生　（5）69，95，150，199－201，228

王蓬　（8）311，437，452　（9）426，587，603　（10）43，44，211，237，358，414，416，419，420　（11）213，244　（12）544，553－555，659

王世杰　（1）351　（4）254　（5）89，94，110，117，122，173，190，191，196，223，417，436，439，444，446－449，454，455，458，512，513，526－529，531，533－535，538，540，541，543－545，547，549，550，553－556，558，559，562，609，612，613，615，617，621，632，639，640，664　（6）10，45，71－73，75－78，80，109，135，180－196，198－202，205－210，212－217，220－225，228－233，242，246，251－255，259－261，270，273，283，296，310，342，361，372，376，380，381，394，426，427，434，450，451，458，462，473，478－484，488，490，503，514－516，518，522，524，527，528，530，536，537，539，547，552，559　（7）88，94，116，117，135，

211，225，227，280，384，396，412，437，445，490，491，535，551，574，579，589，600，685　（8）11，13，32，52，74，97，140，212，213，231，235，300，390，407，419，425，426，432，438，451，455，456，458，462－464，467，468，471，473，480，481，493，507，528，529，531，540，542，543，567，576　（9）11，30，78，121，233，234，244，280，307，398，448，526，564，568，593，607　（10）209，224，226，395，472－475，481，494　（11）110，117，144，146，215，257

王守竞　（6）3，12，22，23，134，137，144，145，156，170－172，258，259，346－348，363，400，478，533，534，551　（7）46，117，182，200，202，206，309－312，328，336，371，438，440，450，468，514，652，659，667，683，689，711，712，716　（8）11，30，69，207，271，417，435－437，457，487－491，493，499，500，502－504，511，512，514－525，532，534－536，547，550，551，553　（9）464，491，516，547

王叔铭　（5）531　（8）556，557，563　（9）399，508，522－525，527，528，532，559　（11）131，240

王树常　（1）389

王树翰　（1）386，389，390，394，396　（5）231，658，659

王思澄　（2）32　（5）174　（7）593

王星舟 （5）617

王耀武 （7）14

王荫泰 （1）348

王云五 （5）475,672 （6）368,
376,393,394,397,399,400,466-
471 （11）251 （12）542,548

王芸生 （5）94 （6）489

王正黼 （8）403

王正廷 （1）165-177,179-181,
183,184,192,200,204,228,229,
231,243,244,253,301,305,306,
315,317,320-326,328,329,342,
376-379,400 （2）301,341,396,
405,406,438,439,448,458,461,
464,492,502,503,530,549,556,
607,608,610 （3）26,59,61,107,
139,248,249 （5）219,220,613
（6）377 （7）90 （9）399

王之珍 （6）561 （11）342,350,
371,383,387,394,440,441,443,
448 （12）15

王芝祥 （1）85

王治 （7）485,494,499,541

王子刚 （7）617

旺亲王（泰国外交大臣） （10）81,
275-278,281,282,285 （11）
106,295、

威尔基,温德尔 （4）344 （5）83,
102,128,129,287 （12）649

威尔基夫人,温德尔 （10）295

威尔金斯（海军作战部对外军事援助
主任,海军上将） （10）453,454

威尔纳（大夫） （8）293,294

威尔士亲王（即温莎公爵） （7）165

威尔斯,赫伯特·乔治 （5）30,34
（7）162

威尔西,劳伦斯 （12）202

威尔逊（美参议员） （6）96

威尔逊（美新闻记者） （8）275

威尔逊（美运输司令部将军）
（5）402

威尔逊,埃德温 （2）512,513,519,
533-535,543 （3）210,211,240,
242-245,328,341,437-439

威尔逊,奥姆 （10）422

威尔逊,查尔斯 （9）690 （10）48,
69,70,209,372 （11）45,46,56-
59,127-133,182,205,351,396,
398,450,492-495,497 （12）230,
287,486

威尔逊,乔治 （10）114,124,126,140

威尔逊,汤姆 （8）358,293

威尔逊,伍德罗 （1）123,131,135,
136,138,140,141,143,153,157,
159,160,162,164,171,175,176,
184-194,199,201,202,204,207,
213,333 （2）74,187 （3）478
（4）45,305,468,507 （5）265,
312,384,390,652 （6）117,194
（7）112,248 （8）297 （9）343
（10）107,422 （12）688

威尔逊,休 （2）89,190,197,203,
215,225,330,364,384

威克斯,辛克莱 （10）73,294

(12)287

威劳尔,惠廷 (7)622

威利(美驻巴拿马大使) (9)437

威利,亚利山大(美参议员) (8)
269,340 (10)11,21,23-25,45,
114,258,259,452 (11)7,8,420
(12)71,201

威利斯,乔治 (10)351 (11)474

威利特,洛厄尔 (10)323

威廉(美空军中队长) (5)76-78

威廉明娜(荷女王) (4)123,130
(5)263 (9)362

威廉斯(哈佛大学教授) (11)137

威廉斯(美商业部副部长) (11)37

威廉斯,保罗 (9)600

威廉斯,乔治 (9)520

威廉斯,沃尔特 (10)483

威林顿夫人(英援华网球赛主持人)
(5)74

威洛比(将军,麦克阿瑟助理) (7)
514,519

威斯敏斯特公爵 (5)341

韦伯,罗伯特 (5)418

韦伯斯特(联合国英代表) (5)
578,579,581-584,590,592

韦伯斯特(美教授) (5)392

韦布,詹姆斯 (7)53-58,67,75,
117,122-125,248,428,429,463,
532-534,664,668 (8)521 (9)
338,471

韦茨曼,钱姆 (6)418,419
(9)577

韦尔,汤姆 (9)435

韦尔奇(伦敦同业公会会员俱乐部主
席) (5)351

韦尔奇,小罗伯特 (12)509

韦尔切克(德驻英大使) (3)143

韦尔斯,萨姆纳 (3)444,445 (4)
329 (5)301,326 (6)96,139
(10)226

韦格尔(美国务院官员) (7)163

韦焕章 (10)490 (11)213

韦莱-拉瓦尔,马克 (6)509

韦兰(美远东空军司令) (10)449

韦礼德 (2)6,8-11,25,210,224,
258,261,302

韦里基奥斯,帕纳约蒂斯 (13)45

韦利,阿瑟 (5)62,336

韦罗壁(法教授) (2)357,375

韦慕庭 (1)附言 (13)6

韦斯特莱克 (12)11

韦苏迦(印驻远东委员会代表)
(6)16

韦永成 (7)149

维安诺(法外交部国务秘书) (2)
321,398

维奥莱特,莫里斯 (3)144

维吉埃,亨利 (2)449-452,468

维拉明,文森特 (9)201-203,217,
364,374,479 (10)439 (11)82,
83,495

维利斯谢尔,德(比籍国际法庭法
官) (5)593

维涅尔斯基(国际法庭法官) (13)

13-15

维涅维奇,约塞夫 （6）77,92

维松,安德烈 （6）257,258 （7）305,306,345,408,506,516,544

维图蒂侯爵（梵蒂冈官方代表）（3）347,348

维歇,夏尔·德 （13）12

维辛斯基,安德烈·扬努阿里耶维奇 （5）598-605,607 （6）195,203,205,207-209,214-218,438,443 （7）35,398,421 （8）126,157 （9）388,413,422,611 （10）187,188,283,284,302,315,328,332 （11）52,294,531 （13）19,24

维亚特,卡尔顿·德 （5）105,423,439,459,460,406,622,667 （7）410

卫德波 （5）72,73,115,118,128,129,134-136,144,315,329,354

卫家立 （1）272-274,279,280

卫理（美国务院远东事务司司长）（1）135,144,173,174,189,194,272

卫立煌 （7）18,19,198

魏宸组 （1）82,165,166,173,181

魏道明 （1）196 （2）28 （4）522 （5）167,168,174,228,242,252,257,277,300,309,310,318,364-366,368-370,379,387,397,402,446-449,456,460-463,465,474,475,477,479,497,498,500,502,516,521,557,559,660 （6）6,

149,172,558 （7）502,580 （8）269 （10）205,494 （11）242,248

魏德迈 （5）470,606,624 （6）47,59,104,159-163,169-171,177-189,193,194,198,208,218,219,224,244,245,254,255,261,283,285,287,294,329,332,366-368,454,473,475,476,478,523,549 （7）19,38,39,48,65,74,98,102,114,126,131,132,161,189,197,220,223,329,330,373,572 （8）302,451,455,463,464,500 （9）435,471-473,599 （10）25,29,44,209,220,381,385,448 （11）150,481 （12）247,248,473

魏菲尔,阿奇博尔德·珀西瓦尔 （5）54,56,64,83,84,88,93,102,112,233,237,248,292,295,320,321,330,339,340,346

魏斐亚尼（华盛顿会议法代表）（1）211,212

魏刚,马克西姆 （4）238,260,266,274,277,279,280,299,331,491,494 （5）55

魏文彬 （1）154

魏学仁 （12）30,507

温德（英少校）（5）355

温盖特（英在缅甸打游击的上校）（5）339

温豪斯,戴维 （11）335,339,486

温赖特,乔纳森 （6）95

温切尔,沃尔特 （11）353

温莎公爵(即爱德华国王,威尔士亲 王) (7)165

温特(《至上报》记者) (5)477,478

温特顿(英勋爵) (5)61,63,144

温应星 (7)476,477,567 (8)11, 374 (11)268

温源宁 (9)561

文森,弗雷德里克(弗雷德) (6) 26,38,92,443,457 (7)24,112 (8)122,222,225 (9)335,342, 366,466,499,500 (10)225, 349,395

文森,卡尔 (12)97,217

翁文灏 (2)356,419,477 (4)23, 24,201,322 (5)89,90,108,110, 111,122,440,613,624,639,656 (6)288,324,376,394,478,514, 539,559 (7)12,582 (9)11, 446,447 (10)231,232

沃,塞缪尔 (10)408 (11)473

沃德,安格斯 (6)275 (7)122, 161,172,403,417,478

沃德,巴林顿 (5)345

沃德,拉尔夫 (9)549,550 (11) 133,134

沃德尔(美驻西班牙大使) (4)232 (6)66

沃德洛-米尔,约翰 (5)73

沃登,托马斯 (7)22,241

沃顿,威廉 (10)204,211

沃尔,马修 (8)472,483,486,487, 497,503,504,507-509,515

沃尔德罗普,弗兰克 (7)469 (9) 453,454

沃尔夫(荷兰企业家) (4)24,25

沃尔什(美纳塔尔驻军司令) (5)236

沃尔特斯(英国联秘书处秘书长私人 助理) (2)446 (5)40

沃克,梅尔维尔 (5)597 (6)269 (10)44

沃克夫人,哈罗德 (11)456

沃劳-米尔恩,约翰 (5)38

沃里斯,约翰 (6)234 (7)76, 214,310,660

沃利奇(美斯特恩公司董事长) (6)388,389

沃利奇,查尔斯 (7)691 (9)347, 348 (11)31

沃伦,厄尔 (6)454 (10)395 (11)77,115 (12)674

沃纳,斯图尔特 (7)521

沃森,托马斯·约翰 (6)47

沃泰尔(粮农组织会议比利时代表) (6)509

乌埃尔特马特,唐·罗维尔托 (10)105

乌特丽,弗丽达 (5)468 (6)95 (8)353 (10)90 (12)201,652

吴蔼宸 (5)154

吴丁杜(吴苏秘书) (5)40

吴鼎昌(达铨) (1)299 (5)446, 617,624,626,670,674

吴国桢 (5)159-161,163,171,180,

185－189,198,204,225,226,228,
442,452,455,457,485,612,654,
664 （6）184,322 （7）14,109,
148,160,191－193,468,489,498,
501,502,509,510,515,518,529,
578,579,583,663,700 （8）41,
46,59,74,85,108,198,200,250,
251,279,283,363,370,394,401
（9）454,456,492,509,510,526,
550,561,562,567,578 （10）165－
169,204,205,216,220,226,246,
257－260,382,395,426,432,494
（11）64,109－118,120－122,135,
136,142,144,148,152,153,156,
159,164,166,167,208,212,219,
227,287,465,466,475 （12）25,
26,206,689

吴化文 （7）13

吴晋 （1）347,348

吴经熊 （5）466 （9）458

吴景濂 （1）228,230－239,241－
243,245－250,257,306,361

吴俊陞 （1）285,289 （12）316

吴麟孙 （5）143

吴路义 （10）468,469

吴貌（缅甸外交部长） （7）292,
299,300,312

吴南如 （7）435,436 （9）463,597
（10）123 （11）208,223,234,243
（12）250,338,659

吴努（缅甸总理） （11）105,486
（12）317－319,446,571

吴佩孚 （1）217,221,229,232－235,
237,249,251－254,256,259－264,
266－269,281－283,287,324,325
（2）68 （3）311 （5）616,639

吴权 （4）275 （13）17,33

吴尚鹰 （3）157

吴石 （7）571

吴嵩庆 （8）493 （9）532

吴颂皋 （3）300

吴苏(缅甸总理) （5）40

吴梭纽(缅甸驻美大使) （7）281－
285,292,295,299

吴铁城 （1）299,352,388,392,393
（5）96,122,151,169,204,221,
228,449,473,614,628,631,633,
667,670 （6）514,539,552,559－
563 （7）7,23,28,29,62,91,94,
117,369,715 （9）493

吴庭艳 （12）228,229,312,328,
497,518,611,634

吴锡泽 （8）528 （9）464

吴秀峰 （3）167 （4）116 （11）82

吴一飞 （5）177

吴贻芳 （5）97,130,276,442,448,
466,474,477,624

吴翊麟 （10）460

吴毓麟 （1）246－248,250,251,253,
254,256,258,260,309,310

吴蕴初 （7）16

吴泽湘 （7）518 （11）243,244

吴稚晖（敬恒） （2）43 （8）34
（10）450

吴忠信 (5)155,156,163,225,424 (11)218,221,228-230,257 (12)548

伍伯胜 (7)436

伍朝枢 (1)112,113,128,170,183, 184,209 (2)53,101

伍德(美国务院专家) (6)164,166

伍德,金斯利 (5)327,329

伍德,伦纳德 (5)651

伍德,沃尔特 (7)582

伍德海(天津《时报》编辑) (1)279 (6)61

伍德拉夫(英将军) (5)353

伍德沃德,斯坦利 (5)678 (6)6, 7,333,383,413,470,518 (7) 137,140,556 (9)542,544

伍尔夫(英勋爵) (5)326

伍璜 (1)154

伍曼斯基(苏驻英大使) (5)416

伍廷芳 (1)59-61,113 (7)469

伍修权 (8)153,156,158,159,168, 172,178,231 (9)398 (12)107

伍兹(美海军陆战队将军) (5)660

伍兹(美律师) (8)578

伍兹(中航客机美籍驾驶员) (3)161

武鸿卿 (8)618

武元甲 (10)102

X

西博尔德,威廉 (9)213,247,260, 263,271,272,277,279 (11)346, 399,447 (12)11,265,297-300, 306,307,311,312,352,380-385, 425,426,479,481-484,487-489, 510,511,533,534,540,622,677- 679,686-688

西尔弗(犹太人协会美国组主席,博 士) (6)213

西尔弗克鲁亚(比利时驻美大使) (6)405 (10)90 (11)23, 66,140

西哈努克 (12)582,620,621,633

西科尔斯基,瓦迪斯瓦夫 (5)36

西蒙,约翰(英爵士) (2)80,85- 87,89-91,104,123,124,153,156, 176,177,190,192-195,213,275, 366 (3)7,106,129,137,141, 155,174,186,379,400,448 (4) 24,180,294 (5)64,73,326,354, 511,677 (8)335

西蒙斯,约翰(美国务院礼宾司司 长) (9)579 (10)4,48,64 (11)68,413,485

西摩(孟加拉省督代表) (5)82

西若维(捷克武装部队司令) (3)457

西特林,沃尔特 (5)431,433-435

西维尔,迈松 (2)304

西尾寿造 (4)112

西园寺公望(出席巴黎和会记者) (1)117,175,373 (2)406

西原(日派往印度支那的将军)

(4)331,333,336,380,383－387,
389－392,400,405,406,463

希恩(美天主教大学校长) (7)450

希恩(美知名人士) (8)515

希恩,文特森 (5)44

希尔,波特斯 (8)558,560,561,
570,584

希尔德雷思,霍洛斯 (12)486

希尔德林(美将军,远东委员会成
员) (8)274

希尔顿,康拉德 (10)22

希尔曼,西德尼 (5)434

希弗斯,阿伦 (9)556

希金斯(陆军部联络官) (9)534

希金斯,玛格丽特 (10)355
(12)373

希克,安德鲁 (6)447

希克森(负责联合国事务助理国务
卿) (9)356

希肯卢珀,惠里 (7)645 (10)72,
73,249,404 (11)430,458
(12)286

希利(美中西部人士) (10)389,404

希密克(美法官) (8)463

希尼(加驻美大使) (10)315
(12)130,131,288,476

希尼,恩利克 (1)406,419 (2)
16,662

希帕德(美俄亥俄商人) (7)713

希普斯特德,亨里克 (6)8

希契科克,亨利 (9)343

希思,唐纳德 (9)317－324

希斯,阿尔杰 (5)461,480,503,559
(6)31 (7)35,536－538,640
(8)503 (12)412

希特勒 (2)278,286,312,316,323,
339,369,372,376,474,532,569,
571,600 (3)58,59,62,64,65,
73,75,76,78,82,97,98,109,131,
148,150,159,165,174,175,177,
184－186,189－192,199－202,208,
212－214,218,272－274,282－286,
351,358,359,362,379,381,382,
384,385,391,392,394,398,400－
402,410,426,443,444,455,457,
486 (4)4,15,69,76,88,103,
105－107,113,119,130,217,234,
236,246,278,284,303,304,313,
321,370,424,431,434－436,444,
445,471,481,482,491,524,528－
530,533,536,537,544,546 (5)
28,46,50,89,167,217,247,252,
270,287,291,292,308,311,332,
334,343,348,414,507,551,552
(6)87,104,410,431,441 (7)27,
240,351,393 (8)11,225,327,
460,600 (9)210,375,614,659
(10)311,521 (11)348 (12)
233,345

席德懋 (6)115 (7)187,188,
196,336,525,598,623,624 (8)
299,300,356,358,400,452,474,
484,548 (9)315,316,470

霞飞 (4)517

夏杜纳,马克 （3）424

夏尔鲁（法外交部秘书长） （4）
266-268,375-377,385,389-393,
400-406,423,439

夏夫利（道布尔戴出版社人员）
（9）589

夏格巴（西藏贸易代表团团长）
（6）378-383

夏功权 （8）416,417,468,469,499-
501,522,523,536,540,544,557,
563 （9）523,535,548,694
（10）203

夏晋麟 （3）125 （5）367,371,
401,477 （7）90,675 （8）295
（11）63

夏鹏 （6）171 （7）673 （8）470
（10）347

夏普德兰（法内阁部长） （3）217

夏勤铎 （9）522 （10）243,244,444

夏仁虎 （1）282

夏斯特里（国联印度代表） （7）
430,431

夏孙嶽 （7）601

夏维雷（法外交部政治司司长）
（3）314 （4）281-283

夏偕复 （1）131

夏诒霆 （1）132-134,181 （7）436

闲院宫 （4）112,283

香雅各 （9）436

向惟萱 （6）347 （7）183,206,
473,474,712 （8）209,408-413,
415-421,423,424,427,432,434,
437,438,440,443,444,480,495,
498,501,515,522,524,535,536,
550,552,553,562,564,581,597
（9）433,439,473,477,489,505

萧勃 （9）553 （10）21,45,46,71,
352,354-356,359,360,363,364,
372,388,419,428,453,465,467,
482 （11）74,123,460,496,497
（12）25,52,60,240,561,631

萧继荣 （2）283,286,302

萧克罗斯,哈特利 （5）74 （6）33,
204,209 （7）409-410

萧勒,戴维 （7）615,654,669

萧庆云 （7）607 （11）124 （12）
512,513

萧唐,卡米耶 （2）264,321,404,
408,409,415,417,419,420,428,
429,455,479,482,483,487-490,
514,516-519,523,536,539,593,
599,600,615 （3）25,59,36-38,
53,58,64,65,85,152,217,230
（40）224 （5）241 （6）28
（10）321

萧特（白宫新闻秘书） （8）330

萧特（美将军） （5）270

萧特,杜威 （8）375 （10）29,36,
69,70,96,97,140,451,453

萧特,欧文 （7）471

萧特韦尔,詹姆斯 （7）144

萧同兹 （5）222 （7）674,676

萧维尔（法外交部亚洲司长）（3）
326-329,338-340,365,374,413,

415,460,464,494,495 (4)9,15,
51,57-61,72,73,76-78,97,107,
109,121,122,132,133,144-146,
159,160,164,173,174,177-179,
181,182,200,212,214,224,225,
228,232-234,241,243-245,252,
256,314,315,322-325,330,377,
393,402-406,459-465,498-503
(5)535 (7)383,386,585,632

萧铮 (9)454,455 (11)252

小幡酉吉 (1)221,303 (2)397
(7)258

小山完吾 (3)334,337,339,340

谢澄平 (7)12

谢德惠(波士顿华侨) (11)116

谢东发 (2)27,32,45 (4)31,32,
51,285

谢尔巴,马里奥 (11)56 (12)240

谢尔曼(美海军上将) (8)403

谢冠生 (8)74

谢苗诺夫(白俄将军) (1)316

谢默霍恩(大通银行) (7)187

谢泼德,拉塞尔 (7)182

谢泼德,莱缪尔 (9)380,583,588
(10)24,27,34,42,385 (12)216,
406,505

谢普利,詹姆斯 (12)577

谢仁钊 (10)360,389,471,482
(11)133,223

谢寿康 (7)92,411,412,445
(11)461

谢瓦利埃,莫里斯 (3)143

谢维麟 (2)6 (5)646 (9)521
(11)243

谢文秋 (11)460

辛德尔(美律师) (9)479

辛格,哈里 (5)23

辛格,马杰拉 (6)201

辛哈,拉吉库马 (13)44

辛克莱,阿奇博尔德 (5)36,46,54,
333,334

辛克莱,梅亚德 (5)419

辛普森,克拉伦斯 (9)390
(12)671

辛普森,伦纳德 (1)261

辛普森夫人 (9)362

辛斯蒂安夫人(玛丽皇太后近侍)
(5)609,610

欣德主教 (5)419

欣韦尔(英议员) (5)64,65

新木荣吉 (9)297,298,376-379,
382-385 (10)319

兴登堡,保罗·冯 (4)303,304,
320,321 (8)500

熊斌 (5)116,122,657

熊式辉 (2)297 (5)144,148,
205,309,318,406,446,449,450,
518,526,529,605,616,617,630,
636,658,659,663 (6)133,181,
183,184,262 (9)532 (11)242
(13)31

熊希龄 (1)89,274,371

熊应祚 (7)602,685

休伯,约翰 (7)713

休士,查尔斯·埃文斯 （1）211,
214,221
休斯（美律师） （8）549,550,559,
575,597
休斯,埃米特 （10）225
休斯,伯西 （12）379
休斯,克拉伦斯 （6）449
休斯,理查德 （11）43
休伊特（英赫尔市民防委员会主席）
（5）358
修中诚 （5）135
徐柏园 （7）691 （8）561,585,586
（9）401,492 （11）213,217,224,
259,473,474,476,477 （12）504,
514,659
徐道邻 （4）522,523 （5）92
（7）121
徐傅霖 （11）222,251
徐焕升 （10）437,438,476
徐堪 （5）176,221,222,439 （7）
5,9,37,88,97,133,165,195－197,
199,309,399,567,589,610 （9）
564 （10）495
徐谟 （1）398 （2）297,299,300,
342,343,442,529,530,603,604
（3）34,137 （4）34,35,116,425,
520,521 （5）448,499,594 （6）
372 （13）6－8,10－13,18,19,
22－25
徐培根 （10）45－47
徐谦 （1）232
徐世昌 （1）168,226,227,229,233,

357,374 （2）298
徐世大 （12）525
徐淑希 （5）311,575 （7）90,212,
647,675 （11）532
徐树铮 （5）92,525
徐维震 （1）124
徐逸 （10）495
徐永昌 （5）225 （7）8 （11）247
许宝蘅 （1）82
许崇智 （8）287,390
许念曾 （4）156－158,166－170,
426,427
许绍昌 （11）243
许世堂 （8）168
许世英 （2）577 （11）216 （12）
534,536,548
许仕廉 （7）39,229,235,329
绪方竹虎 （12）6
宣铁吾 （6）322
宣伟（台湾海军上尉） （11）153,
154, 156, 164, 166, 208, 212,
219,227
薛笃弼 （1）260
薛光前 （8）234,235
薛继壎 （9）303
薛穆 （1）351,377 （5）17,19,22,
52,108－113,118－120,143,144,
147,149,153,156,159,160,162－
164,167,168,172－174,176,182,
190,193,197,198,221,253,271,
348,360,435,437,534,622,623,
667－669,672 （6）97 （7）701

薛人仰　（11）134

薛寿萱　（9）362

薛毓麒　（10）510　（13）16,58,60

薛岳　（7）198,374

Y

亚伯拉罕,阿切尔　（5）360

亚伯拉罕,欧内斯特　（5）360

亚当斯（《纽约太阳报》记者）　（7）
455,456

亚当斯（博士,万灵学院学监）　（5）
71,72

亚当斯（美国和平主义人士）
（1）153

亚当斯,舍伍德　（12）630

亚当斯,谢尔曼　（9）578　（10）98,
226　（11）137,474

亚当斯,约翰·昆西　（8）198

亚加（西班牙将军）　（4）298,300

亚历山大（伯爵,英国防大臣）
（9）373

亚历山大（南斯拉夫国王）　（2）287

亚历山大（勋爵,加拿大总督）
（10）292

亚历山大（英海军大臣）　（5）
31,357

亚历山大（英帅）　（5）295

亚历山大（英中将）　（5）56,84,320

亚历山大,霍姆斯（美新闻记者）
（8）449,450

亚历山大一世　（5）508

亚内尔（美海军上将）　（8）508,515

严鹤龄　（1）162,171

严家淦　（8）122,132,193－198,
200－202,210,279,302,356,357,
370,371,400,474　（9）315,401,
455,526,528　（10）184,237,305,
346－352,357,358,360,372,382,
385,389,390,407,429,474　（11）
137,208,214,215,224,229,232,
259　（12）505,660、

严幼韵　（13）16,38,39,42,45,51,
52,54,57

阎锡山　（1）388,391,392　（2）68
（3）356　（5）195,231,237　（7）
86,87,92－94,116,117,132－134,
145,176,186,190,195,206,213,
231,232,310,319,320,342,343,
358,359,361,362,368,374,384,
395,396,398,403,405,412,414,
427,444,445,448,458,479,481,
484,486,488,577,579,592,607,
622　（10）245　（11）214,228,
229,243,247

颜惠庆　（1）59,67,94,120,121,
158,172,192,197,206,221,225,
228,229,231,254,256,257,260,
264－266,301,317,320,321,323,
325,334,338　（2）6,14,17,19,
23,25,26,48,51,56,58,59,63,
67－69,72,77－79,82,84,85,87,
90,91,94,97,112,116,117,125,
149,152,153,157,163,167,168,

180,182,185,188,196,198,200,
201,221,223,225,247,307,341,
670 (4)108,134,135 (6)176
(7)90,91 (11)226

颜樸生 (7)144

晏阳初 (6)293,294,305,337
(7)109,110,116

扬(哥伦比亚特区专员) (9)337

扬(英外交部官员) (5)37

扬,肯尼思 (11)14

扬,诺曼 (5)356

扬,欧文 (7)242 (8)515

扬格,肯尼思 (9)109,225

扬曼,威廉 (6)134,137,138

杨度 (1)90

杨恩湛 (1)275,328

杨格 (5)153,191,206,207

杨虎城 (2)349,351,353,410
(5)123

杨继曾 (6)324,325,342,343,347,
359,360,362,363,367,368,505,
509,538 (7)12,13,683 (9)535
(12)552

杨杰 (2)43,45,267,269,354
(3)35,95,126,157,222,224,233-
235,238,239,254,377,378,416-
420,488,489 (4)20,22-34,36-
38,66,109,117,185,263

杨觉勇 (9)597

杨茜恩 (13)52

杨蓉孟 (13)51

杨森 (1)336-338

杨绍廉 (12)526,561

杨诵清 (1)22

杨文达(参加多伦多国际红十字会会
议代表) (9)397

杨文恺 (1)266,280,281

杨沃德 (5)191

杨锡仁 (7)376

杨锡志 (5)300

杨永清 (9)549,550

杨永泰 (1)388 (2)290,291,324

杨宇霆(麟阁) (1)266,284
(5)230

杨云竹 (5)397,650,655,657
(6)549 (7)461 (8)69,136
(9)46,61,74,129,160,187,273,
277,290,378 (11)206,259
(12)659

杨振邦 (12)291

姚荣龄 (12)507

姚叔来 (10)483

耶茨,珀西瓦尔 (5)30,325

耶格,雷蒙德 (7)716

野村吉三郎 (4)146,192 (5)34
(11)207

叶楚伧 (2)222

叶公超 (2)28,30 (5)22,23,66,
70,75,79,288,314,315,319,340,
354,533,549,555,575,603,675
(6)505,514-516,522,530,537-
539,560,561 (7)9,62,81,82,
85,88,90,94,257,258,322,362,
382,384,401,403,405,425,430,

448,452,457,462,468,473,474,
480,491－493,500,504,510,518,
530,555,556,563,564,579,592－
594,598,600,603,622,633,634,
642,646,700 （8）7,10,12－14,
16－18,25,28,31,37－41,44,45,
49,51,69,74,109,131,142,144,
148,151,152,162,163,165,169,
170,181,188,190,207－210,214,
215,224,230,233,234,237,238,
266,270,276,277,279,289,290,
301,312,320,321,330,354,357,
358,371,381,390,393,394,397－
399,413,418,422,440,441,443,
448,453,463－466,471,473,481,
483,484,486,487,491,511,520,
527,530,531,538－542,553－555,
563,567,569－571,587,590－592,
594－596,598,617 （9）12,20,22,
32,33,44－47,50－52,63,66,72,
75,93,94,100,103,117－120,128,
129,131,137,151,153,154,165,
166,168,170,174,177,179,184,
186,189,207,226,231,264,266,
269,288,293,308,310,317,333,
353,394,397,399,404,406,415－
418,445,448,449,455,457,459,
462,464,485,491,510,516,521－
523,543,546,548,553,558,559,
564－566,571,572,575,586,594,
595,598－600,604－606,610,660,
662,681,686,687 （10）10－13,

49,50,57－60,63,64,76,83,87,
98,123,132,142,156,191,192,
198－201,203,205,208,215,216,
220,226,231,233,238,239,246,
264,266,270,271,280,340,343,
346,348,349,352,366,369,376,
382,388－390,425,430,433－435,
452,468,472－474,494,503 （11）
5－7,9,11－13,16,17,37,42－44,
121,125,135,137,150,154,155,
178－180,183,207,208,211－213,
222,224,226,228,229,231,235,
243,244,250,251,257,259,264,
276,277,284,285,291,313,314,
317－319,332,336,383,387,407,
447,448,461,465,475,480－482,
486,487,490,495,497,503,511,
515,562 （12）3,4,11,15,16,22,
26,29－32,34,44,46,54,57,62,
65,67,92－95,97,100,129,132,
156,171,192,197,198,212,218,
257,258,264,293,295,297,321,
394,397,404,413,424,425,430,
435,439,443,447－449,460－463,
469,470,474,475,487－489,493,
518－520,526,535,540－542,544,
546,548,550,554,564,566,596,
613,650,659－662,664,666,675,
691,693,703,704,720,721 （13）
13,26,33

叶恭绰 （1）209 （5）639
叶季壮 （12）353

叶剑英 （5）657,661 （6）274
（7）571

叶秀峰 （5）631

伊顿,查尔斯 （6）59,100,234,517

伊凤藻 （8）280,617 （9）319

伊拉戈里（哥伦比亚驻美大使）
（13）44

伊丽莎白二世 （10）130,159,206
（12）222,288

伊丽莎白王后 （3）142,143 （5）
101,103,106,186,211,217,218,
223,260,436,504 （9）545
（11）401

伊利扎尔德（菲驻美大使） （7）
274,285-287,289,609 （8）168,
343 （9）364 （10）184

伊姆鲁（埃塞俄比亚驻美大使）
（8）168 （9）184

伊诺弟（意大利总统） （12）194

伊诺努,伊斯麦特 （8）56

伊萨吉雷,卡洛斯 （12）289

伊斯梅,黑斯廷斯·莱昂内尔 （5）
294,331 （9）690

伊斯帕哈尼（巴基斯坦驻美大使）
（6）462 （7）285

伊斯特兰,詹姆斯 （7）30,31,247

伊藤（日外务省官员） （3）341

伊瓦特,赫伯特 （5）294,492,577
（6）193,194,199-202 （7）157,
174,413,415 （9）262,263

伊万诺夫（苏驻法大使） （4）
431-439

衣复得 （10）58,365,376,503,510

衣复恩 （8）557,563,583 （9）
507,508,523,600 （10）21,73,
75,246,247,386,402,403,449,
450,453,465,483,497,498 （11）
143,413,464,501 （12）291,526

易纨士 （1）294-298

殷汝耕 （2）293,295

尹仲容 （8）371,399,400

廮昌 （1）90

英佛查佩尔勋爵（即寇尔） （6）12,
38,404,407,442 （7）282
（8）403

英格索尔,斯图尔特 （12）560

尤因,詹姆斯 （10）253,254 （11）
4,237

尤英,海德夫人 （13）34,45

游建文 （5）262,282,284 （6）
518-525,530-532,557,558 （7）
24,37,63,148,162,204,678,694
（8）10,140,507,526 （9）535,
570,571,599 （10）7,8,32,65,
67,72,75,205,354,355,359,360,
363,364 （11）450-454,456,457,
460,475,480

游弥坚 （5）203 （10）391,392
（11）257

有贺长雄 （1）373

有吉明 （2）10,19,247,296

有田八郎 （4）258,311

于斌 （3）108,312 （5）665 （6）
247,248,533,538,551,552 （7）

295,505,659,660

俞鸿钧 （5）417,639,641,668
（6）172 （7）5,6,87 （8）299－
302,307,308,310,357,358,585,
586,590 （10）226,246 （11）
137,155,167,207,211,213,224,
228,232,257,259,285,318,472,
504,515,526 （12）21,22,27,45,
46,51,69,97,100,114,144,146,
175,281,425,527,542,549,607,
660,664

俞济时 （7）669

俞同泰 （8）442

虞洽卿 （1）299

宇垣一成 （3）123,129,130,
207,212

羽仁五郎 （9）242

雨果 （13）42

裕仁 （5）310,319,514,530

袁克定 （1）89,90

袁克坚 （11）226

袁世凯 （1）58,59,69,78,79,84－
89,91－93,101,103,105,107,111－
115,117,123,124,131,133,136,
137,171,208,226,227,283,350,
353,357－360,368,372,374,377
（2）43,625 （4）476 （5）329,
522 （7）594 （10）57 （11）226
（13）5

袁守谦 （11）249 （13）39

袁同礼 （7）18

原田（日驻法代办） （4）508

约蒂（美众议员） （11）315

约翰（上海东正教主教） （7）
626,634

约翰二十三世（教皇） （9）449

约翰斯顿（美中央情报人员） （8）
231,286,319

约翰斯顿,埃里克 （10）404

约翰斯顿,查尔斯 （9）70

约翰逊（美国务院官员） （7）67,70

约翰逊（美亲华人士） （6）523

约翰逊,埃德温 （8）343

约翰逊,厄尔 （9）44

约翰逊,林顿 （8）424,425 （10）
15,69,179,225 （11）91,101,
102,161,162,357 （12）287

约翰逊,路易斯 （7）126,128－131,
141－143,145,148,172,175,180,
181,183－185,209,214,223,310,
321,339,440,452－454,490,506－
508,535,536,544,557－560,562,
682,688,695－700,702,703,716
（8）6,19－21,50,51,63,91,116,
119,120,122,124,202,204,205,
332,464,604 （9）17,21,482
（11）144

约翰逊,玛丽 （8）406,407,433

约翰逊,纳尔威 （12）479

约翰逊,威利 （6）257

约翰逊,亚历克西斯（尤·阿） （9）
533,583 （10）248,404 （11）14,
17 （12）286,289,330,335,338,
340,341,349,362,364,365,381,

386,388－393,395,399,405,414,
417－419,481－484,487,489,534,
570,586－588,590－592,615,618,
633,722,723

约瑟夫,加斯东 （2）265,266 （3）
108,109 （4）96

约瑟夫,塞缪尔 （5）325

约瑟姆（法海军中校） （3）229,230

约斯塔,拉尔斯 （13）41

岳昭燏 （1）165,172,173,179,192

越飞 （1）301－303,315,331 （6）
258 （7）25 （9）355,591

恽登（瑞典外交官） （2）56

Z

臧式毅 （1）394

泽田练五 （4）78,178,192,256,
312,314,315,327

曾宝荪 （10）215 （12）249

曾广勷 （1）78,81

曾纪泽 （10）215

曾琦 （1）180 （5）625,633 （6）
555,556 （7）47,105,106,117,
173,266,281,341,359,395,398－
400,403,505,506,563,565,568,
572 （8）30,51,69,70,235,332,
338－340 （9）309,312 （11）223

曾庆澜 （7）563 （8）417,457,
458,479,480,541,543 （9）483

曾镕甫 （4）34

曾虚白 （8）391 （10）355

（11）213

曾养甫 （2）479,480 （4）402
（5）148,228,306

曾仲鸣 （2）3 （3）291 （4）507

曾兹拉米斯（希腊驻美大使） （6）
339,456

曾祖述 （13）48

扎迪基斯（立陶宛公使） （12）202

扎夫鲁拉·汗,穆罕默德 （10）174

扎基（埃及大使） （13）35

扎莱斯基,约瑟夫·博丹 （3）35

扎伊奈迪恩,法里德 （12）317

扎易,让 （3）346

查良鉴 （8）468－470,473－476,
482－485,487－491,498－502,504,
509,512,516,518,519,522,523,
525,529,530,532,534,536－542,
544－551,553－553,557,561,563－
566,569－573,576,579－582,584－
586,589,591,592,594－596 （9）
335,441,459,473,474,486,489,
598 （10）345,349 （11）116,
135,476

斋藤实 （2）11,68,412,413

翟比南 （1）334

翟凤阳 （5）37,38,76,364,368,
421,464

詹金斯（林利思戈总督秘书）
（5）346

詹金斯（英国广播公司远东部人员）
（5）358

詹金斯（英国文化协会人员）

(5)356

詹金斯,艾尔弗雷德 (10)296,348,
352,355,356,359,360,364,369,
372,377,383,386,388,392,406,
407 (11)15,16,142,314-317,
447,460,483,484 (12)25,205

詹克斯·杰里迈亚 (1)27

詹姆斯夫人(共和党妇女活动委员会
委员) (11)65

詹纳,威廉 (9)217 (10)74,122,
140,488 (11)46

詹尼森·爱德华 (8)278

詹森(美驻华大使) (2)90,458
(3)320 (6)104 (7)565 (9)
440 (11)495

张伯谨 (8)74

张伯苓 (3)191 (5)89,91 (7)
90 (11)154

张伯伦,阿瑟·内维尔 (2)360,476
(3)23,66,70,73,78,90,137,150,
159,169,184-186,191,199,200,
203,212,233,258,260,261,277,
280,282-284,349,350,361,362,
388,399-402,437,443,444,448,
458,467,473,485 (4)4,15,16,
119,170,219,294 (5)60,62,
264,312,507 (6)235 (7)429
(10)338

张大千 (11)156

张道藩 (5)151,153,202,203,620
(11)213,223,224,227,228,250,
257 (12)660

张道行 (5)637

张发奎 (3)398 (5)424 (6)283
(7)8,198,404,571,574-578
(8)213

张国淦 (1)260,276,280 (5)639

张继 (5)613,617

张嘉璈 (1)271,272,275,277,278,
289-293,297-299 (3)371 (4)
165,179 (5)97,173,367,531,
614,616,630,636,658,660 (6)
261,275,296 (12)659

张嘉蕊 (13)53

张景惠 (1)266,280,282,387

张静江 (1)180 (2)43 (10)359

张君劢 (1)180 (5)195,196,
448,463,466,467,474,477,614,
626 (6)55,260-262,273,283,
284,310 (7)114,120 (9)501,
502 (10)245 (11)222
(12)652

张峻 (10)355

张厉生 (5)209,417 (7)461
(9)551

张聋聱 (1)15,46

张美怡(宋子文夫人) (9)473

张勉 (7)25,219,221,272,289,
290,294,299,328,661,714 (8)
4,7,240-245,328,352

张鸣岐 (1)266,267

张铭 (5)220

张乃骥 (13)16

张彭春 (3)191,378 (6)193,201

280-282,287

张治中　（5）124,628,642　（6）162,182,194,201,273,274,284,539,551,561　（7）90,91,572（10）231　（11）218

张忠绂　（5）89,90,150,195,223,370,407,466　（7）413

张兹闿　（7）582,591,661　（8）634（11）473,476,477

张紫常　（9）224,225,542,566（10）406

张祖荣　（10）227

张作霖　（1）217,259,260,263,264,266,267,269,281,283－289,315,316,331,332,340,341,347,348,383,418　（5）153　（11）227

张作相　（1）389　（5）658,659,661,667

章汉夫　（5）473　（12）353

章嘉活佛　（10）243

章士钊　（5）455

赵秉钧　（1）85,358,360

赵炳玉　（6）432－434,470　（7）270－272,326

赵戴文　（5）231

赵家骧　（9）376,532

赵麟苏　（王正廷私人秘书）（1）180

赵权　（1）317,318

赵一荻　（8）268

郑宝南(南笙)　（5）678　（6）3,5,52,169　（7）10,23,78,271,621,624,691　（8）31,131,132,226,278,279　（9）335,451,566,605,610　（10）295,484,485　（11）11,16,17,46,47,49,50,61,78,79,81,82　（12）92,97,321,322

郑伯峰　（8）49

郑洞国　（5）229　（7）14

郑果　（7）471

郑介民　（7）472,473,489,490,495,529,579,651　（8）319　（9）502（11）251

郑谦（鸣之）　（1）266,269,284

郑汝成　（1）88

郑天杰　（12）526,561

郑天锡（莆庭）　（5）593,639,646,674　（6）10　（7）94,105,187,382,410,432,436,622　（8）455（9）411,540－545,598,604　（10）206,458　（12）519,642　（13）8,31,32

郑彦棻　（10）354　（11）218,227,228,472

郑毓秀（魏道明夫人）　（1）196（5）246,252－254,257,273,474,475,502　（13）21

郑震宇　（5）370,393　（7）568,633（8）252,253　（9）223,437,603

埴原正直　（1）212,214

中村考太郎　（2）100,114

中田丰千代(日本驻台北海外事务所副所长)　（9）242

钟可成　（8）260

钟裕光 （11）496

周恩来 （2）350 （5）473,565, 628,634,652,654,666 （6）191, 262,274 （7）119,432,584 （8） 93, 96, 124, 146, 172, 177, 235, 362,613 （9）125,424,437,547 （10）82,248,283 （11）47,48,61, 82, 83, 104, 105, 256, 267, 302 （12）34, 49, 62, 77, 79, 82, 86, 94, 109, 110, 114, 158, 211, 232, 255 - 258,260, 261, 263 - 265, 272, 273, 276,278, 291, 292, 295, 296, 307 - 309,329, 330, 334, 337, 350 - 353, 392, 393, 396, 405, 420, 481, 482, 487, 488, 584, 612, 620, 622, 623, 639,657,688,706

周尔勋 （7）591 （9）464 （11）317

周鲠生 （5）367 （9）398

周宏涛 （8）413,414,465,468,469, 480, 482, 489, 490, 493, 499, 502, 509,522 - 525, 528, 531 - 533, 535, 536,538 - 540 （9）228,244,258, 335,344, 457, 459, 489, 506, 507 （11）218,231

周锦朝 （7）485,523,648 （8）32, 33,220,224,225 （12）224,225

周鲸文 （9）551

周鸣湘 （8）479

周谦冲 （7）93,114,117,126,131, 163,190,565

周世光 （12）249

周书楷 （6）134 （11）249 （12）659

周一西 （8）479

周诒春 （1）127 - 129,206,344

周以德 （5）408,409 （6）95,96, 136, 140, 234, 237, 246, 247, 284, 292,293,303,326,327,350,454 （7）26, 49, 61, 76, 170, 177, 180, 191, 199, 208, 214, 216, 218, 241, 310, 317, 319, 326, 525, 660, 688, 690 （8）52, 92, 166, 218, 225, 255, 288, 365, 366, 379, 412, 416, 418,420, 424 - 426, 429 - 431, 438, 440 - 444, 447, 450, 451, 453, 454, 456,461 - 463, 465 - 467, 473, 481, 482,484, 485, 497, 498, 500 - 504, 512 - 514,533,544,580 （9）209, 427,461, 467, 468, 497, 503, 519 （10）5, 43, 44, 72, 99, 100, 117, 119, 122, 148, 202, 203, 211, 249, 261, 319, 325, 349, 405, 431, 432, 434,447, 484, 485, 494 （11）11, 28,53, 94, 107, 108, 143, 165 - 167, 185, 203, 204, 455 （12）11, 47, 151, 285, 315, 333, 424, 473 - 475, 503,558 - 560

周应聪 （5）435

周宇寰（台海军陆战队司令） （10） 33,42 （12）216

周植荣 （8）32,33

周至柔 （5）460 （7）474,682 （8）74, 76, 77, 208, 209, 292, 320, 379,403 - 411, 413, 415 - 433, 435, 437 - 449, 451, 453 - 459, 461 - 467,

469,471,473,475,477,479－485,
487,489,491,493－495,497,499－
501,503－507,509,511,513,515,
517,519,521,523－527,529,531－
533,535－537,539,541,543,545－
547,549,551,553,555－557,559,
561,563,565,567,569,571,573,
575,577,579,581,583,585,587,
589,591,593,595,597－599　（9）
162,228,434,523,526　（10）430,
434,441,443,452,454,495　（11）
136,137,216,242,318,487

周钟嶽　(5)417

周仲山　(7)16,206　(9)475

周自齐　(1)208,230

周作民　(1)299　(6)302　(9)446

朱安,阿尔方斯　(5)631　(8)279,
280,327

朱榜生　(1)22,67

朱葆真　(6)269,390

朱长庚　(11)82

朱德　(5)625　(6)14,55　(7)532
(11)321

朱厄尔(牛津大学教授)　(7)144

朱尔典　(1)91,104,107,108,116,
123,373,376

朱抚松　(10)468－471　(11)37

朱光沐　(5)185　(10)363

朱光泽　(8)271,574,597　(11)496

朱霁青　(5)616

朱家骅　(1)351　(5)148,417
(6)427　(7)412,580　(11)213,

218,230,231,259

朱经农　(7)11

朱君毅　(6)176

朱可夫　(12)324,325

朱丽安娜(荷兰女王)　(9)361,362
(13)36,41,49

朱利安(法内阁部长)　(3)217

朱霖　　(5)422,436,459　（10）
247,361

朱明堂　(10)444

朱培德　(2)179

朱如堂　(9)547

朱绍良　　(5)122,123,131,424
(7)374,505

朱世明　　(5)365,644,657　（6）
347－349,351,357,358,549,566
(7)13－15,20,21,24,29,599,668
(8)379

朱斯特(美上校)　(10)504

朱文熊　(13)53

朱信民　(6)182,183　(11)222

朱学范　　(5)297,298,430,434
(6)21　(7)179,321

朱友渔　(7)343

朱志泰　(6)390

诸昌年　(2)69

庄莱德　(10)315,318,326,437,438,
495　(11)6,7,23,25,26,29－32,
48－50,78,103－107,127－129,131,
162－165,182－184,188,193,202,
203,208,219,296,312－318,395,
398,399,474,476,482－485

二 外国人姓名英汉对照表

A

Abe Nobuyuki	阿部信行
Abel, Elie	艾贝尔,伊利
Abello, E	阿贝略
Abercorn	阿伯康
Abetz	阿贝茨
Abingdon, Countess	阿宾登伯爵夫人
Abraham, Archer	亚伯拉罕,阿切尔
Abraham, Ernest	亚伯拉罕,欧内斯特
Acheley, Dana	艾奇理,达纳
Acheson	艾奇逊
Acheson, Dean Gooderham	艾奇逊,迪安·古德哈姆
Acter, J.J.	艾克特
Adams	亚当斯
Adams, John Quincy	亚当斯,约翰·昆西
Adams, Sherman	亚当斯,谢尔曼
Adams, Sherwood	亚当斯,舍伍德
Adenauer, Konrad	阿登纳,康拉德
Adler, Saul	爱德乐
Aga Khan	阿伽汗
Aglen, Francis	安格联
Aguilar, Francisco	艾吉兰,弗朗西斯科
Aiken, Frank	艾肯,弗兰克
Aiken, George	艾肯,乔治
Aikens	艾肯斯
Ailwyn	艾尔文

Ala, Hussein	阿拉,侯赛因
Alba	阿尔巴
Albert	阿尔贝特
Aldrich, Charles	奥尔德里奇,查尔斯
Alexander	亚历山大
Alexander, Holmes	亚历山大,霍姆斯
Alexander I	亚历山大一世
Alfieri	阿尔菲里
Ali, Asaf	阿里,阿萨夫
Alice	艾丽丝
Al-Khan, Begum Liqua	阿里汗·莉卡夫人
Ali, Mohammed	阿里,穆罕默德
Al-khayyal, Abdullah	哈亚勒,阿卜杜拉
Allen	艾伦
Allen, George	艾伦,乔治
Allen, Leo	艾伦,利奥
Allen, Robert	艾伦,罗伯特
Allen, William	艾伦,威廉
Allison, John M.	艾利森,约翰·穆尔
Allman, N.F	奥尔曼
Aloisi	阿洛伊西
Alphand	阿尔芳
Al-Shabandar, Moussa	沙班达尔,穆萨
Alsop, Joseph	艾尔索普,约瑟夫
Alsop, Stewart	艾尔索普,斯图尔特
Amau, Eiji	天羽英二
Ame-Leroy	阿梅-勒鲁瓦
Amery (Young)	艾默里(小)
Amery, Leopold Stennett	艾默里,利奥波德·斯坦内特
Anders	安德尔斯
Anderson	安德森
Anderson, Clinton	安德森,克林顿

Anderson, John	安德森, 约翰
Anderson, Lady John	安德森夫人, 约翰
Anderson, Robert B.	安德森, 罗伯特
Andrade, Victor	安德拉德, 比克托尔
Andrews, Charles A.	安德鲁斯, 查尔斯
Andrews, George	安德鲁斯, 乔治
Angelano	安吉拉诺
Angell, Norman	安吉尔, 诺曼
Annabella	安娜贝拉
Ansberry, T.P.	安斯伯里
Ansberry, Mrs. T.P.	安斯伯里夫人
Anslinger	安斯林格
Aquarone, Stanislas	阿奎龙, 斯坦尼斯拉斯
Arahna, Oswaldo	阿拉纳, 奥斯瓦尔多
Araki Eiichi	新木荣吉
Araki Sadao	荒木贞夫
Aranha	阿兰亚
Aras, Rustu	阿拉斯, 吕斯蒂
Arbelaez, Urdaneta	阿韦拉埃斯, 乌尔达内塔
Arce, Jose	阿尔塞, 何塞
Archimbaud, Leon	阿奇博, 莱昂
Areilza, Jose Maria de	阿雷尔萨, 何塞·马里亚
Arens, Richard	阿伦斯, 理查德
Arey	艾里
Argyropoulos, Alexander	艾寄乐
Ariga Nagao	有贺长雄
Arita Hachiro	有田八郎
Ariyoshi Akira	有吉明
Armas, Castillo	阿马斯, 卡斯蒂略
Armonel-Ugon, Wimarik	阿蒙-乌贡, 维马立克
Armour, Norman	阿穆尔, 诺曼
Armstrong	阿姆斯特朗

Armstrong, George	阿姆斯特朗,乔治
Armstrong, Hamilton Fish	阿姆斯特朗,汉密尔顿·菲什
Arndt, K. M.	阿恩特
Arnett, B.	阿内特
Arnold	阿诺德
Arnold, Julean Herbert	安立德
Arnold, Thurman	阿诺德,瑟曼
Arutzen, N. Sven	阿吕特森,斯文
Ashida Hitoshi	卢田均
Astor, Lord	爱斯托勋爵
Astor, Major	阿斯特,梅杰
Astor, William	爱斯托,威廉
Atcheson, George	艾奇逊,乔治
Atkinsen, Brooks	阿特金森,布鲁克斯
Attlee, Clement Richard	艾德礼,克莱门特·理查德
Aubert	欧伯
Audinet	奥迪内
Auriol, Vincent	奥里奥尔,樊尚
Austin, Warren	奥斯汀,沃伦
Avenol, Joseph	爱文诺,约瑟夫
Ayres, Eben	艾尔斯,埃本
Azm, Khaled	阿兹姆,哈立德

B

Babcock, C. Stanton	巴布科克,斯坦顿
Bacon, Robert	培根,罗伯特
Bacon, Mrs. Ruth	培根夫人,鲁思
Badawi	巴达维
Badger, Oscar	白吉尔,奥斯卡
Badoglio	巴多利奥
Baffeleuf, A.	巴弗勒夫

Bailey	贝利
Baker, Ray Stannard	贝克,雷·斯坦纳德
Bakhmetiff, Boris	贝克麦特夫,鲍里斯
Balabanov, N.	巴拉巴诺夫
Baldwin, Hanson	鲍德温,汉森
Balfour, Arthur	贝尔福,阿瑟
Balfour, Harold	鲍尔福,哈罗德
Balfour, John	鲍尔福,约翰
Ballentine, JosephW.	包兰亭
Balmacede	巴尔马塞达
Bancroft, H.F.	班克罗夫特
Bao Dai	保大
Bao Hoi	保会
Barbey	巴比
Barcia	巴西亚
Barendsen, Carl	巴伦德森,卡尔
Barger	巴杰
Bargeton, Paul	巴吉东,保罗
Barker	巴克
Barkley, Alben	巴克莱,艾尔本
Barkley, Mrs. Alvin	巴克莱夫人,阿尔文
Barnem	巴内姆
Barnett, Doak	巴尼特,多克
Barnett, Robert W.	巴尼特,罗伯特
Baron, Le	巴伦
Barr, David	巴大维
Barret	巴雷特
Barrett, David	包瑞德
Barrington, James	巴林东,詹姆斯
Barth, Alan	巴思,艾伦
Barthou, Louis	巴尔图,路易斯
Barton, Sidney	巴顿,悉尼

Baruch	巴鲁克
Baruch, Bernard	巴鲁克,伯纳德
Basdevant	巴德旺
Bassols	巴索尔斯
Baudouin I	博杜安一世
Baudouin, Paul	博杜安,保尔
Baydor, Hassyin Rajit	巴伊多尔,哈西因·拉日特
Bayer, Celal	拜亚尔,杰拉尔
Bayt	贝特
Beach, Edward	比奇,爱德华
Beal, John Robinson	比尔,约翰·鲁滨逊
Beale, Jack	比尔,杰克
Beale, Mrs. Truxton	比尔,特拉克斯顿夫人
Beamish	比米什
Beard, Charles	比尔德,查尔斯
Beard, Mary	比尔德,玛丽
Beaton	比顿
Beatrice	贝娅特丽丝
Beauverger	博韦热
Beaverbrook	比弗布鲁克
Bebler	贝布来尔
Bech	贝希
Beck, Josef	贝克,约瑟夫
Becket	贝克特
Becket, William	贝克特,威廉
Belaude	贝劳德
Belknap	贝尔纳普
Bell	贝尔
Belt	贝尔特
Bender	本德
Benes, Edward	贝奈斯,爱德华
Bennet	贝内特

Bennett	贝纳特
Bennett, Martin	贝内特,马丁
Benson	本森
Benton	本顿
Benzon, Cesar	本松,塞萨尔
Berckemeyer, Don Fernando	贝尔塞梅耶,唐·费尔南多
Berendsen, Carl	贝伦德森,卡尔
Berenger	贝朗热
Berger	贝尔热
Beria, Lavrenty Pavlevich	贝利亚,拉夫连季·巴夫洛维奇
Berkey	伯基
Berle, Adolf A. Jr.	伯利,小阿道夫
Bernadotte	伯纳多特
Bernhard	伯恩哈德
Bernhoft	伯恩霍夫特
Bernstoff	本斯道夫
Berray	贝雷
Berrieux	贝里厄
Berthelot, Philippe	贝特洛,菲利普
Bethouard	贝托尔
Bevin, Ernest	贝文,欧内斯特
Beyerly, I.F.	拜尔利
Bhakdi	帕滴
Biancheri	比安凯里
Bibb, Eugene	比布,尤金
Bidault, Georges	皮杜尔,乔治
Biddle	皮特尔
Biddle, Anthony	比德尔,安东尼
Biffle, Lestie	比弗尔,莱斯利
Billote	比约特
Bingham, Hiram	宾厄姆,海勒姆
Bird	伯德

Bismarck, Otto Von	俾斯麦,奥托·冯
Bissell, Richard Jr.	比斯尔,小理查德
Bisson T.A.	比森
Bixby	比克斯比
Bjorset, Brynjolf	布约尔塞特,布林约尔夫
Black, Eugene	布莱克,尤金
Blair	布莱尔
Blakeslee	勃来克斯雷
Blanco	布兰科
Blanding, Miss	布兰丁小姐
Blanford, John	布兰福德,约翰
Bliss	布利斯
Blofield	布洛菲尔德
Blomberg, Werner Von	勃隆伯格,维尔纳·冯
Blondel	布隆代尔
Bloom, Sol	布卢姆,索尔
Bloplaud, Van	布洛普劳德
Blücher	布廖赫尔(加伦)
Blum, Leon	勃鲁姆,莱昂
Blunt	布伦特
Boanzal	邦扎尔
Bodet	鲍德特
Boford	博福
Bogomolov, Dimitri	鲍格莫洛夫,基米特里
Boheman, Erik	博赫曼,埃里克
Bohlen, Charles (Chip)	波伦,查尔斯(奇普)
Boisson, M.	布瓦松
Bokhari	博卡哈里
Bolte, Charles	博尔特,查尔斯
Bolton, Frances	博尔顿,弗朗西丝
Bombaro	蓬巴洛
Boncour	邦库

Bond	邦德
Bonheur, Rosa	博纳尔,罗萨
Bonnet, George	博内,乔治
Bennet, Henry	博内,亨利
Bonsal, Philip	邦斯尔,菲利普
Bonzalez	邦扎莱兹
Boothby, Robert	蒲士培,罗伯特
Borah, William Edgar	博拉,威廉·埃德加
Borchard, Edwin M.	博恰德,埃德温
Borcic	包西克
Borden	包登
Borg, Dorothy	博格,多萝西
Boris	鲍里斯
Borodin, Michael	鲍罗廷
Bose, Sarat Chandra	鲍斯,萨拉特·钱德拉
Bose, Subhas Chandra	鲍斯,苏布哈斯·钱德拉
Bosham, Canon	博沙姆,卡农
Bossoutrot	博苏特罗
Bottner	鲍德诺
Boult, Adrian	博尔特,艾德里安
Boumann	鲍曼
Bourgeois, Leon	布尔热瓦,莱昂
Bowden, Thomas R.	鲍登,托马斯
Bowles, Chester	鲍尔斯,切斯特
Boykin, Frank W.	博伊金,弗兰克
Boyle	波伊尔
Boyle, William	博伊尔,威廉
Bracken, Brendan	布雷肯,布伦丹
Braddock	布雷多克
Bradley, Omar	布莱德雷·奥马尔
Braithwaite	布雷思韦特
Branch	布兰奇

Brandeis	布兰代斯
Brannan, Charles	布兰南,查尔斯
Brennan	布伦南
Brennan, John Fitzgerald	璧约翰
Brent, Joseph	布伦特,约瑟夫
Brentano	布伦塔诺
Brevier	布雷维
Brewster, Owen	布鲁斯特,欧文
Briand, Aristide	白里安,阿里斯蒂德
Bricker	布里克
Bridges, Styles	布里奇斯,斯泰尔斯
Brierley	布赖尔利
Brinson, N. W.	布林森
Broad	布罗德
Broadly, Herbert	布罗德利,赫伯特
Brockington	布罗金顿
Brodie	布罗迪
Brodie, Donald. M.	布罗迪,唐纳德
Brodie, Robert	布罗迪,罗伯特
Brooke, Allen	布鲁克,艾伦
Brooke, Baret	布鲁克,巴雷特
Brooke, Frederick H.	布鲁克,弗雷德里克
Brooke, Mrs. Frederick	布鲁克夫人,弗雷德里克
Brosio, Manlio	布罗西奥·曼利奥
Brown	布朗
Brown, Cecil	布朗,塞西尔
Brown, Clarence	布朗,克拉伦斯
Brown, Constantin	布朗,康斯坦丁
Brown, D.G.	布朗
Brown, Philip	布朗,菲利普
Brownell, Herbert	布劳内尔,赫伯特
Bruce, David	布鲁斯,戴维

Bruce, Stnaley Melbourne	布鲁斯,斯坦利·墨尔本
Brucker, Wilber	布鲁克,威尔伯
Brundage, Percival	布伦戴奇,珀西瓦尔
Bruning, Heinrich	布吕宁,海因里希
Bryan, Jennings	布赖恩,詹宁斯
Buchman	布克曼
Buck, Mrs. Blair	巴克夫人,布莱尔
Buck, Pearl	赛珍珠
Bucknell	巴克内尔
Buell	比尔
Buhrer	布吕尔
Bulganin, Nikolai Alexandrovich	布尔加宁,尼古拉·亚历山大罗维奇
Bullis, Harry A.	布利斯,哈里
Bullitt, William	蒲立德
Bunch, Ralph	本奇,拉尔夫
Bunker	邦克
Bunting, Frederick	邦廷,弗雷德里克
Burgess, John William	伯吉斯,约翰·威廉
Burghley	伯利
Burke, Arleigh A.	伯克,阿雷
Burke, James	伯克,詹姆斯
Burke, Thomas	伯克,托马斯
Burleson, Omar	伯利森,奥马尔
Burrell	伯勒尔
Burton, Harold H.	伯顿,哈罗德
Bussy, Andre	比西,安德烈
Butler	巴特勒
Butler, Hugh	巴特勒,休
Butler, Nicholas Murray	巴特勒,尼古拉斯·默里
Butler, Richard Austen	巴特勒,理查德·奥斯汀
Butterworth, Walter	巴特沃思,沃尔特
Bynes, James（Jimmy）	贝尔纳斯,詹姆斯(吉米)

Byrd	伯德
Byrd, Henry	伯德, 亨利
Byroade, Henry	拜罗德, 亨利

C

Cabot	卡伯特
Cadbury, George	凯德伯里, 乔治
Cadogan, Alexander	贾德干
Cadogan, Eric	卡多根, 埃里克
Caffery	卡弗里
Cafritz, Morris	卡弗里兹, 莫里斯
Cagney, James	卡格尼, 詹姆斯
Cahan	卡恩
Caillaux, Joseph	卡约, 约瑟夫
Cain, Harry	凯恩, 哈里
Calhoun	卡尔霍恩
Calhoun, John C.	卡尔霍恩, 约翰
Calingo, Mauro	卡林戈, 毛罗
Callejon, Propper de	卡列洪, 普罗佩尔·德
Camargo, Alberto Lleras	卡马戈, 阿尔维托·列拉斯
Campa, Miguel Angel	坎帕, 米格尔·安赫尔
Campbell, Gerald	坎贝尔, 杰拉尔德
Campbell, Ronald Hugh	坎贝尔, 罗纳德·休
Campora, Alberto Dominguez	坎波拉, 阿尔维托·多明格斯
Camrose	卡姆罗斯
Caneboy	凯恩博伊
Canning, George	坎宁, 乔治
Cannon, Joseph Gurney	坎农, 约瑟夫·格尼
Canterbury, Archbishop of	坎特伯雷大主教
Cantlie	康德黎
Cantwell, Archbishop	坎特韦尔大主教

Capehart, Homer	凯普哈特, 霍默
Caraway, Paul	卡拉韦, 保罗
Carbo, Creta	嘉宝
Carcano	卡尔卡诺
Carcis, Carlos	加西亚, 卡洛斯
Cardenas, Lazaro	卡德纳斯, 拉萨罗
Carertes	察雷尔特斯
Carey, Archibald Jr.	凯里, 小阿奇博尔德
Carey, James	凯里, 詹姆斯
Carlson, Evans F.	卡尔森, 埃文斯
Carlson, Frank	卡尔森, 弗兰克
Carnegie, Andrew	卡内基, 安德鲁
Carney	卡尼
Carney, Robert B.	卡尼, 罗伯特
Carnier-Coigner	加尼埃-夸涅
Carol	卡洛尔
Carrier, Paul	卡里尔, 保罗
Carroll	卡罗尔
Carter, Burner	卡特, 伯纳
Carter, Edward	卡特, 爱德华
Carter, Marshall	卡特, 马歇尔
Case, Everett	凯斯, 埃弗雷特
Casey	凯西
Cassals	卡萨尔斯
Cassel	卡斯尔
Cassells, W.C.	卡斯尔斯
Cassin, Rene	卡森, 勒内
Castro	卡斯特罗
Castro, Benito	卡斯特罗, 贝尼托
Catroux, Georges	卡特鲁, 乔治
Cecil, Robert	塞西尔, 罗伯特
Celler	塞勒

Chadbourne, William	查德伯恩,威廉
Chadourne, Marc	夏杜纳,马克
Chamberlain, Arthur Neville	张伯伦,阿瑟·内维尔
Chambre, Guyla	尚布尔,居伊拉
Chancellor	钱塞勒
Chandler	钱德勒
Chapman, Oscar L.	查普曼,奥斯卡
Chappedelaine	夏普德兰
Chappel, Walter F.	查佩尔,沃尔特
Charles	查尔斯
Charles	查尔莱斯
Charles-Roux	夏尔鲁
Charverait	夏维雷
Chase	蔡斯
Chase, Frederick C.	蔡斯,弗雷德里克
Chase, William C.	蔡斯,威廉
Chatfield, Lady	查特菲尔德夫人
Chautemps, Camille	萧唐,卡米耶
Chauvel	萧维尔
Chennault, Claire L.	陈纳德
Cherwell	彻韦尔
Chetwick	切特维克
Chetwode, Philip	切特任德·菲利浦
Chevelier, Maurice	谢瓦利埃·莫里斯
Chouaib, Mohammad	丘艾布,穆罕默德
Chrysler, Walter Percy	克莱斯勒,沃尔特·珀西
Churchill, Randolph	邱吉尔,伦道夫
Churchill, Winston	邱吉尔,温斯顿
Church Marguerite	丘奇,玛格丽特
Chutter, Reginald	丘特尔,雷金纳德
Ciano, di Cortellazzo	齐亚诺
Ciano, Mrs.	齐亚诺夫人

Cil, Portes	希尔,波特斯
Citrine, Walter M.	西特林,沃尔特
Civile, Maison	西维尔,迈松
Clarendon	克拉伦敦
Clark	克拉克
Clark, Ashley	克拉克,阿什利
Clark, Edwin	克拉克,埃德温
Clark, George	克拉克,乔治
Clark, Joseph	克拉克,约瑟夫
Clark, Lewis	克拉克,刘易斯
Clark, Mark	克拉克,马克
Clark, Tom	克拉克,汤姆
Claudel	克洛岱尔
Claudel, Henri	克劳德,亨利
Clay, Lucius D.	克莱,卢修斯
Clayton, William	克莱顿,威廉
Clemenceau, Georges	克里孟梭,乔治
Clements	克莱门茨
Cleveland, Harlan	克利夫兰,哈伦
Clifford, Clark	克利福德,克拉克
Clough, Ralph	克拉夫,拉尔夫
Clowes, Allen	柯乐博
Clubb, Edmund	克洛斯,艾伦
Clutton	克拉顿
Coates	科茨
Cobden, Richard	科布顿,理查德
Cochran, James	科克伦,詹姆斯
Cochran, Thomas (Tom)	科克伦,托马斯(汤姆)(郭可仁)
Cochran, William Jr.	科克伦,威廉(小)
Cocke, Earl Jr.	科克,小厄尔
Coffin, Tress	科芬,特雷斯
Coffin, Trus	科芬,特拉斯

Cohen, Benjamin	科恩,本杰明
Colaros	科拉罗斯
Colban	科尔班
Cole, Sterling W.	科尔,斯特林
Colijn	科林
Colina	科利纳
Collins	柯林斯
Collins, Frank H.	柯林斯,弗兰克
Collins, Frederic W.	柯林斯,弗雷德里克
Collins, John Lawton	柯林斯,约翰·劳顿
Collins, Leroy	柯林斯,勒鲁瓦
Colona	科隆纳
Colton, Barnum	科尔顿,巴纳姆
Colville, Lady Cynthia	科尔维尔夫人,辛西亚
Comert, M.P.	柯美尔
Compton, George Brokaw	康普顿,乔治·布罗考
Concheso, Aurelio F.	孔切索,奥雷利奥
Connally, Thomas (Tom)	康纳利,托马斯(汤姆)
Connelly, F.L.C.	康内利
Connelly, Mat	康内利,马特
Conner, William D.	康纳,威廉
Conzalez, Cesar	孔萨莱斯,塞萨尔
Cooch	库奇
Cook	库克
Cook, Cyril	库克,西里尔
Cooke, C.M.	柯克
Cooley, Harold	库利,哈罗德
Cooper	库珀
Corbin	科尔宾
Cordova	科尔多瓦
Corman	科尔曼
Cort	科尔特

Cortines, Ruis	科尔蒂内,鲁伊斯
Cosme, Henri	高思默
Costello	科斯特洛
Costello, Bill	科斯特洛,比尔
Cot, Pierre	科特,皮埃尔
Cotui	科图伊
Coty, Rene	科蒂,勒内
Courselles, Francois	库尔塞尔,弗朗索瓦
Cowell, Mrs. Richard T.	考埃尔夫人,理查德
Cowen, Myron	考恩,迈伦
Cowles	考尔斯
Cox	考克斯
Cox, Edward	考克斯,爱德华
Cozart, James	科扎特,詹姆斯
Craig	克雷格
Craig, Kenneth	克雷格,肯尼思
Craigie	克雷吉
Craigie, Robert	克莱琪,罗伯特
Cramborne, 5th, Marquess of Salisbury	克兰伯恩,索尔兹伯里侯爵
Cramm	克拉姆
Crane, Burton	克兰,伯顿
Crane, Durries	克兰,达里斯
Crane, Richard	柯兰,理查德
Crawford, F.L.	克劳福德
Crawford, J.E.	克劳福德,杰·伊
Creel, George	克里尔,乔治
Cripps, Stafford	克里普斯,斯塔福德
Cripps, Lady Stafford	克里普斯夫人,斯塔福德
Cristi	克里斯蒂
Cromwell, James	克伦威尔,詹姆斯
Cromwell, Oliver	克伦威尔,奥利弗

Crossby	克罗斯比
Crow, Albert	克劳, 艾伯特
Crozier	克罗泽
Cruz-Salazar	克鲁斯-萨拉查
Csaky	恰基
Cuaderno, Miquel	库亚德尔诺, 米克尔
Cuneo	库尼奥
Cunningham	坎宁安
Currie, Laughlin	柯里, 劳克林
Curzon, George Nathaniel	寇仁
Cushing, Harry Alonzo	库欣, 哈里·阿隆索
Cynstian, Lady	辛斯蒂安夫人

D

Daecher	戴切尔
Daladier, Edouard	达拉第, 爱德华
Dalton, Hugh	多尔顿, 休
Daly, John	戴利, 约翰
Daniel, Price	丹尼尔, 普赖斯
Dann	丹恩
Daridan, Jean	达里东, 让
Darlan, Francois	达尔朗, 弗朗索瓦
Dary	达里
Das, Mme Chitta Ranjan	达斯夫人, 奇塔·兰真
Datar, R.A.	德特尔
Davaz, Suad	达瓦兹, 苏阿德
David	戴维
Davidson	达维森
Davies, John Paton	戴维斯, 约翰·佩顿
Davies, Joseph	戴维斯, 约瑟夫
Davis	戴维斯

Davis, Arthur C.	戴维斯,阿瑟
Davis, Clement	戴维斯,克莱门特
Davis, Elmer Holmes	戴维斯,埃尔默·霍姆斯
Davis, Monnet	戴维斯,蒙内特
Davis, Norman	戴维斯,诺曼
Davis, Spencer	戴维斯·斯潘塞
Davis, Thomas	戴维斯,托马斯
Dawes, Charles	陶威斯,查尔斯
Dawson	道森
Day, George	戴,乔治
de Gagne	德加涅
de Gaulle, Charles	戴高乐,夏尔
de Huertematte	德乌埃尔特
de Murville, Gouve	德姆维尔,顾夫
de Paz, Sra	德帕丝夫人
de Valle	德巴列
de Wiart, Carton	德维亚,卡尔东
de Wiat	德维艾特
Dean	迪安
Dean, Arthur	迪安,阿瑟
Deauville	杜维勒
Debuchi Katsuiji	出渊胜次
Decamp	德康
Decker	德克尔
Decker, Clarence	德克尔,克拉伦斯
Decodt	德克德特
Decoux, Jean	德古,让
Del Vayo	德巴约
Delaware	德拉韦尔
Delbos, Yvon	德尔博斯,伊冯
Delgado	德尔加多
Delia	迪莉娅

Deming, O.H.	戴明
Denby, James Orr	登维,贾梅斯·奥尔
Dendramis	曾兹拉米斯
Denfield, Louis E.	登菲尔德,路易斯
Denikin, Anton Ivanovich	邓尼金,安东·伊万诺维奇
Denim	邓尼姆
Dening, Esler	丹宁,埃斯勒
Denison	丹尼森
Dennis	丹尼斯
Denny	丹尼
Denny, Ludwell	丹尼,勒德韦尔
Denterghem, Kerchove de	登特根,克乔夫·德
Denys	德尼
Deressa, Yilma	德里萨,耶尔马
Desmaillet	德梅勒
Dett, Byrd	德特,伯德
Devakula, Wonsannvatva	德瓦古叻,翁汕瓦德瓦
Devers, Jacob Loucks	德弗斯,雅各布·劳克斯
Devonshire, Duke	德文郡公爵
Dewey, Thomas E.	杜威,托马斯
Diaz	迪亚斯
Dick	迪克
Dickinson, Mrs.	迪金森夫人
Diffendorf	迪芬道夫
Dill, John	迪尔,约翰
Dillingham	迪林厄姆
Dillon	迪利翁
Dirksen, Everett	德克森,埃弗雷特
Dodd, Norris	多德·诺里斯
Dodds, E.R.	多兹
Dodds, Harold W.	多兹,哈罗德
Dodds, William	多兹,威廉

Dodge, Joseph	道奇,约瑟夫
Dohini	杜赫尼
Doidge	多伊奇
Doihara Kenji	土肥原贤二
Dolivet	多利韦
Dollfuss, Engelbert	陶尔斐斯,恩格尔贝特
Dolson	多尔森
Donald	唐纳德
Donald, William Henry	端纳
Donaldson, Jesse	唐纳森,杰西
Donovan	多诺万
Donovan, William	多诺万,威廉
Doole, George	杜尔,乔治
Doolittle, James Harold	杜立特,詹姆斯·哈罗德
Dorman	多尔曼
Dorn, Frank	多恩,弗兰克
Dort	多特
Douglas, Donald	道格拉斯,唐纳德
Douglas, Lew	道格拉斯,卢
Douglas, Paul	道格拉斯,保罗
Douglas, William	道格拉斯,威廉
Doumergue, Gaston	杜梅尔格,加斯东
Dow, Hugh	道,休
Downe, Harry S.	唐恩,哈里
Downey	唐尼
Drew, George	德鲁,乔治
Dribben, Seymour	德里本,西摩
Driscoll	德里斯科尔
Drummond, Eric	杜吕蒙,埃里克
Drummond, Roscoe	德拉蒙德,罗斯科
Drumright, Everett	庄莱德
Drystill	德赖斯蒂尔

Du Rels	杜里尔
Duboscq, Andre	迪博克, 安德烈
Duchene	迪歇纳
Duff	达夫
Duff-Cooper	达夫-库柏
Duff, Frank	达夫, 法兰克
Duff, James H.	达夫, 詹姆斯
Duggan	达根
Duggan Stephen	达根, 斯蒂芬
Dulcos	杜洛克
Dulles, Allen	杜勒斯, 艾伦
Dulles, John Foster	杜勒斯, 约翰·福斯特
DuNant	杜南特
Duncan, Sandys	邓肯, 桑兹
Dunham, Franklin	邓纳姆, 弗兰克林
Dunn, James	邓恩, 詹姆斯
Duparc, Gasnier	杜帕克, 加尼埃
Durand, Julien	杜朗, 朱立安
Durdin, Tillman	德丁, 蒂尔曼
Durkin	德尔金
Durdo, George	杜尔诺, 乔治
Duser	杜塞尔
Dutasta	迪塔斯塔

E

Early, Stephen	厄尔利, 斯蒂芬
Eastland, James O.	伊斯特兰, 詹姆斯
Eaton, Charles A.	伊顿, 查尔斯
Eban	埃班
Eccles	埃克尔斯
Eckert W.D	埃克特

Ecton	埃克顿
Eden, Robert Anthony	艾登,罗伯特·安东尼
Edge, Walter E.	埃奇,沃尔特·伊
Edison, Charles	爱迪生,查尔斯
Edson, Peter	埃德森,彼得
Edward VIII	爱德华八世
Edwardes	易纨士
Edwards	爱德华兹
Effron	埃弗龙
Egerton	埃杰顿
Eggleston, Frederick	埃格尔斯顿,弗雷德里克
Eichlberger	艾克伯格
Eiken	埃肯
Einaudi	伊诺弟
Einstein, Albert	爱因斯坦,艾伯特
Eisenhower	艾森豪威尔
Eisenhower, Dwight David(Ike)	艾森豪威尔,德怀特,戴维(艾克)
Elath, Eliahu	埃拉斯,埃利亚胡
Elder, J.C.	埃尔德
Elizabeth, Queen	伊丽沙白王后
Elizabeth II, Queen	伊丽沙白二世女王
Elizalde, J.M.	伊利扎尔德
El-Kekhia, M.F.	凯希亚
El-khouri, Faiz	胡里,法伊兹
Ellender	埃伦德
Elliot	埃利奥特
Elliot, Walter	埃利奥特·沃尔特
Ellis, Frank	埃利斯,弗兰克
Ellison	埃利森
Elliston	埃礼士腾
Elliston, Herbert	埃利斯顿,赫伯特
Ellsworth	埃尔斯沃思

Elson, Robert	埃尔森,罗伯特
Ely	埃利
Emerson	埃默森
Emmons, Arthur	埃蒙斯,阿瑟
Encisco-velloso	恩西斯科-贝略索
Engert, C.Y.H.	恩格特
Entezam, Nasrollah	恩泰扎姆,纳斯罗拉
Entezi	恩特兹
Epstein, E.	爱泼斯坦,伊
Eriksson, Herman	埃里克松,哈尔曼
Erkin, Behic	埃尔金,贝希吉
Erkin, Feridun, Cemal	埃尔金,弗里敦·杰马尔
Erskine	厄斯金
Escarra, Jean	爱斯嘉拉
Essen, Van	艾森,范
Ettiger	埃廷格
Evatt, Herbert	伊瓦特·赫伯特
Ewings, James	尤因,詹姆斯

F

Fackenthal, Frank D.	法肯索尔,弗兰克
Fagih, Sheikh Asad	法基,沙伊赫·阿萨德
Fairbanks, John	费正清
Fairweather	费尔韦瑟
Faisal II	费萨尔二世
Falkenburg, Jinx	福尔肯伯格,金克斯
Falkenhausen, Alexander Von	法根豪森
Farinacci	法里纳奇
Farley, James (Jim)	法利,詹姆斯(吉姆)
Farnsworth	法恩斯沃思
Farrington, Mrs.	法林顿夫人

Farrington, Joseph（Joe）	法林顿,约瑟夫(乔)
Fassoulis	法苏里斯
Fatou	法图
Faukland	福克兰
Faure	富尔
Fay	费伊
Fearey, Robert A.	费尔里,罗伯特
Fechteler, William M.	费克特勒,威廉
Feller, Abraham	法勒,亚伯拉罕
Fellers, Bonner	费勒斯,邦纳
Fels	费尔
Ferguson	弗格森
Ferguson, Homer	弗格森,霍默
Fernandes, Louis	费尔南德斯,路易斯
Fernet	费尔奈
Ferras, Gabriel	费拉,加布里埃尔
Field, Frederick V.	菲尔德,弗雷德里克
Finleter	芬勒特
Finley	芬利
Fischer	菲舍尔
Fischer, John	费希尔,约翰
Fischer, Louis	费希尔,路易斯
Fish	菲什
Fisher	费希尔
Fisher, Adrian	费希尔,艾德里安
Fitch	菲奇
Fitch, Mrs. George	菲奇夫人,乔治
Fitzgerald	菲茨杰拉德
Fitzgerald, David	菲茨杰拉德,戴维
Fitzmaurice, Gerald	菲茨莫里斯,杰拉尔德
Flandin, Pierre Estienne	弗朗丹,皮埃尔·艾斯蒂安
Fleming, Philip	弗莱明,菲利普

Fletcher	费莱彻
Fliegers, Serge	弗利杰斯,塞奇
Foley, Charles	弗利,查尔斯
Foley, Edward H. Jr.	弗利,爱德华(小)
Folsom	福尔索姆
Folsom, Marion B.	福尔索姆,马里恩
Foote	富特
Forbes	福布斯
Ford, Henry	福特,亨利
Forrestal, James	福莱斯特,詹姆斯
Forrester	福莱斯特
Fortier, L.J.	福蒂埃
Fosdick, Dorothy	福斯迪克,多罗西
Fosdick, Raymond	福斯迪克,雷蒙德
Fossas, Eduardo	福萨斯,爱德华多
Foster, John	福斯特,约翰
Foster, John Watson	福斯特,约翰·沃森(科士达)
Foster, William C.	福斯特,威廉
Fouguieres, Pierre Beca de	富基埃尔,皮埃尔·贝卡·德
Fournier, Don Fernando	富尼埃,唐·费尔南多
Fox	福克斯
Franasovici	弗拉纳索维奇
Francois	弗朗索瓦
Franco, Carmen	佛朗哥,卡尔门
Frangulis	弗朗居里
Franco, Francisco	佛朗哥,弗朗西斯科
Frankfurter, Felix	弗兰克福特,费利克斯
Franklin, Benjamin	富兰克林·本杰明
Franks, Oliver	弗兰克斯,奥利弗
Fraser	弗雷泽
Fraser, Lovett	弗雷泽,洛维特
Frazer, Peter	弗雷泽,彼得

Freeman, Fulton	弗里曼,富尔顿
Freeman, Tony	弗里曼,托尼
Freitas-Valle	弗雷塔斯-巴列
Friendly, Alfred	弗兰德利,艾尔弗雷德
Frost, Robert	弗罗斯特,罗伯特
Fry, Alderman	弗赖伊,奥尔德曼
Fry, Margery	弗赖伊,马杰里
Fulbright, William	富布赖特,威廉
Fulton, James	富尔顿,詹姆斯

G

Gable, Clark	贾利古柏
Gabol, Belate Ayeela	加布尔,贝拉塔·阿伊拉
Gage, Barkley	盖奇,伯克利
Gairard	加拉
Galens, Vasili Konstantinovich	加伦(布廖赫尔)
Gallagher	加拉格尔
Gallais	加莱
Gallardo, Ossario	加拉杜,奥萨里奥
Galt, Mrs.	高尔特夫人
Gamelin, Maurice	甘末林,莫里斯
Gandhi, Indira	甘地,英迪拉
Gandhi, Mohandas Karamchand	甘地,莫汉达斯·卡拉姆昌德
Gandon	冈东
Garner, John N.	加纳,约翰
Garreau, Roger	加罗,罗歇
Gascoigne, Alvary	盖斯科因,阿尔瓦里
Gasperi, Alcide de	加斯贝利,阿尔契德
Gassouin	加苏安
Gaston, Herbert	加斯顿,赫伯特
Gates, Thomas	盖茨,托马斯

Gauss, Clarence Edward	高思
Gavin, James	加文,詹姆斯
Gayda, Virginio	盖达,维尔季尼奥
Gentil	让蒂尔
George	乔治
George, Thomas	乔治,托马斯
George V	乔治五世
George VI	乔治六世
George-Picot	乔治-皮科
Gerand	热朗
Gerbrandy, P.S.	盖尔布兰代伊
Gerig, Benjamin	格里克,本杰明
Gerrity, T.P.	格里蒂
Gibson	吉布森
Gibson, Hugh	吉布森,休
Giddings, Franklin Henry	吉丁斯,富兰克林·亨利
Gilbert	吉尔贝
Gilchrist, Malcolm	吉尔克里斯特,马尔科姆
Giles, Bertram	翟比南
Gillem	吉勒姆
Gillette	吉勒特
Gilpatric	吉尔帕特里克
Gilpatric, Rosewell	吉尔帕特里克,罗斯韦尔
Girand, Henri	吉罗,亨利
Glasser	格拉泽
Glenn	格伦
Goebbels, Paul Josef	戈培尔,保罗·约瑟夫
Goering, Hermann	戈林,赫尔曼
Goetze	戈策
Golans	戈兰斯
Goldberg	戈德堡
Goldman, Eric	戈德曼,埃里克

Goldwater, Barry	戈德华特,巴里
Golunsky	戈伦斯基
Gonzalez, Donald (Don)	冈萨雷斯,唐纳德(唐)
Gonzalez, Videla	冈萨雷斯,魏地拉
Goodfellow, Preston H.	古德费洛,普雷斯顿
Good-Kinnithpear	古德-金尼斯皮尔
Goodnow, Frank J.	古德诺,弗兰克
Goodwin, William	古德温,威廉
Gordon, Charles George	戈登,查尔斯·乔治
Gordon, Gray	戈登,格雷
Gork, Haydar	格尔克,海达尔
Gottweld, Klement	哥特瓦尔德,克利门特
Gough, Lewis K.	高夫,刘易斯
Gould, Randall	高尔德,兰德尔
Gousev, Fyoder	古谢夫,费奥杰尔
Grady, Henry, F.	格雷迪,亨利
Grady, William	格雷迪,威廉
Graef, de	格雷夫
Graham	格雷厄姆
Graham, James	格雷厄姆,詹姆斯
Gramm	格拉姆
Grant, George	格兰特,乔治
Gratz	格拉茨
Graves	格雷夫斯
Graves, Sidney	格雷夫斯,西德尼
Green, O.M.	格林
Green, George H.	格林,乔治
Green, Lord	格林勋爵
Greene, J.W.	格林
Greene, Roger Sherman	顾临
Greenwood	格林伍德
Greggerson, Magnus I.	格雷格森,马格纳斯

Gressy, George	格雷西,乔治
Grew, Joseph	格鲁,约瑟夫
Grewe, Mrs.	克鲁夫人
Grey	格雷
Griffen, Allen	格里芬,艾伦
Griffin, Treceder	格里芬,特里斯德
Griffith, Paul	格里菲思,保罗
Grigg, James	格里格,詹姆斯
Grimm, Allen	格里姆,艾伦
Grimm, Peter	格里姆,彼得
Gromyko, Andrei Andreyevich	葛罗米柯,安德烈·安德烈耶维奇
Gronchi Giovanni	格隆基,乔瓦尼
Gros, Andre	格罗,安德烈
Gross, Ernest	格罗斯,欧内斯特
Gross, Robert R.	格罗斯,罗伯特
Groves, Bishop	格罗夫斯主教
Grubb	格拉布
Gruber, Karl	格鲁伯,卡尔
Gruenther, Alfred	格仑瑟,阿尔弗雷德
Grumbach	格鲁巴赫
Guariglia	瓜里利亚
Guerido	盖里多
Guerrero	格雷罗
Guggenheim, Bob	古根海姆,鲍勃
Guggenheim, Polly	古根海姆,波莉
Guggenheim, Robert	古根海姆,罗伯特
Guildersleeve, Dean	吉尔德斯利夫,迪安
Guillaume, Jules	纪佑穆
Gunewardene	古内瓦尔登
Gunther	冈瑟
Gut	格特
Guthry	格思里

H

Haas, Robert	哈斯,罗伯特
Hacha, Emile	哈查,埃米尔
Hackworth, Green	哈克沃思,格林
Hacohen	哈库恩
Hagerty, James C.	哈格蒂,詹姆斯
Hague	黑格
Hahne	哈恩
Haig, Douglas	海格,道格拉斯
Haikal, Yusuf	海卡勒,优素福
Hailsham	黑尔什姆
Hale, Robert	黑尔,罗伯特
Halifax, Edward Frederick	哈里法克斯,爱德华·弗雷德里克
Hall	霍尔
Hall, C.M.	霍尔
Hall, Leonard	霍尔,伦纳德
Hall-Patch	霍伯器
Hallsworth	霍尔斯沃思
Halsey, William	哈尔西,威廉
Hambro	汉布罗
Hamilton	汉密尔顿
Hamilton, Alexander	汉密尔顿,亚历山大
Hamilton, Thomas	汉密尔顿,托马斯
Hammarskjold, Dag	哈马舍尔德,达格
Hammond	哈蒙德
Hand, Learned	汉德,勒尼德
Hani Goro	羽仁五郎
Hankey	汉基
Hankey, Robert	汉基,罗伯特
Hannah, Thomas	汉纳,托马斯

Hannegan, Robert E.	汉尼根,罗伯特
Hansell, H.S.Jr.	汉塞尔(小)
Hanson	汉森
Hapsburg	哈布斯堡
Herada	原田
Harahap	哈拉哈普
Harcourt	哈考特
Hardinge, Charles	哈丁,查尔斯
Hardy	哈代
Harkness, Dick	哈克尼斯,迪克
Harrell	哈勒尔
Harriman, Edward Henry	哈里曼,爱德华·亨利
Harriman William Averell	哈里曼,威廉·艾夫里尔
Harrington	赫林顿
Harrington, Mrs.	哈林顿夫人
Harrington, Norman	哈灵顿,诺曼
Harris	哈里斯
Harris, Vincent	哈里斯,文森特
Harrison	哈里森
Harrison, Benjamin	哈里森,本杰明
Harrison, Leland	哈里森,利兰
Harrison, William K.	哈里森,威廉
Hart	哈特
Hartley	哈特利
Hartman, Frederick	哈特曼,弗雷德里克
Haseluk	黑斯勒克
Hasigawa	桥川
Hata Shunroku	畑俊六
Hatoyama Ichiro	鸠山一郎
Hatta	哈达
Huage	豪奇
Havlik, Hubert F.	哈夫利克,休伯特

Hawks	霍克斯
Hayashi Juro	林铣十郎
Haye, Henry	阿埃, 亨利
Hayes, Samuel P.	海斯, 塞缪尔
Hayes, Will	海斯, 威尔
Haynz	海恩兹
Hazlitt	黑兹利特
Hazzard	哈泽德
Healy	希利
Hearne, John J.	赫恩, 约翰
Hearst, william Randolf Jr.	赫斯特, 威廉·伦道夫(小)
Heath, Donald	希思, 唐纳德
Hedding, Truman	赫丁, 杜鲁门
Heeney	希尼
Heilberg, Mrs.	海尔伯格夫人
Heinz	海因茨
Heinchman	海因克曼
Heinneken, Mrs.	海因尼肯夫人
Henderson, Arthur	韩德逊, 阿瑟
Herderson, Loy	亨德森, 洛伊
Henderson, Nevile	亨德森, 内维尔
Hendrickson, Robert C.	亨德里克森, 罗伯特
Henle, Ray	亨利, 雷
Hennessy, Jean	埃内西, 让
Henry	亨利
Henry, Charles Arsene	亨利, 夏尔·阿尔塞纳
Henry, James McCure	香雅各
Hensley, Stuart	汉斯利, 斯图尔特
Herbert, Fitz	赫伯特, 菲茨
Herbert, John	赫伯特, 约翰
Herriot, Edward	赫里欧, 爱德华
Herter, Christian	赫脱, 克里斯琴

Hess, Myra	赫斯,迈拉
Hess, Pierre	黑斯,皮埃尔
Hess, Rudolf	赫斯,鲁道夫
Hess, William E.	赫斯,威廉
Hewes, Bussey	休斯,伯西
Hewing-Hyde, Mme	尤英-海德夫人
Hewit	休伊特
Hews, Clarence	休斯,克拉伦斯
Hichenlooper, Wherry	希肯卢珀,惠里
Hickerson	希克森
Higgens, Marguerite	希金斯,玛格丽特
Hightower, John	海托华,约翰
Hildreth, Horace	希尔德雷思,霍洛斯
Hildring	希尔德林
Hillman, Sidney	希尔曼,西德尼
Hilton, Conrad	希尔顿,康拉德
Himmick	希密克
Hind, Bishop	欣德主教
Hindenberg, Paul Von	兴登堡,保罗·冯
Hioki Eki	日置益
Hiranuma Kiichiro	平沼骐一郎
Hirohito	裕仁
Hirota Koki	广田弘毅
Hishida	菱田
Hiss, Alger	希斯,阿尔杰
Hitchcock, Henry	希契科克,亨利
Hitler, Adolf	希特勒,阿道夫
Hladen, John	赫莱登,约翰
Ho Chi-Minh	胡志明
Hoare, Samuel	霍尔,塞缪尔
Hobby, Mrs. Oveta Culp	霍比夫人,奥维塔·卡尔普
Hobby, W.P.	霍比

Hodge	霍奇
Hoffman, Paul G.	霍夫曼,保罗
Hogan, Frank	霍根,弗兰克
Hogg, Qentin	霍格,昆廷
Hole	霍尔
Hole, Mrs.	霍尔夫人
Holland	霍兰
Holland, E.I.	霍兰
Hollis	霍利斯
Hollister, John	霍利斯特,约翰
Holloway, James L.	霍洛韦,詹姆斯
Holloway, J.E.	霍洛韦
Holmes, Mrs.	霍姆斯夫人
Holmes, Celeste	霍姆斯,塞莱斯特
Holmes, George R.	霍姆斯,乔治
Holt, Alfred	霍尔特,艾尔弗雷德
Holtzman, Fannie	霍尔茨曼,范妮
Hanjo Shigeru	本庄繁
Hoover, Edgar	胡佛,埃德加
Hoover, Herbert	胡佛,赫伯特
Hoover, Herbert Jr.	胡佛,赫伯特(小)
Hope, Bob	霍普,鲍勃
Hope, Guy	霍普,盖伊
Hopkins	霍普金斯
Hopkins, Harry	霍普金斯,哈里
Hoppenot	贺柏诺
Horan, Walter	霍兰,沃尔特
Hore−Belisha	霍尔-贝利沙
Hornbeck, Stanley	亨培克,斯坦利
Horne	霍恩
Houghteling, James	霍特林,詹姆斯
House, Edward Mandell	豪斯,爱德华·曼德尔

Howard	霍华德
Howard, Roy	霍华德, 罗伊
Howe, James Pomeroy	郝墨集
Hoynigen-Huene	霍尼根-许内
Hubbard, Gilbert Ernest	郝播德
Hubert, John	休伯, 约翰
Hudson, Manley	赫德森, 曼利
Huertematte, Don Roberto	乌埃尔特马特, 唐·罗维尔托
Hughes	休斯
Hughes, Charles Evans	休士, 查尔斯·埃文斯
Hughes, Emmet	休斯, 埃米特
Hughes, Ernest Richard	修中诚
Hughes, Richard	休斯, 理查德
Hugo	雨果
Hull	赫尔
Hull, Cordell	赫尔, 科德尔
Humphrey, George	汉弗莱, 乔治
Humphrey, Hubert	汉弗莱, 休伯特
Hunt, William	亨特, 威廉
Hunter	亨特
Hunter, Mrs.	亨特夫人
Huntington	亨廷顿
Huntley, Harry	亨特莱, 哈里
Hurley, Patrick (Pat)	赫尔利, 帕特里克(帕特)
Hurst, Cecil	赫斯德, 塞西尔
Hurst, Fanny	赫斯特, 范妮
Hussein, Ahmed	侯赛因, 艾哈迈德
Hussey-Freke, Frederick	斐立克
Hussey, Harold	赫西, 哈罗德
Hussey, Harry	何士
Hutchinson, C.B.	哈钦森
Hutchinson, Hugh	哈钦森, 休

Hutton	赫顿
Huxley, Julian	赫胥黎, 朱立安
Hyde, Martha	海德, 马萨
Hymans, Paul	海曼斯, 保罗
Hynes, John B.	海因斯, 约翰

I

Ichiro Ohta	太田一郎
Iguchi Sadao	井口贞夫
Imru	伊姆鲁
Ingersoll, Stuart H.	英格索尔, 斯图尔特
Innonu, Ismet	伊诺努, 伊斯麦特
Inukai Takeshi	犬养健
Inukai Tsuyoki	犬养毅
Inverchapel, Lord	英佛查佩尔勋爵(寇尔)
Iragorri	伊拉戈里
Irene	艾琳
Irwin	欧文
Isaacs, George	艾萨克斯, 乔治
Isaacs, Kenneth	艾萨克斯, 肯尼思
Isao Kawada	河田烈
Ishii Kikujiro	石井菊次郎
Ishimura	石村
Ismay, Hastings Lionel	伊斯梅, 黑斯廷斯·莱昂内尔
Ispahani	伊斯帕哈尼
Itagaki Seishiro	板垣征四郎
Ito	伊藤
Ivanov	伊万诺夫
Ives	艾夫斯
Ives, Lawrence (Larry)	艾夫斯, 劳伦斯(拉里)
Izaguirre, Carlos	伊萨吉雷, 卡洛斯

J

Jackson	杰克逊
Jackson, A. V. Williams	杰克逊, 威廉斯
Jackson, Robert H.	杰克逊, 罗伯特
Jaegher, Rev. Raymond	耶格, 雷蒙德
Jamali	贾马利
James, Mrs.	詹姆斯夫人
Jarret, Harry B.	贾勒特, 哈里
Jeannenny, Jules	让纳内, 朱尔
Jebb, Gladwyn	杰布, 格拉德温
Jefferson	杰斐逊
Jefferson, Thomas	杰斐逊, 托马斯
Jenison, Edward	詹尼森, 爱德华
Jenkins	詹金斯
Jenkins, Alfred	詹金斯, 艾尔弗雷德
Jenks, Jeremiah E.	詹克斯, 杰里迈亚
Jenner, William	詹纳, 威廉
Jessup	杰塞普
Jessup, Philip	杰瑟普, 菲利普
Jessup, Philip	杰塞普, 菲利普
Jewel	朱厄尔
Joffe, Abram Adolf Abrahamvich	越飞
Joffre, Joseph	霞飞
John XXIII	约翰二十三世
John, Bishop	约翰主教
Johnson	约翰逊
Johnson, Alexis	约翰逊, 亚历克西斯
Johnson, Earl D.	约翰逊, 厄尔
Johnson, Edwin	约翰逊, 埃德温

Johnson, Louis	约翰逊, 路易斯
Johnson, Lyndon	约翰逊, 林顿
Johnson, Mary	约翰逊, 玛丽
Johnson, Nelson	约翰逊, 詹森
Johnson, Wiley	约翰逊, 威利
Johnston	约翰斯顿
Johnston, Charles	约翰斯顿, 查尔斯
Johnston, Eric	约翰斯顿, 埃里克
Johnston, Reginald	庄士敦
Jones	琼斯
Jones, Mrs. Whitingham	琼斯夫人, 惠廷甘
Jones, Howard P.	琼斯, 霍华德
Jordan, John Newell	朱尔典
Jordan, William Joseph	乔丹, 威廉·约瑟夫
Jordon, Philippe	乔登, 菲利普
Jorstard, Lars J.	约斯塔, 拉尔斯
Joseph, Gaston	约瑟夫, 加斯东
Joseph, Samuel	约瑟夫, 塞缪尔
Joust	朱斯特
Jowett	乔伊特
Joy, Turner	乔伊, 特纳
Jozam	约瑟姆
Judd, Walter	周以德
Juin, Alphonse	朱安, 阿尔方斯
Juliana	朱丽安娜
Julien	朱利安
Junichi Furusawa	古泽骏一

K

Kaiser, Henry J.	凯泽, 亨利
Kaiser, Lawrence	凯泽, 劳伦斯

Kamimura Shinichi	上村信一
Kani, Prince	闲院宫
Karakhan, Lev Mikhailovich	加拉罕
Kareldji	卡雷尔吉
Karnebeek, van	柯尼碧克,范
Kashani	卡沙尼
Karsten	卡斯顿
Katayama Akira	片山哲
Kates	凯茨
Kato Tomosaburo	加藤友三郎
Katsuma	胜间
Kaufman	考夫曼
Kauffmann, Henrik de	考夫曼,亨利克·德
Kawagoe Shigeru	川越茂
Kawai	川井
Kawamoto Suemori	河本末守
Kean, Robert	基恩,罗伯特
Kearns, Carroll D.	基恩斯,卡罗尔
Kee, John	基,约翰
Keech	基奇
Kefauver, Estes	凯弗维尔,埃斯蒂斯
Keir, Lindsey	基尔,林赛
Keller	凯勒
Keller, Von	克莱尔,冯
Kellogg, Frank Billings	凯洛格,弗兰克·比林斯
Kelly	凯利
Kelly	凯莉
Kemal Ataturk, Mustafa	凯末尔·阿塔土尔克,穆斯塔法
Kemp, James Furman	肯普,詹姆斯·弗曼
Kennan, George F.	凯南,乔治
Kennedy	肯尼迪
Kennedy, Joe	肯尼迪,乔

Kennedy, John	肯尼迪,约翰
Kennedy, J.P.	肯尼迪,吉·普
Kennet	肯尼特
Kenney	肯尼
Kenney, John	肯尼,约翰
Kent	肯特
Keppel, Frederick Paul	克佩尔,弗雷德里克·保罗
Kerenski, Alexander Foedorovich	克伦斯基,亚历山大·费奥多罗维奇
Kerillis, Henry de	凯利里,亨利·德
Kerkhove	科克霍夫
Kerr, Archibald Clark	寇尔(英弗查佩尔勋爵)
Kerr, Jean	克尔,琼
Kerr, Robert	克尔,罗伯特
Kerr, Walter	克尔,沃尔特
Keswick, John	盖西克,约翰
Kettle	凯特尔
Key, David	基,戴维
Keynes, John Maynard	凯恩斯,约翰·梅纳德
Khouri, Victor	胡里,维克托
Khrushchov, Nikita Sergeyevich	赫鲁晓夫,尼基塔·谢尔盖耶维奇
Kilby	基尔比
Kilgore	基尔戈
Killearn, Lord	基勒恩勋爵
Killion	基利昂
Kimball, Dan A.	金布尔,丹
Kim Il Sung	金日成
Kim Kiu-sic	金奎植
Kim Koo	金九
Kimura Shiroshichi	木村四郎七
Kindersley	金德斯利

King	金
King, Mackenzie	金,麦肯齐
Kingman	金曼
Kinkaid, Thomas	金凯德,托马斯
Kinney	金尼
Kipling, Rudyard	吉卜林,拉迪亚德
Kirchwey, George W.	克尔奇威,乔治
Kirk	柯克
Kirk, Alexander	柯克,亚历山大
Kirkland	柯克兰
Kislenko	基斯连科
Kitano	北野
Kitchener	鄂康诺
Kitchner	基钦纳
Klaestad	克拉斯塔德
Kleffens, Van	克莱芬斯,范
Klimas	克利马斯
Knowland, William	诺兰,威廉
Knowland, William Sr.	诺兰,威廉(老)
Knox, philander Chase	诺克斯,菲兰德·蔡斯
Koda	柯达
Kodama	儿玉
Konlberg, Alfred	科尔伯格,艾尔弗雷德
Kohlberg, Arthur	科尔伯格,阿瑟
Kohn, Mrs. Georges	科恩夫人,乔治
Kojivnikov	科吉夫尼科夫
Kolchak, Aleksandr Vasilyevich	高尔察克,亚历山大·瓦西里耶维奇
Konoe Fumimaro	近卫文麿
Koop, Ted	库普,特德
Koricic	克里西克
Kotsebue, Countess	科茨布女伯爵

Koyama Kango	小山完吾
Kreider, Harold	克雷德,哈罗德
Krekeler, Heinz L.	克雷克勒,海因茨
Krieg, Paul	克礼,保罗
Krock, Arthur	克罗克,阿瑟
Kronacker	克罗纳克
Krug, J. A.	克鲁格
Kryloff	克雷洛夫
Kuh, Frederick	库,弗雷德里克
Kuriyama Shigeru	栗山茂
Kurusu Saburo	来栖三郎
Kuznetsov, Vasilv Vasilyevich	库兹涅佐夫,瓦西里·瓦西里耶维奇

L

La Follette	拉福莱特
Laguardia, Fiorello Henry	拉瓜迪亚,菲奥里洛·亨利
Labeyrie	拉贝里
Labonne	拉博纳
Lacoste	拉科斯特
Lacy, William	莱西,威廉
Lafronte, Vitori	拉弗隆特,比托里
Lagarde	拉加德
Laird, Melvin	莱尔德,梅尔文
Lamb	拉姆
Lambert, Tom	兰伯特,汤姆
LaMoore, Parker	拉穆尔,帕克
Lamoureux	拉穆勒
Lampson, Miles Wedderburn	蓝普森
Land	兰德
Landon	兰登
Landre, Marquise of	兰德侯爵夫人

Landry	兰德里
Lane	莱恩
Lange	兰格
Langenhove	兰根霍夫
Langer, Bill	兰格,比尔
Langer, William	兰格,威廉
Langevin, Paul	郎之万
Laniel, Joseph	拉尼埃,约瑟夫
Lansing, Robert	蓝辛,罗伯特
Lapham, Roger	赖普汉,罗杰
Largentaye, Jean Rioust	拉让泰,让·里乌斯
Larson, Arthur	拉森,阿瑟
Laski, Harold Joseph	拉斯基,哈罗德·约瑟夫
Latham	莱赛姆
Lattimore, Owen	拉铁摩尔,欧文
Lattin, John H.	拉廷,约翰
Lattre de Tassigny, Jean de	拉特尔·德·塔西尼,让·德
Laughlin, Joseph	劳克林,约瑟夫
Laurent	洛朗
Laushe, Frank J.	劳希,弗兰克
Lauterpact, Hirsch	劳特帕克特,赫希
Laval, Pierre	赖伐尔,皮埃尔
Law, Burner	劳,伯纳
Law, Richard	劳,理查德
Lawrence, David	劳伦斯,戴维
Lawrence, Thomas Edward	劳伦斯,托马斯·爱德华
Lawson	劳森
Lawton, Fleetwood	劳顿,弗利特伍德
Layton	莱顿
Leahy, William	李海,威廉
Leahy, William Z.	莱希,威廉
Leathers	莱瑟斯

Leburn, Albert	勒布伦,阿尔贝
Lee, Edmond J.	李,埃德蒙
Lee Han	李罕
Lee, Michael	李,迈克尔
Lee-Smith	李-史密斯
Leger, Alexis	莱热,亚历克西
Lehman	莱曼
Lehman, Herbert H.	莱曼,赫伯特
Leiberman	利伯曼
Leith-Ross, Frederick	李滋-罗斯
Lemery	莱默里
Lenin, Vladimir Ilyich	列宁,弗拉基米尔·伊里奇
Leonard, Bill	伦纳德,比尔
Leopold	利奥波德
Lapissier	勒皮西埃
Lequarica	拉克里卡
Lequerica, Jose F.	莱克里卡,何塞·弗
LeRoy	勒鲁瓦
Lersener	勒森纳
Lester, Seam	莱斯特,萧恩
LeSueur, Larry	勒叙厄尔,拉里
Letourneau, Jean	勒图尔纳,让
Leuterio	莱乌特里奥
Leviero, Anthony	莱维罗,安东尼
Lewis	刘易斯
Lewis, Campbell	刘易斯,坎贝尔
Lewis, Fulton Jr.	刘易斯,小富尔顿
Lewis, Robert E.	刘易斯,罗伯特
L'homme	隆姆
Lie, Trygve	赖伊,特吕格弗
Lincoln, Abraham	林肯,亚伯拉罕
Linden	林登

Lindley, Ernest K.	林德利,欧内斯特
Lindley, Francis	林德利,弗朗西斯
Lindsay	林赛
Lindsay, Michael	林迈可
Linlithgow, Victor Hope	林利思戈,维克托·霍普
Lippi	利比
Lippmann, Walter	李普曼,沃尔特
Listwell	利斯托韦尔
Littell, Norman	利特尔,诺曼
Little	利特尔
Little, E.K.	李度
Litvinov, Maxim Maximovich	李维诺夫,马克西姆·马克西莫维奇
Livaro, Anthony	利弗罗,安东尼
Livingston, Alexander	利文斯顿,亚历山大
Lloyd, Glenn	劳埃德,格伦
Lloyd, Selwyn	劳埃德,塞尔温
Lloyd- George, David	劳合-乔治,大卫
Lloyd- George, Megan	劳合-乔治,梅甘
Lloyd-Thomas	劳合-托马斯
Lochead, A.	洛克黑德
Lockett	洛基特
Lockett, Edward	洛基特,爱德华
Lockhard	洛克哈特
Lodge	洛奇
Lodge, Henry Cabot	洛奇,亨利·卡伯特
Lodge, Henry Cabot Jr.	洛奇,亨利·卡伯特(小)
Lodge, J.D.	洛奇
Loeff	勒夫
Logie	洛吉
Loeb	洛布
Loeb, William	洛布,威廉

Loewenthal, Max	勒文塔尔,马克斯
Logacono	罗亚谷诺
Lombard	隆巴德
Long, Breckinridge	朗,布雷肯里奇
Long, Maurice	朗,莫里斯
Long, Russell	朗,拉塞尔
Longworth, Mrs. Alice	朗沃斯夫人,艾丽斯
Lopez	洛佩斯
Loudon, A.	劳东
Louis XIII	路易十三
Lourie, Donald	洛里,唐纳德
Love, Charles	洛夫,查尔斯
Love, J.A.	洛夫
Loveday, Eric	洛夫德,埃里克
Lovestone, Jay	洛夫斯通,杰伊
Lovett, Robert A.	洛维特,罗伯特
Lowenstein, Herbert	洛温斯坦,赫伯特
Lozouvsky	洛祖夫斯基
Lucas	卢卡斯
Lucas, Jim	卢卡斯,吉姆
Luce, Clare	鲁斯,克莱尔
Luce, Henry	鲁斯,亨利
Luce, Mrs.Henry	鲁斯夫人,亨利
Luciolli	卢奇奥利
Ludre	吕德尔
Lukasiewicz, Juliusz	卢卡塞维兹,尤利乌什
Luns, Joseph	伦斯,约瑟夫
Lutes, LeRoy	卢茨,勒鲁瓦
Lux, Stefan	勒克斯,什特凡
Luyton, Van	卢伊顿,范
Lyons, Joseph Aloysius	莱昂斯·约瑟夫,阿洛伊修斯
Lyttelton, Oliver	利特尔顿,奥利弗

Lytton, Victor Robert	李顿

M

MacArthur	麦克阿瑟
MacArthur, Douglas	麦克阿瑟,道格拉斯
MacArthur II, Douglas	麦克阿瑟第二,道格拉斯
Macartney	麦卡特尼
McCabe, Thomas	麦凯布,托马斯
McCade	麦凯德
McCall	麦考尔
McCardle, Carl W.	麦卡德尔,卡尔
McCarthy, Joseph	麦卡锡,约瑟夫
McCarran, Patrick（Pat）	麦卡伦,帕特里克(帕特)
McChee, George C.	麦吉,乔治
McClellan	麦克莱伦
McCloy, John	麦克洛伊,约翰
McConaughy, Walter P.	马康卫
McConnell	麦康内尔
McCormack, John	麦科马克,约翰
McCormick	麦考密克
McCormick, Stephen	麦考密克,斯蒂芬
McCoy, Frank	麦考益
McCracken	麦克拉肯
McCrea	麦克雷
McCrea, Nelson Glenn	麦克雷,纳尔逊·格伦
McDermott, Michael	麦克德莫特,迈克尔
MacDonald	麦克唐纳
MacDonald, Malcolm	麦克唐纳,马尔科姆
MacDonald, Ramsey	麦克唐纳,拉姆齐
MacDonald, Young	麦克唐纳,小
MacDongall, William	麦克唐戈尔,威廉

McDougal	麦克杜格尔
McEvoy	麦克沃伊
MacFarland	麦克法兰
McGee, Archie	麦吉,阿奇
McGovern	麦戈文
MacGowan	麦高恩
McGrath	麦格拉思
McGrath, Howard	麦格拉思,霍华德
McGuire	麦圭尔
Machiavelli, Niccolo	马基雅弗利,尼科洛
McKay, Douglas	麦凯,道格拉斯
Mackay, James	麦凯,詹姆斯
McKean	麦基恩
McKee, Frederick	麦基,弗雷德里克
McKeller	麦凯勒
McLain, Raymond	麦克莱恩,雷蒙德
McLean	麦克莱恩
MacLeay, Ronald	麻克类
McLeon	麦克劳恩
Macmillian, Harold	麦克米伦,哈罗德
McMahon	麦克马洪
MacMurry, John Van Antwerp	马慕瑞
McNair	麦克奈尔
McNaughton	麦克诺顿
McNeil, Hector	麦克尼尔,赫克托
McNeil, Wilfred J.	麦克尼尔,威尔弗雷德
McNutt	麦克纳特
McVey	麦克维伊
Madariaga	马达里亚加
Maglione	马利奥内
Magnuson, Warren	马格纳森,沃伦

Magruder, Carter B.	马格鲁德,卡特
Magsaysay, Ramon	麦格赛赛,拉蒙
Mahoney, Charles	马奥尼,查尔斯
Maisky	迈斯基
Makin	梅金
Makin, Roger	梅金,罗杰
Makino Nobuaki	牧野伸显
Malcolm, Neil	马尔科姆,尼尔
Malenkov, Georgi	马林科夫,格奥尔基
Malik	马利克
Malik, Yakov	马立克,雅科夫
Malinovsky	马林诺夫斯基
Malkin	马尔金
Mallory	马洛里
Malone, George	马隆,乔治
Malone, Katy	马隆,凯蒂
Mandel, Georges	孟戴尔,乔治
Mane	马尼
Mansfield, Harold	曼斯菲尔德,哈罗德
Mansfield, Michael	曼斯菲尔德,迈克尔
Manulsky	马纽尔斯基
Marcos	马尔科斯
Marcos, Ferdinand	马科斯,费迪南德
Marenge	马朗热
Marescotti, Aldrovandi	马柯迪
Margruder, Carter	马格鲁德,卡特
Marin	马兰
Marin, Louis	马兰,路易
Markel, Hazel	马克尔,黑兹尔
Marks, H.	马克斯
Marriner, Theodore	麦里纳,西奥多
Marshall	马歇尔

Marshall, George	马歇尔,乔治
Marshall, Paul	马歇尔,保罗
Marshall, S.	马歇尔,斯
Martin	马丁
Martin, Edward	马丁,爱德华
Martin, Edwin M.	马丁,埃德温
Martin, Jackie	马丁,杰琪
Martin, Joseph Jr. (Joe)	马丁,约瑟夫,小(乔)
Martin, Paul	马丁,保罗
Martin, William McChesney Jr.	马丁,威廉·麦克切斯尼(小)
Martinez, Pascuay	马丁内斯,帕库亚
Martings	马廷斯
Martino, Gaatano	马尔蒂诺,加埃塔诺
Marx	马科斯
Mary, Queen	玛丽王后
Masanao Hanihara	埴原正直
Masaryk, Jan	马萨里克,扬
Massigli, Rene	马锡里,勒内
Matel, Damien	马特尔,达米安
Matsudaira Tsuneo	松平恒雄
Matsuoka Yosuke	松冈洋佑
Matta, Da	玛塔,达
Matthews	马修斯
Matthews, Freeman	马修斯,弗里曼
Maugham	莫姆
Mauricio, Nabuco	毛里西奥,纳乌科
Maurois, Andre	莫洛亚,安德烈
Maybank	梅班克
Mayer	迈耶
Maze, Frederick William	梅乐和
Meany, George	米尼,乔治

Meda	免田
Mehta	梅塔
Meikle, John	米克尔,约翰
Melas, George V.	梅拉斯,乔治
Melville, Ward	梅尔维尔,沃德
Menant, Guy	梅南,居伊
Mendes-France, Pierre	孟戴斯-弗朗斯,皮埃尔
Menon, Krishna	梅农,克里希纳
Menzies, Robert Cordon	孟席斯,罗伯特·戈登
Merchant, Livingston T.	麦钱特,利文斯顿
Mercier, Desire-Joseph	梅西耶
Merrill, Frank	梅里尔,弗兰克
Merwin, Davis	默温,戴维斯
Merz, Charles	梅尔茨,查尔斯
Messalls, Victor	梅塞尔斯,维克托
Messersmith, George	梅塞史密斯,乔治
Mesta, Pearle	梅斯塔夫人,珀尔
Metaxas	梅塔克萨斯
Meyer	梅耶
Meyer, Eugene	迈耶,尤金
Meyner, Robert	梅诺,罗伯特
Meyrier, Jacques	梅理霭
Michael	迈克尔
Michener, James	米切纳,詹姆斯
Mikoyah, Anastas Ivanovich	米高扬,阿纳斯塔斯·伊凡诺维奇
Miles, Milton	梅乐斯
Milford, Haven	米尔福德,黑文
Miller	米勒
Miller, Mrs. Hope Ryding	米勒夫人,霍普·赖丁
Miller, Milton	米勒,米尔顿
Miller, Peter	米勒,彼得
Millerand, Alexandre	米勒兰,亚历山大

Millikan	米利金
Millikin, Eugene	米利金,尤金
Minor, Clark	迈纳,克拉克
Mitchell	米切尔
Miyazaki Akira	宫崎明
Modelski	莫德尔斯基
Modzelewski	莫泽留斯基
Molotov, Vyacheslav Mikhilovich	莫洛托夫,维亚切斯拉夫·米哈伊洛维奇
Monck, John	蒙克,约翰
Monnerville	莫内维尔
Monnet, Jean	莫内,让
Monroe, James	门罗,詹姆斯
Monteros, Antonio de Los	蒙特罗斯,安东尼奥·德·洛斯
Montgomery, Alexander	蒙哥马利,亚历山大
Montgomery, Ruth	蒙哥马利,鲁思
Moody	穆迪
Moody, Mrs.	穆迪夫人
Mook, Van	莫克,范
Moore, Gordon	穆尔,戈登
Moore, Mrs.Gordon	穆尔夫人,戈登
Moore, John Bassett	穆尔,约翰·巴西特
Moore, Maurice	穆尔,莫里斯
Moore, Mrs.Maurice	穆尔夫人,莫里斯
Mora	莫拉
Morelli	莫雷利
Moresco	莫里斯科
Morgan, Arthur	摩根,阿瑟
Morgenstierne	莫尔根斯泰因
Morgenthau, Henry Jr.	摩根索,亨利(小)
Morley, Raymond	莫利,雷蒙德
Morrill, Chester	莫里尔,切斯特

Morris	莫里斯
Morrison, Clinton	莫里森,克林顿
Morrison, George	莫里循
Morrison, Herbert	莫里森,赫伯特
Morse	莫尔斯
Morse, Wayne	莫尔斯,韦恩
Morshand	莫斯汉
Moscicki, Ignacy	莫希齐茨基,伊格纳齐
Moscoso	莫斯科索
Moser	莫泽
Moss, George Sinclair	默思,乔治·辛克莱
Mossadegh, Mohammed	摩萨台,穆罕默德
Motrico	莫特里科
Mott, John R.	穆德,约翰
Motta	莫塔
Mountbatten, Lady	蒙巴顿夫人
Mountbatten, Louis	蒙巴顿,路易斯
Mourois, Andre	莫洛亚,安德烈
Moutet, Gustave	莫泰,居斯塔夫
Moutet, Marius	莫泰,马里于斯
Mowrer, Edgar	莫勒,埃德加
Mowrer, Mrs. Edgar	莫勒夫人,埃德加
Moyer, Raymond	莫耶,雷蒙德
Moyer, Robert	莫耶,罗伯特
Moyne	莫因
Mudie, Francis	米迪,弗朗西斯
Muir	米尔
Muldoon, C.P.	马尔登
Munch	蒙克
Muncio	蒙齐奥
Mundt	蒙特
Mundy, G.W.	芒迪

Muniz, Joao Carlos	穆尼斯,若奥·卡洛斯
Munoz, Rudolfo	穆尼奥斯,鲁道尔夫
Munro, Leslie Knox	芒罗,莱斯利·诺克斯
Muntasser	蒙塔塞尔
Munters, V.	蒙特斯
Munthe, John William Normann	曼德
Murbs	默布斯
Murphy	墨菲
Murphy, Robert	墨菲,罗伯特
Murray, Gilbert	默里,吉尔伯特
Murray, Philip	默里,菲利普
Murry	默里
Mussolini, Benito	墨索里尼,本尼托

N

Nagaoka Shunyichi	长冈春一
Naggiar, Paul−Emile	那齐亚
Naguib, Mohammad	纳吉布,穆罕默德
Naim, Zohra	纳伊姆,佐赫拉
Najera, Castillo	那赫喇
Nakada Toyochiyo	中田丰千代
Nakamura Kataro	中村孝太郎
Nam II	南日
Nash, Frank	纳什,佛兰克
Nasser, Gamal Abdel	纳赛尔,加麦尔,阿卜杜勒
Nason, John	纳森,约翰
Nathan	纳逊
Needham, Noel Joseph	李约瑟
Negrin, Juan	尼格林,胡安
Nehru, Jawaharial	尼赫鲁,贾瓦哈拉尔

Nelson, Donald Marr	纳尔逊
Nelson, Horatio	纳尔逊,霍雷肖
Nerriman, Miss	奈尔里曼小姐
Nervo, Padilla	内尔沃,波迪利亚
Ness	内斯
Neuberger, Richard	纽伯格,理查德
Newman	纽曼
Neurath, Konstantin Von	牛拉特,康斯坦丁·冯
Newell, Isaac	纽厄尔,伊萨克
Newsom	纽瑟姆
Ngo Dinh Diem	吴庭艳
Nicholson	尼科尔森
Nielson	尼尔森
Niemeyer	倪米亚
Nimitz, Chester William	尼米兹,切斯特·威廉
Nishihara	西原
Nishio Toshizo	西尾寿造
Nitti, Francesco Saverio	尼蒂,弗朗切斯科·萨韦里奥
Nix, Carl	尼克斯,卡尔
Nixon	尼克松
Nixon, Richard Milhous	尼克松,理查德·米尔豪斯
Noe, James	诺埃,詹姆斯
Noel-Baker	诺埃尔-贝克
Nomura Yoshisaburo	野村吉三郎
Nong, Kimny	侬金乃
Nordlinger	诺德林格
Norman, E.H.	诺曼
Norris, N.T.	诺里斯
Norton	诺顿
Noue, Jehan de	努,让·德
Noyes	诺伊斯
Nukara	努甲拉

Nye	奈

O

Obata Yukichi	小幡酉吉
O'Donnel, Emmet Jr.	奥唐奈,小埃米特
O'Dwyer, Mayor	奥德怀尔,梅厄
Offie	奥菲
Ogata Taketora	绪方竹虎
O'Hara, J.J.	奥哈拉
Okazaki Katsuo	冈崎胜男
O'Kelliher, Victor Joseph	奥凯里赫,维克托·约瑟夫
Olivan, Lopez	奥利万,洛佩斯
Olive	奥利夫
Olivier, A.M.	奥立维埃
Olmstead, George	奥姆斯特德,乔治
Ona, Etche	奥纳,埃切
Openshaw, Harry P.	奥彭肖·哈里
Oreamuno	奥雷亚穆诺
Orlando, Victorio Emanuele	奥兰多,维多利奥·埃马努埃莱
Ortt	奥特
Orwell, George	奥威尔,乔治
Osborne, David	奥斯本,戴维
Oshima Hiroshi	大岛浩
Ostroumov, Boris	奥斯德穆夫
Osusky, Stephan	奥苏斯基,斯特芬
Oswald, B.Lord	洛德,奥斯瓦尔德
Ouden	奥登
Overby, A. N.	奥弗比
Overesch	奥弗雷
Owen	欧文
Owsler	奥斯勒

Oxford	奥克斯福特

P

Pace, Frank	佩斯,弗兰克
Padoux, Georges	宝道
Page, Earle	佩奇,厄尔
Paige, Norman	佩奇,诺曼
Painleve, Paul	班乐卫
Palewski	帕留斯基
Pallandt	帕兰德特
Palmer, Mrs. Mitchell	帕尔默夫人,米切尔
Pamela	帕梅拉
Pandit, Mrs. Vijaya Lakshmi	潘迪特夫人,维贾雅·拉克西米
Panikker, Kavalam Modhava	潘尼迦
Panyushkin, Alexander Semenovich	潘友新
Papen, Von Franz	巴本,冯·弗朗茨
Parelman, Samuel T.	帕里尔曼,塞缪尔
Parker	帕克
Partridge, Richard C.	帕特里奇,理查德
Partridge, Earle E	帕特里奇,厄尔
Pasvolsky, Leo	帕斯沃尔斯基,利奥
Patenotre, Raymond	帕泰诺特尔·雷蒙
Paton	佩顿
Patoux	帕杜
Patterson	帕特森
Patterson, Richard	帕特森,理查德
Patterson, Robert	巴德森,罗伯特
Patyn	帕廷
Paul−Boncour	保罗-彭古
Pauley, Edwin Wendell	鲍莱,埃德温·温德尔

Pawley, William	波利,威廉
Paz, Hipolito	帕斯,伊波利托
Pearson, Drew	皮尔逊,德鲁
Pearson, Lester	皮尔逊,莱斯特
Peaslee, Amos	皮斯利,阿莫斯
Pec, Willys	裴克,威利斯
Peele	皮尔
Peffer, Nathaniel	裴斐
Pell, Herbert	佩尔,赫伯特
Pelt	派尔脱
Pelt, Adrian	佩尔特,艾德里安
Penfield, James	彭菲尔德,詹姆斯
Penn, Hannah	佩恩,汉娜
Penn, William	佩恩,威廉
Perkins, Richard	珀金斯·理查德
Perkins, Troy	珀金斯,特罗伊
Peron, Evita（Eva）	庇隆,埃维塔(埃娃)
Peron, Juan Domingo	庇隆,胡安·多明戈
Pershing, John Joseph	潘兴,约翰·约瑟夫
Pertinax, Andre Geraud	佩蒂纳克斯,安德烈·热罗
Peschkoff	佩什科夫
Petain, Henri Philippe	贝当,亨利·菲利普
Peterson, Howard	彼德森,霍华德
Petrescu, Comnen	彼特雷斯库,科姆嫩
Petrov, Appolon Alesadrovich	彼德洛夫
Peurifoy, John E.	普里福伊,约翰
Philiips	菲利普斯
Phillips, A.V.	菲利普斯
Phullips, Charles	菲利普斯·查尔斯
Phillips, R.	菲利普斯
Phillips, William	菲利普斯,威廉
Phipps, Eric	菲普斯,埃里克

Phleger, Herman	弗莱克,赫尔曼
Picard	皮卡得
Pichon, Stephan Jean Marie	毕勋
Pickford, Mary	贝克馥
Picot	皮科
Piedmont	皮耶蒙
Pierce	皮尔斯
Pierson	皮尔逊
Pietri, Francois	皮埃特里,弗朗索瓦
Pignatti	皮纳蒂
Pignon	皮尼翁
Pilpiche	皮尔皮奇
Pimper, J.J.	平珀
Pinchot, Gifford	平肖,吉福德
Pirnie	皮尔尼
Pirro	皮罗
Pittman	皮特曼
Pius XI	庇护十一世
Pius XII	庇护十二世
Platon	普拉东
Plaza, Lasso Galo	普拉萨,拉索·加洛
Pleven, Rene	普利文,勒内
Pallandt	帕兰德特
Plymouth	普利茅斯
Pole, Felix	波尔,费利克斯
Politis, Athanas	波利蒂斯,阿萨纳斯
Politis, Nicolas	波利蒂斯,尼古拉斯
Pollock	波洛克
Popham, Brook	波帕姆,布鲁克
Portan, Charles	波顿,查尔斯
Post, Kenneth	波思特,肯尼思
Posvolsky	波斯沃尔斯基

Potemkin	波将金
Pott, Francis Lister Hawks	卜舫济
Potter, Phillip	波特,菲利普
Pound, Dean Roscoe	庞德,罗斯科
Pound, Dudley	庞德,达德利
Powell	鲍威尔
Powell, John Benjamin	鲍维尔,约翰·本杰明
Power	鲍尔
Poynton	波因顿
Power, Tyrone	宝华,泰隆
Pratt	普拉特
Pratt, John Thomas	蒲纳德
Presbrey, Oliver	普雷斯布雷,奥利弗
Preus	普罗伊斯
Price, Frank	毕范宇
Price, Harry	普赖斯,哈里
Pride	普赖德
Printemps, Yvonne	普兰唐,伊冯娜
Pryor, Samuel	普赖尔,塞缪尔
Pucheu, Pierre	皮休,皮埃尔
Purvis, John Kennedy	珀维斯,约翰·肯尼迪

Q

Quesada	克萨达
Quevedo	克维多
Quezon, Manuel Luis	奎松,曼努埃尔·路易斯
Quintana	金塔纳
Quirino, Elpidio	季里诺,埃尔皮迪奥

R

| Raczynski, Edvard | 拉琴斯基,爱德华 |

Radford, Arthur	雷德福·阿瑟
Rahim, Mohamed Kamil	拉希姆, 穆罕默德·卡米勒
Rainier, Louise	芮娜, 路易丝
Rains	雷恩斯
Rajchman, Ludwig W.	拉西曼
Ralea, Mihai	拉列亚, 米哈伊
Ralston, Mrs.	罗尔斯顿夫人
Ramadier, Paul	拉马迪埃, 保罗
Rana	拉纳
Rand, William	兰德, 威廉
Randall	兰德尔
Randall, Clarence	蓝德尔, 克拉伦斯
Rankin, Karl	蓝钦
Rankin, PaulScott	蓝金, 保罗·斯科特
Rappard	拉帕德
Rasmussen, Gustev	拉斯穆森, 古斯特夫
Rau, Benegal	劳, 班涅迦尔
Rau. Rama	劳, 拉马
Rayburn, Samuel Taliaferro (SaM)	雷伯恩, 塞缪尔·托利弗(萨姆)
Rea, George Bronson	雷亚, 乔治·布朗森
Read	里德
Reading	里丁
Recto	雷克托
Rector, E.F.	雷克托
Redman	雷德曼
Redmond, Vere	雷德蒙, 维尔
Reed, Robert	里德, 罗伯特
Reed, Stanley Forman	里德, 斯坦利·福曼
Reese	里斯
Regan, Ken	里甘, 肯
Reid, Mrs. Helen Ogden	里德夫人, 海伦·奥格登

Reilly, Henry	赖利·亨利
Reinhardt	莱因哈特
Reinsch, Paul Samuel	芮恩施
Renfrow, Louis	伦弗罗, 路易斯
Reston, James	赖斯顿, 詹姆斯
Restrepo-Jaramillo, Don Cipriano	雷斯特雷波-哈拉米略, 唐·西普里亚诺
Reswick, Lindsey	雷斯维克, 林赛
Reus	罗伊斯
Reuss, Henry	罗伊斯, 亨利
Rey, Rustre	雷伊, 鲁斯特雷
Reynaud, Paul	雷诺, 保罗
Reynolds, Lew	雷诺兹, 卢
Reynolds, Louis	雷诺兹, 路易斯
Reynolds, Philip	雷诺兹, 菲利浦
Rhee, Syngman	李承晚
Riaz	里亚斯
Ribbentrop, Joachim Von	里宾特洛甫, 约阿希姆·冯
Riberi, Antonio	黎培理
Ribes, Champetier de	里贝, 尚普捷
Rice, John S.	赖斯, 约翰
Rice, Stuart	赖斯, 斯图尔特
Richards, James	理查兹, 詹姆斯
Richards, N.H.	理查兹
Richberg, Carl	里奇伯格, 卡尔
Richelieu	黎塞留
Richison	黎吉生
Rickett, Dennis	里基特, 丹尼斯
Rickett, William	里基特, 威廉
Ridgeway, Matthew Bunker	李奇微
Riegelman, Harold	里格尔曼, 哈罗德
Rifai, Abdul Monem	里法伊, 阿卜杜勒·莫奈姆

Rinden, Robert	林登,罗伯特
Ringwalt, Arthur	林沃尔特,阿瑟
Riverdale	里弗代尔
Robert, Pere	罗贝尔,佩尔
Roberts	罗伯茨
Roberts, Mrs.	罗伯茨夫人
Roberts, Chalmers	罗伯茨,查默斯
Roberts, Frank	罗伯茨,弗兰克
Roberts, Lawrence W. Jr.	罗伯茨,劳伦斯(小)
Roberts, Ned	罗伯茨,内德
Roberts, Owen	罗伯茨,欧文
Roberts, Wesley	罗伯茨,韦斯利
Robertson, Charles	罗伯逊,查尔斯
Robertson, Walter	饶伯森
Robien	罗必安
Robin	罗班
Robinson	鲁宾逊
Robinson, James Hervey	罗宾逊,詹姆斯·赫维
Rochat	罗夏
Rochefort, Nicholas de	罗什福尔,尼古拉
Rockefeller III, John D.	洛克菲勒第三,约翰·戴维森
Rockefeller, John Davison	洛克菲勒,约翰·戴维森
Rockefeller, Nelson	洛克菲勒,纳尔逊
Rodgers, C.	罗杰士
Rodriguez	罗德里克斯
Rodriguez, Abeliardo	罗德里格斯,阿贝拉尔多
Rogue	罗格
Rohrbach	罗尔巴克
Rokossovsky	罗科索夫斯基
Rolin, Henri	罗兰,亨利
Rollin	罗兰
Romero	罗梅若

Rommel, Erwin	隆美尔,埃尔温
Romulo, Carlos P.	罗慕洛,卡洛斯·普
Rondon	隆东
Rooks	鲁克斯
Roosevelt, Franklin D.	罗斯福,富兰克林
Roosevelt, James	罗斯福,詹姆斯
Roosevelt, Theodore(Teddy)	罗斯福,西奥多(特迪)
Roosevelt, Mrs. Anna Eleanor	罗斯福夫人,安娜·埃莉诺
Root	鲁特
Root, Elihu	鲁特,伊莱休
Root, John	鲁特,约翰
Root, Sheldon	鲁特,谢尔登
Rooth	鲁思
Roschin, Nicolai	罗申
Rose, Francis	罗斯,弗朗西斯
Rosebery	罗斯伯里
Rosebery, Lady	罗斯伯里夫人
Rosein	罗塞因
Rosenfeld, Isidore	罗森菲尔德,伊西多
Rosenne, Shabtai	罗森内,沙布塔依
Ross, Charles	罗斯,查尔斯
Ross, Jack	罗斯,杰克
Ross.R.G.	罗斯
Rosso	罗索
Rothschild, Henri	罗斯柴尔德,亨利
Roubine	鲁滨
Rountree, Martha	朗特里,玛莎
Rover	罗弗
Rovol	罗沃尔
Rowen	罗恩
Rowes, Walter	罗斯,沃尔特

Roxas, Manuel A.	罗哈斯, 曼努埃尔
Roxby, Percy Maude	罗士培
Royall	罗亚尔
Royal, Princess	罗亚尔公主
Ruchfuarde	吕希菲拉德
Rueff	鲁夫
Rule	鲁尔
Runciman, Walter	朗西曼, 瓦尔特
Rusell, Ned	拉塞尔, 内德
Rusk, David Dean	腊斯克, 戴维·迪安
Russell, Richard	拉塞尔, 理查德
Rustin	拉斯廷
Rutledge, Wiley Blount	拉特利奇, 威利·布朗特
Ryan, Clendennin	瑞安, 克伦德宁

S

Saburi Sadao	佐分利贞男
Sage	塞奇
Saionji Kinmochi	西园寺公望
Saito Minoru	斋藤实
Salazar, Antonio de Oliveiera	萨拉查, 安东尼奥·德·奥利维拉
Saleh, Allar-Yar	萨莱赫, 阿拉尔-伊阿尔
Salengro, Robert	萨伦格罗, 罗贝尔
Salisbury	索尔兹伯里
Salisbury, Harrison Evans	索尔兹伯里, 哈里森·埃文斯
Salisbury, 4th Marquess of	索尔兹伯里侯爵(第四)
Salit, Normal	塞利特, 诺马尔
Salter, Arthur	索尔特, 阿瑟
Saltonstall	索顿斯托尔
Saltzman	萨尔茨曼

Sampaio	桑派奥
Samuel, Herbert Louis	塞缪尔,赫伯特·路易丝
San Cruz	圣克鲁斯
Sanchez, Gutzman	桑切斯,古斯曼
Sandler	桑德勒
Sandys, Duncan	桑兹,邓肯
Sapir	萨皮尔
Saracoglu	萨拉科格卢
Sarasin, Pote	沙拉信,朴
Sargent, Ormby	萨金特
Sarraut, Albert	萨罗,阿尔贝
Sassoon, Victor	沙逊,维克托
Sastroamidjojo, Ali	沙斯特罗阿米佐约,阿里
Sato	佐藤
Sato Naotake	佐藤尚武
Sauer, Walter C.	索尔,沃尔特
Sawada Rengo	泽田练五
Sawyer	索耶
Sayre, Francis B.	赛尔,弗朗西斯
Scali, Joseph	斯卡利,约瑟夫
Scelba, Mario	谢尔巴,马里奥
Schacht, Hjalmar	沙赫特,亚尔马
Schanzer	司强曹
Scheer, Reinhardt	舍尔,赖因哈特
Schenck, Hubert	申克,休伯特
Schermerhorn	谢默霍恩
Schmidt, Dana	施米特,达纳
Schnee, Heinrich	希尼,恩利克
Schneider	施奈德
Scholl, David	萧勒,戴维
Schumacher	舒马赫
Schuman	舒曼

Schman, Robert	舒曼,罗贝尔
Schurman, Jacob Gould	舒尔曼
Schuschnigg, Kurt Von	舒施尼格,库特·冯
Schwellenbach, L.B.	施韦伦巴赫
Scobie	斯科比
Scott, Robert	斯科特,罗伯特
Scott, Winifried	斯科特,威尼弗雷德
Sebald, William	西博尔德,威廉
Selassie, Haile	塞拉西,海尔
Seligman, Edwin R.A.	塞利格曼,埃德温
Selznick	塞尔兹尼克
Semenov	谢苗诺夫
Sen	森
Sevilla-Sacasa, Don Guillermo	塞维利亚-萨卡萨,唐·吉列尔莫
Seymour	西摩
Seymour, Horace	薛穆
Sforza, Carlo	斯弗尔扎
Shaftsbury, Lord	沙夫兹伯里勋爵
Shastri	夏斯特里
Shawcross, Hartley	萧克罗斯,哈特利
Shearea, Norma	瑙玛希拉
Sheehan	希恩
Sheen	希恩
Sheen, Vincent	希恩,文森特
Sheperd, Russell	谢泼德,拉塞尔
Shepherd, Lemuel	谢泼德,莱缪尔
Shepley, James	谢普利,詹姆斯
Sherman	谢尔曼
Shertok	舍托克
Shidehara Kijuro	币原喜重郎
Shigemitsu Mamora	重光葵

Shigeo Odachi	大达茂雄
Shinicky	申翼熙
Shinwell	欣韦尔
Shippard	希帕德
Shipstead, Henrik	希普斯特德, 亨里克
Shiratori Toshio	白鸟敏夫
Shively	夏夫利
Shives, Allen	希弗斯, 阿伦
Shoop, Duke	舒普, 杜克
Shoosmith, Stephen	舒史密斯, 斯蒂芬
Short	萧特
Short, Dewey	萧特, 杜威
Short, Irving	萧特, 欧文
Shortwell, James	萧特韦尔, 詹姆斯
Shreve	施里夫
Sihanouk	西哈努克
Sik, Andrew	希克, 安德鲁
Sikovski, Wladyslaw	西科尔斯基, 瓦迪斯瓦夫
Silver	西弗尔
Silvercruys	西弗尔克鲁亚
Simmons, John F.	西蒙斯, 约翰
Simpson, Mrs.	辛普森夫人
Simpson, Clarence	辛普森, 克拉伦斯
Simpson, Leonard	辛普森, 伦纳德
Simon, John	西蒙, 约翰
Sinclair, Archibald	辛克莱, 阿奇博尔德
Sinclair, Mayard	辛克莱, 梅亚德
Singh, Gour, Hari	辛格, 哈里
Singh, Majaraj	辛格, 马杰拉
Sinha, Rajkumar R.	辛哈, 拉吉库马
Sirovy	西若维
Slater	斯莱特

Slavik, Juraj	斯拉维克,尤赖
Smathers, George	斯马瑟斯,乔治
Smith	史密斯
Smith, Alexander	史密斯,亚历山大
Smith, Denis	史密斯,但尼斯
Smith, Elmore	史密斯,埃尔莫尔
Smith, Lawrence	史密斯,劳伦斯
Smith, Margaret Chase	史密斯,玛格丽特,蔡斯
Smith, Monroe	史密斯,门罗
Smith, Paul C.	史密斯,保罗
Smith, R.L.	史密斯
Smith, Robert	史密斯,罗伯特
Smith Stanley	史密斯,斯坦利
Smith, Walter Bedell	史密斯,沃尔特·比德尔(斯密脱)
Smuts, Jan Christiaan	史末资
Smyth	史密斯
Smythe, George	史密斯,乔治
Snell	斯内尔
Snow, Edgar	斯诺,埃德加
Snyder, John W.	斯奈德,约翰
Sobolev	索鲍列夫
Soedjatmoko	苏贾特莫科
Soga	十河
Sohensky	索任斯基
Sokolin, Vladimir	索科林·弗拉基米尔
Solomon	所罗门
Somervil	萨默维尔
Soriinu	桑理诺
Souers	索尔斯
Souritz, Jakov	苏利茨,贾科夫
Sousa-Leao, Joaquim de	索萨-莱昂,若阿金·德
Spaak, Paul Henri	斯帕克,保罗·亨利

Spaatz	斯帕茨
Spangler, Fred	斯潘格勒,弗雷德
Spanier, Irving	斯帕尼尔,欧文
Sparkman, John	斯帕克曼,约翰
Spekke	斯佩基埃
Spellman	斯佩尔曼
Spender, Percy	斯彭德,珀西
Spiegel, Harold R.	施皮格尔,哈罗德
Spiropoulos	斯皮罗普洛斯
Spivak, Lawrence	斯皮瓦克,劳伦斯
Sponsler, W.A.	斯庞斯勒
Spring, Cecil	斯普林,西塞尔
Springsteen, George S.Jr.	斯普林斯廷,乔治(小)
Sprouse, Philip	石博思
Spruance, Raymond	斯普鲁恩斯,雷蒙德
St. George, Katherine	圣·乔治,凯瑟琳
St. John	圣·约翰
St. Laurent, Louis	圣·劳伦特,路易斯
Staf, C.	斯塔夫
Staggers, John	斯塔杰斯,约翰
Stain	斯捷英
Stalin, Joseph	斯大林,约瑟夫
Stambaugh	斯坦博
Stanley	斯坦利
Starace	斯塔拉切
Stark	斯塔克
Starr, V.C.	斯塔尔
Starshouwer, Starkonbough	斯塔尔斯豪韦尔,斯塔尔肯鲍赫
Stassen, Harold	史塔生,哈罗德
Steeg	斯蒂格
Steels, A.T.	斯蒂尔斯
Steelman, John	斯蒂尔曼,约翰

Steffan, Roger	斯蒂芬,罗杰
Steihardt, Laurence A.	斯坦哈特,劳伦斯·阿
Stein, Boris	斯泰因,鲍里斯
Stein, Cunther	斯坦,冈瑟
Steiner, Celestine J.	斯坦纳,塞莱斯坦
Steinman, Louise T.	斯坦曼,路易丝
Steint	斯坦特
Stenfani	斯滕法尼
Stettinius, Edward	斯退丁纽斯·爱德华
Stevens	史蒂文斯
Stevens, Robert J.	史蒂文斯,罗伯特
Stevenson	史蒂文森
Stevenson, Adlai Ewing	史蒂文森,艾德莱·尤因
Stevenson, Ralph Clarmont Shrine	施谛文
Stewart, George C.	斯图尔特,乔治
Stikker	斯蒂凯尔
Stillman, Charles L.	斯蒂尔曼,查尔斯
Stilwell, Joseph Warren	史迪威
Stimson, Henry Lewis	史汀生,亨利·刘易斯
Stock, William F.	斯托克,威廉
Stodter, John	斯托特,约翰
Stone	斯通
Stone, Charles III	斯通,查尔斯第三
Stone, Donald C.	斯通,唐纳德
Stone, Walter	斯通,沃尔特
Stowe, Leland	斯托,利兰
Strabolgi	斯特拉博尔吉
Strauss	斯特劳斯
Strawn, Silas	史特朗,赛拉斯
Streibert	斯特赖伯特
Stressmann	施特雷斯曼

Strong, Anna Louise	斯特朗,安娜·路易斯
Strong, Robert	斯特朗,罗伯特
Struble, Arthur D.	斯特鲁布尔,亚瑟
Stryker	斯特赖克
Stuart, George	斯图尔特,乔治
Stuart, Mrs. Gustav	斯图尔特夫人,古斯塔夫
Stuart, John Leighton	司徒雷登
Stuart, Wallace	斯图尔特,华莱士
Stucke, Walter	斯塔克,沃尔特
Stump	斯顿普
Sugimura Yotaro	杉村阳太郎
Sugiyama Hajime	杉山元
Sukarno	苏加诺
Sullivan, John L.	沙利文,约翰
Sullivan, Joseph	沙利文,约瑟夫
Sulzberger, Arthur Hays	苏兹贝格,阿瑟·海斯
Sumita	澄田
Summerfield, Arthur E.	萨默菲尔德,阿瑟
Sumner	萨姆纳
Suner	苏内尔
Sutton	萨顿
Suydam, Henry	苏伊丹,亨利
Swathling	斯韦思林
Sweetser, Arthur	斯威廉,阿瑟
Swinton	斯温顿爵士
Swire	斯怀尔
Swope. Gerald	斯沃普,杰拉尔德
Swope, Herbert	斯沃普,赫伯特
Sycip, Albino	赛西普,阿尔维诺
Sykes, A.	塞克斯
Symington, Stuart	赛明顿,斯图尔特
Synder	辛德尔

T

Tabor	泰伯
Tabouis, Mme Geneviève	塔布衣夫人, 热纳维埃夫
Taft, Robert	塔夫脱, 罗伯特
Taft, William Howard	塔夫脱, 威廉·霍华德
Takahashi Kolekiyo	高桥是清
Takihira	泷平
Talbott, Harold E.	塔尔博特, 哈罗德
Talle, Henry	塔利, 亨利
Tamayo, Martin	塔马约, 马丁
Tamura	田村
Tanaka Giichi	田中义一
Tani Masayuki	谷正之
Tankersley, Garvin	坦克斯利, 加文
Tarchiani	塔基阿尼
Tardieu, André	塔迪厄, 安德烈
Tarran, Robert	塔兰, 罗伯特
Tataresco	塔塔列斯库
Tate	塔特
Tate, Jack	塔特, 杰克
Taube	陶布
Taylor	泰勒
Taylor, George	泰勒, 乔治
Taylor, Glen	泰勒, 格伦
Taylor, Maxwell D.	泰勒, 马克斯韦尔
Taylor, Myron	泰勒, 迈伦
Taylor, Wayne	泰勒, 韦恩
Tebelen	泰贝伦
Teetor, Lothair	蒂特, 洛塞尔
Teichman Eric	台克满

Teleki, Pal Grof	泰莱基,保尔·格罗夫
Tellier, De	泰利埃,德
Tellier, Le	泰利埃,勒
Tello, Donmanuel	特略,唐曼努埃尔
Temple	坦普尔
Terrel, C.L.	特雷尔
Tessan, Francois de	泰桑,弗朗索瓦·德
Teviot	泰莆亚
Tewksbury, Donald G.	都礼华
Thenkin Ma	德钦马
Theodoni	泰奥多尼
Thibaut, Paul	蒂博,保罗
Thoman	托曼
Thomen, Luis	托门,卢伊斯
Thomas	托马斯
Thomas, Charles	托马斯,查尔斯
Thomas, Reginard	托马斯,雷金纳德
Thompson, Clark Wallace	汤普森,克拉克·华莱士
Thompson, Dorothy	汤普森,多萝西
Thompson, Felix	汤普森,费利克斯
Thompson, Gordon	汤普森,戈登
Thompson, LeRov	汤普森,勒鲁瓦
Thorp, Williard	索普,威拉德
Thurmond	瑟蒙德
Timberman	廷伯曼
Timperley, Harold John	田伯烈
Tito, Josep Broz	铁托,约瑟普·布罗兹
Titulesku, Nicolae	蒂图列斯库,尼古拉
Tobey	托比
Todd	托德
Togliatti, Palmiro	陶里亚蒂,帕尔米罗
Togo Shigenori	东乡茂德

Tojo Hideki	东条英机
Tomlinson	汤姆林森
Toshikazu Kase	加濑俊一
Toynbee, Arnold Joseph	汤因比
Tracy, Spencer	屈赛
Tran Van Chuong	陈文柯
Trautmann, Oskar P.	陶德曼
Trenchard	特伦查德
Trent	特伦特
Trevelyan, Humphrey	杜维廉
Trexter, Charles	特莱克斯特,查尔斯
Troyanervski	特罗扬诺夫斯基
Trujillo, Rafael	特鲁希略,拉斐尔
Truman, Harry S.	杜鲁门,哈里
Tsuda	津田
Turner, Frank	特纳,弗兰克
Turner, Howard	特纳,霍华德
Turner, Lana	兰纳特纳
Twinem, Mrs.	特维南夫人
Twining, Nathan	特文宁,内森
Tydings, Millard E.	泰丁斯,米勒德

U

U E.Maung	吴貌
U Nu	吴努
U Saw	吴苏
U So Nyun	吴梭纽
U Tintut	吴丁杜
Uchids Yasuya	内田康哉
Uemura	上村
Ugaki kazishige	宇垣一成

Umanski	伍曼斯基
Umetsu Yoshijiro	梅津美治郎
Unden	恽登
Underwood	安德伍德
Utley,Freda	乌特丽,弗丽达

V

Vacarescu	瓦卡雷斯库
Valera, Eamon de	瓦勒拉,埃蒙·德
Valeri, Valerio	瓦莱里,瓦莱里奥
Valette,de la	瓦莱特
Vallentine	瓦朗坦
Vambery,Rustem	万贝里,鲁什泰姆
Van Bougal	范布格尔
Van Engart,Cornelius	范恩加特,科尼利厄斯
Van Fleet	范佛里特
Van Gulick,Robert	范古利克,罗伯特
Van Kleffens	范克莱芬斯
Van Linden	范林登
Van Mook	范莫克
Van Roijen	范罗伊延
Van Zeeland	范策兰
Vandenberg	范登堡
Vandenberg,Arthur	范登堡,阿瑟
Vandenberg,Arthur Jr.	范登堡,阿瑟(小)
Vanderbilt	范德比尔特
Vandriff	范德里夫
Vansittart, Robert	范西塔特,罗伯特
Vardman,James K. Jr.	瓦德曼,小詹姆斯
Varenne, Alexander	瓦伦纳,亚历山大
Vargas,Getulio Dorneles	瓦加斯,热图利奥·多内莱斯

Vanier	瓦尼埃
Vasconcellos	瓦斯孔塞洛斯
Veillet-Lavalle, Marc	韦莱-拉瓦尔,马克
Verykious, Panaghiotis A.	韦里基奥斯,帕纳约蒂斯
Vesugar	韦苏迦
Vicchi, Adolf	比奇,阿道弗
Vienot	维安诺
Vigier, Henri	维吉埃,亨利
Vilisscher, de	维利斯谢尔,德
Villamin, Vincente	维拉明,文森特
Vicent, John Carter	范宣德
Vinson, Cari	文森,卡尔
Vinson, Frederick	文森,弗雷德里克
Viollette, Maurice	维奥莱特,莫里斯
Visscher, Charles de	维歇,夏尔德
Visson, Andre	维松,安德烈
Vitutti, Marquis	维图蒂侯爵
Viviani	魏斐亚尼
Vo Nguyen Giap	武元甲
Von Kotze	万考芝
Von Wiegen, Karl	冯维根,卡尔
Voroshilov, Kliment Efremovich	伏罗希洛夫,克里门特·叶弗列维奇
Vorys, John	沃里斯,约翰
Vu Hon Khan	武鸿卿
Vyshinsky, Andrei Yanuaryevich	维辛斯基,安德烈·扬努阿里耶维奇

W

Waddens, Thomas	沃登,托马斯
Wainhouse, David	温豪斯,戴维

Wainwright, Jonathan M.	温赖特,乔纳森
Waldrop, Frank	沃尔德罗普,弗兰克
Wales, Prince	威尔士亲王
Waley, Arthur	韦利,阿瑟
Walker, Mrs. Harold	沃克夫人,哈罗德
Walker, Melville	沃克,梅尔维尔
Wallace	华莱士
Wallace, Henry A.	华莱士,亨利
Wallach, L.C.	沃利奇
Wallach, W. Charles	沃利奇,查尔斯
Walsh	沃尔什
Walters, F.P.	沃尔特斯
Wan, Prince	旺亲王
Ward, Angus	沃德,安格斯
Ward, Barrington	沃德,巴林顿
Ward, Ralph A.	沃德,拉尔夫
Wardell	沃尔德
Wardlaw-Mille, John	沃德洛-米尔,约翰
Warlaw-Milne, John	沃劳-米尔恩,约翰
Warner, Stuart	沃纳,斯图尔特
Warren, Earl	沃伦,厄尔
Warzee d' Hermalle, Le Waire	华洛思
Washington, George	华盛顿,乔治
Watson, Thomas John	沃森,托马斯·约翰
Waugh, Samuel C.	沃,塞缪尔
Wauters	沃泰尔
Wavell, Archibald Percival	魏菲尔,阿奇博尔德·珀西瓦尔
Webb, James	韦布,詹姆斯
Webber, Robert	韦伯,罗伯特
Webster	韦伯斯特
Wedderburn, Scrymgcour	卫德波
Wedemeyer, Albert Coady	魏德迈

Weeks, Sinclair	威克斯,辛克莱
Weigle	韦格尔
Weil, Tom	韦尔,汤姆
Weizmann, Chaim	韦茨曼,钱姆
Welch	韦尔奇
Welch, Robert Jr.	韦尔奇,小罗伯特
Welczek	韦尔切克
Wellett, Lowell	威利特,洛厄尔
Wellington, Lady	威林顿夫人
Wells, Herbert George	威尔斯,赫伯特·乔治
Wells, Sumner	韦尔斯,萨姆纳
Westlake	韦斯特莱克
Westminister, Duke of	威斯敏斯特公爵
Weygand, Maxime	魏刚,马克西姆
Weyland	韦兰
Whalen, Grover A.	惠伦,格罗弗
Wheeler	惠勒
Wheeler, Burton K.	惠勒,伯顿
Wheelock, Ward	惠洛克,沃德
Wherry, Kenneth S.	惠里,肯尼思
White	怀特
White, Frederick	怀特,弗雷德里克
White, Harry Dexter	怀特,哈里·德克斯特
White, Henry	怀特,亨利
White, Keith	怀特,基思
White, Lincoln	怀特,林肯
White, Teddy	白修德
White, Thomas	怀特,托马斯
Whiting, W. Stagg	惠廷,斯塔格
Whitman	惠特曼
Whitney	惠特尼
Wiart, Carlton de	维亚特,卡尔顿·德

Wilbur, Martin	韦慕庭
Wilder, Henry Auguste	韦礼德
Wiley	威利
Wiley, Alexander	威利, 亚历山大
Wilhelmina	威廉明娜
Willauer, Whiting	威劳尔, 惠廷
William	威廉
Williams	威廉斯
Williams, Edward Thomas	韦理
Williams, George	威廉斯, 乔治
Williams, L.Charles Louis	卫家立
Williams, Paul D.	威廉斯, 保罗
Williams, Walter	威廉斯, 沃尔特
Willis, George	威利斯, 乔治
Willkie, Wendell	威尔基, 温德尔
Willkie, Mrs. Wendell	威尔基夫人, 温德尔
Wilkins	威尔金斯
Willoughby	威洛比
Willoughby, Westel Woodbury	韦罗壁
Wilner	威尔纳
Wilsey, Lawrence	威尔西, 劳伦斯
Wilson	威尔逊
Wilson, Charles	威尔逊, 查尔斯
Wilson, Edwin	威尔逊, 埃德温
Wilson, George	威尔逊, 乔治
Wilson, Hugh	威尔逊, 休
Wilson, Orme	威尔逊, 奥姆
Wilson, Tom	威尔逊, 汤姆
Wilson, Woodrow	威尔逊, 伍德罗
Winant	怀南特
Winchell, Walter	温切尔, 沃尔特
Winder	温德

Windsor, Duke	温莎公爵(威尔士亲王)
Wingate	温盖特
Winiarski	维涅尔斯基
Winiewicz, Joseph	维涅维奇, 约塞夫
Winter	温特
Winterton	温特顿
Wise, Irwin C.	怀斯, 欧文
Wolf	沃尔夫
Woll, Matthew	沃尔, 马修
Wood	伍德
Wood, Kingsley	伍德, 金斯利
Wood, Leonard	伍德, 伦纳德
Wood, Walter	伍德, 沃尔特
Woodhead, Henry George	伍德海
Woodruff, C.R.	伍德拉夫
Woods	伍兹
Woodward, Stanley	伍德沃德, 斯坦利
Woolf	伍尔夫
Worton, William A.	沃顿, 威廉
Wright, Hamilton	赖特, 汉密尔顿
Wright, Mrs. Hamilton	赖特夫人, 汉密尔顿
Wright, Quincy	赖特, 昆茜
Wrong, Hume	朗, 休姆
Wyatt	怀亚特
Wyman	怀曼

Y

Yagga	亚加
Yamazaki (Yamaza Enjiro)	山崎(山座圆次郎)
Yarmell	亚内尔
Yetles, W. Percival	耶茨, 珀西瓦尔

Yonai Mitsumasa	米内光政
Yorty	约蒂
Yoshida Shigeru	吉田茂
Yoshihito	嘉仁
Yoshizawa Kenkichi	芳泽谦吉
Young	扬
Young, Arthur	杨格
Young, Carl Walter	杨沃德
Young, Loretta	洛丽泰扬
Young, Kenneth	扬,肯尼思
Young, Norman	扬,诺曼
Young, Owen D.	扬,欧文
Younger, Kenneth	扬格,肯尼思
Younghusband, Francis Edward	荣赫鹏
Youngman, William	扬曼,威廉

Z

Zadeikis	扎迪基斯
Zafrulla Khan, Muhammed	扎夫鲁拉·汗,穆罕默德
Zaki	扎基
Zaleski, Josef Bohdan	扎莱斯基,约瑟夫·博丹
Zay, Jean	扎易,让
Zeineddine, Farid	扎伊奈迪恩,法里德
Zhukov	朱可夫
Zimmerman	齐默尔曼
Zimmern	齐默恩
Zog	佐格
Zorick	佐利克
Zuleta-Angel, Eduardo	苏莱塔-安赫尔,爱德华多
Zulueta	苏卢塔

三　部分中国人的英文姓名

陈友仁	Chen, Eugene
程绖运	Cheng, Seymour C.H.
迪洛瓦	Dilowa
邓悦民	Teng, Stephen
董　霖	Tung, William L.
董显光	Tong, Hollington
傅泾波	Fugh, Philip
顾福昌	Koo, Freeman
顾菊珍	Koo, Patricia
顾维钧	Koo, Wellington
顾息祥	Ku, Harry
顾以俪	Ku, Mimi
顾应昌	Koo, Anthony
顾裕昌	Koo, Wellington Jr.
顾毓瑞	Ku, Joseph
郭宝树	Kwok, Percy
郭慧德	Kwok, Walter (Wally)
何　东	Ho-tung, Robert
何　廉	Ho, Franklin
胡世泽	Hoo, Victor
嘉乐顿珠	Chia Loh Tung Chu
蒋荫恩	Chiang, Joseph
金问泗	King, Wunsz
孔令傑	Kong, Louis
孔令俊	Kong, Jeanette
孔令侃	Kong, David
孔令仪	Kong, Rosemond
邝友良	Fong, Harlan

李大为	Li, David
李锦纶	Lee, Frank
李威廉	Lee, William
李英生	Lee, Yingson
厉志三	Lea, Thomas
林可胜	Lin, Robert K.C.
刘驭万	Lew, Daniel
卢祺新	Lu, David
毛邦初	Wang, Carlos（化名）
孟 治	Meng, Paul
倪源卿	Nyi Nyeon-ching
任玲逊	Jen, Richard
沈 锜	Shen, Sampson
施炳元	Sze, Henry
施厚元	Sze, Allen
施纪元	Sze, Palmer
施赞元	Sze, Philip
施肇基	Sze, Alfred
施肇祥	Sze, Thomas
孙嘉禄	Sun, Carlos
孙中山	Sun, Yat-sen
谭葆慎	Tan, Tennyson
谭伯羽	Tann, Beue
唐 榴	Tong, Lau
唐 琪	Tang, Dana
唐骝千	Tang, Oscar
唐芝英	Tang, Tracy
汪孝熙	Ouang, Rolland
王 蓬	Wong, Martin
王季征	Wang, Kiding
王克勤	Wang, Howard
吴 权	Won, Kiuru

夏　鹏	How, Bang
夏格巴	Shakabpa
谢德惠	Hsieh Te-hyi
谢文秋	Chu, Grace
许仕廉	Hsu, Leonard
颜惠庆	Yen, William W.
严幼韵	Young, Juliana
晏阳初	Yen, Jimmy
杨觉勇	Yung, John
杨茜恩	Young, Frances
杨薵孟	Young, Gene
叶公超	Yeh, George
于焌吉	Yu, James
余日章	Yui, David
曾广勷	Tseng, Box
章嘉活佛	Chang Chia Hutuktu
张君劢	Chang, Carson
张　谦	Chang, Henny
张如怡	Chang, Rhoda
张祖荣	TjouT'soe Jin
周锦朝	Chow, Albert
周植荣	Chow, Jack
朱葆真	Chu, Paul
朱明堂	Tsu, Franklin
朱文熊夫人	Chu, Grace
卓牟来	Tso, Morley

四　史事索引

A

埃塞俄比亚问题　（3）79-83,99

安格联革职问题　（1）289-298

澳门问题　（4）287,299,303　（5）534,536

B

巴黎和会（第一次世界大战）

　参加会议的准备　（1）147,152-162

　中国代表团的组成及纠纷　（1）115,147,154-158,161-173,179-184

　各国的立场　（1）152,153,159,184-188,189-194

　山东问题　（1）155,156,173-177,186-191

　中国拒签和约　（1）192-200

　后果　（1）201-203　（4）120

　余响　（5）366,382,386,376,572

巴黎和会（第二次世界大战）（21国，1946年7月）　（6）7,9,10,20,24,71,72,75,76

巴黎外长会议（1946年4—6月）　（5）630,638,646,676-678　（6）7,8,12,72,73,192

八一三事变（1937年）及上海战事　（2）411,414,415,419-424,431,538

白皮书（美国对华政策（1949年8月）　（7）63,125,160,167,171,172,181,189,195,204,207-214,216-221,223-225,227,231,290,309,310,312,315,318,322-324,326,327,331,332,334-336,344,347,376,379,383,387,392,394,398,441,487,496,517,565

北大西洋公约　（7）241-244,248-250

北京政府（北洋政府，1912-1928年）

　一般情况　（1）80-89,361-376

　总统府　（1）79,87,93,105,122

　国会　（1）88,89,146,248,249,353,354,357-361

　国务院（内阁）　（1）78-81,93,231-251,361-363

　摄政内阁　（1）248-251,282,309-311

　外交部　（1）95-104,121,127,374,375

　总统、内阁与国会的矛盾　（1）231-241,246,247,353,354,

357-361

与银行界关系 （1）291-293,
298,299

北京住宅炸弹事件 （1）326-329

碧瑶会谈9蒋介石—季里诺）（7）
280,281,290

波茨坦会议及协定（1945年7月）
（6）70,73,75,76,80,86,450,492

波兰流亡政府 （4）127,136-140

柏林四国外长会议（1954年1月25
日-2月18日） （10）309,325,
329,340-342,344 （11）3

布雷顿森林会议 （5）375,394

布鲁塞尔会议 （2）456,458,469-
472,512,513,515-529,535-588,
590,591,593-595,598,600,602-
614,616-624,627-636,638-645
（3）3-7,17,26,32,44,60,61,102,
121,124,158,159,183,189,204,
225,244,250,251,263,278,286,
304,335,344,415,435,437,473,
485 （4）10,14,488 （6）499

C

裁军会议 （2）10,54,61,72,80,85,
91,137,145,148,180,191-193,
201,202,206-208,212,221,225,
278,279,286,368 （3）195

曹锟贿选 （1）248-255

朝鲜排华惨案 （2）135,143

朝鲜问题 （6）5,41,80,104,109,
111-114,194,200,203-205,209-
211,213-219,415,425,426,432-
434,480 （7）270-273,389,390

朝鲜战争

爆发及初期情况 （8）3-6,27,
39,42

安理会的行动 （8）7,14,37,145,
145,148

联合国军 （8）37,50,51

台湾派军队去朝鲜参战问题
（8）10,13-15,17-20,23-27,
30,46,73-77,88-90,215

停战和谈判 （8）167-174,178-
187,254,346,347,349-354,395
（9）305,306,325,326,338,358,
359,367-369,373,380,407-
409,422 （10）82-91,132-
137,140,141,151,152,161-
164,174,175

战俘问题 （10）82-91,94,111,
112,117-120,125,126,135,
144,145,162,163,287,288,
298,299,327

朝鲜政治会议 （10）84,137,153,
154,163,175-188,274,281-283,
286,287,298,299,307,317,344,
524,525 （11）3,7,14,21,47,
80,107

承认新中国问题 （7）104,109,113,
154,160,161,215,376,380,382,
391-394,399-403,405,406,409-
417,422,428-436,512,513,515,

594,628,629,632－635,638,640,
642,677,716,717　（8）105,110,
111,117,118,120,126　（9）358－
360　（10）101

川滇铁路问题　（3）110,371,
372,376

D

大陈岛撤退　（12）34－37,52－55,
57－60,63－69,82－85,90－94,114－
118,123,124,196－198,714－718

大西洋宪章　（5）33,66,67,265,
276,494

德国进攻法国（二战）　（4）228,
246,256,257,261,269,275,276,
281,286,436

德国进攻波兰（二战）　（4）15,19,
41,42,61,89,124－126,172

德国进攻苏联（二战）　（4）524,
528,529,532－534,544

德国军事顾问团　（2）474,573
（3）89,109－116,118,127,130－
132,165,417　（4）185,453,525,
537　（5）31,423

德国并吞奥地利　（3）50,64－66,
69,70,80,164,201

德国并吞苏台德区及进攻捷克
（3）73,97,160,175,177,190,199,
361,394,457

德军进攻卢森堡、荷兰、比利时

（4）228,246

德军进入巴尔干　（4）471,476,478,
494,505,510,511,529

德军进入罗马尼亚　（4）432

德军占领丹麦入侵挪威　（4）228

德意日轴心　（2）319,325,334,337,
339,340,538,539,570,572,579,
605　（3）113,116,148,208,212,
270,286,311,322,323,389,423,
424　（4）11,49,71,91,155,315,
321,341,349,365,394,424－430,
434,436,440,445,452,454,466,
470,481,484,494,497,498,502,
503,505,515,519,523,525,528,
531,538,540,542

第七舰队进驻台湾（8）8,11,13,15－
17,25－28,32,39－42,46,47,52,
57－59,66,67,69,75,110－115,
128,154,158,168,173,176,178,
190,191,256,257,264,277,308,
364,602,606,610　（10）10－15,
17,19,20,22,24－29,31,34,37,
38,46,77,192,233,262－264,272,
401,430,431,453　（11）149,177,
183,191－195,197,203,211,256,
257,263,264,266,269,275,277,
282,283,286,291,297,329,332,
334,336,347,353,362,363,369,
435,444,447,468－470,513,522,
524－527,541,556,563

第一次世界大战

参战借款　（1）245,249－251,

307,308,370

美国参战 （1）139-142 （4）45,
270,,272,273,296,526,529

中国宣战 （1）144-147,158,226
（4）62

滇缅公路 （3）43,61,115,121,214,
221,237,258,295,318,325,338,
467 （4）182,189,212,297,303,
311,315,423,427-429,466,530
（5）14,15,31,54,88,149,190,
249,320,331,332,334,340

东交民巷 （1）77,94,121,122,
145,273

东南亚条约组织 （11）103,104,
109,182,183,208,252-256,264-
266,274,279,280,356,438,458,
519,581 （12）5,17,18,31,44,
80,202,203,207,272,491,496,
599,607,614,622,693

东亚新秩序（日本政策）（3）240,
291,307,333,366,490,492

杜鲁门主义 （6）70-88,104,116,
129,130,163

对日和约(多边)

各国态度 （9）3-16,22-30,42-
44,52-57,60,71

美国的七点备忘录 （9）32-41,
625-627

和约草案 （8）354,399 （9）57-
77,154-156,628-634,643-658

参加多边和约问题 （9）79-241

对日和约(双边)

单独缔约问题 （9）79-241

日本关于缔约对象的态度 （9）
230-238,343-349,263,264,
289,290

和约运用范围问题 （9）147-
150,156-158,165,171,190-
193,214,227-229,281,685-688

谈判及条约文本 （9）269-298,
669-680

对意和约 （5）541,543-545,550-
552,555-557,562-564

敦巴顿橡树园会议 （2）50 （5）
363-392,404,405,407,408,412,
415,430,460-463,491,516,
535,594

E

二十一条 （1）90,114-119,142,
144,145,149,154,155,161,182,
187,188,210-212,226,372,373
（2）67,228,245 （4）476 （5）
522,525

F

法国国民议会援华集团 （3）119,
120,430-435

法国经济发展协会(对日占满洲投资
问题) （2）261,262,267

法国流亡政府(戴高乐自由法国)
（4）293,297,299,300,419,420,

439,471,480,504,513,535

法国辱华电影"黄色旅程"问题
（2）368,271

法国维希政府（贝当政府）（4）
307－312,316,318－323,341,349－
351,359,365,368,375,385－389,
419,420,427－430,439,453,455,
466－470,478,480,502,531

法国向中国提供信贷供应军火问题
（1937年）（2）475－481,485－
490,492－497,505－509,523,524,
615,637

法国战败求和
　巴黎陷落,政府南迁（4）261－
　268,272,275－277
　政府改组求和（4）274－280,
　285,286
　外交使团的播迁（4）263－267,
　276,285,286,289,307,311,453
　法兰西民族解放委员会（5）
　317,338,415

法日关于印度支那的协定（1940年9
月）
　谈判及签订经过（4）351－358,
　375－377,381,387,390,392,
　395,396,398,406,407
　协定内容（4）407
　反应（4）421－423,426,451,
　472－474,477,499,501,502

法日条约（1908年）及秘密换文
（2）61

芳泽递交国书事件（1）308－311

飞虎队（2）599（5）14

非战公约（巴黎公约）（2）54,55,
61,63,73,76,79,85,93,109,154,
158,159,162,199,209,213,239,
249,251,361,393,432,647,650,
651,661

封闭（东北—闽江）港口（1949年6
月）（7）158－161,582

封锁委员会（经济封锁部）（法国）
（4）155,156,159,167,168,175,
178,210

福建政变（2）256－260,263

G

共同安全署（美）（9）401,439,
466－468,494－496,498,499,509,
513,514,525,530,534－539,556,
558,567,569,572,573,587,588,
611（10）43－45,73,120,142,
164,204,211,212,236－239,242,
243,250,255,256,258,266,348,
391,392

共同防御条约（中美双边）
　条约的酝酿（10）193,194
　（11）30,33－35,165
　协商与研究（11）168－193,
　195－203
　谈判与签订（11）262,263,340,
　341,347－350,352－357,360－
　389,391－396,398－449
　条约换文和共同声明的草案和议

定文本 （11）545－566
（12）691

条约的批准、换文和登记 （12）
3,12－22,26－29,31－33,37,38,
41－46,106,107,152－154,180,
185－187,206,207,212,368,
369,691－700

雇用美国军人及组织地下武装
（7）174－176,652－654,659

顾氏退休问题 （9）446－448,562－
564,603 （12）624,630,660－668,
675－677,682,684－688

顾维钧出任考试院院长之议 （11）
144－148,151－157,207,210,214

顾维钧退出1966年国际法院法官选
举 （13）55－61

关税问题 （1）160,161,210－213,
263,269,270

广田（对华）三原则 （2）296,297,
324,325,332,351,400

国防最高委员会 （2）53,170,171,
183,184,190,196,200,218－222,
248,255,506,507,513 （5）88,
143,177,364,403,449,613,
666,674

国共和谈 （6）539,551－553,556,
559,561－566

国际和平大联盟 （3）430－433

国际合作署（美）（12）534,539－
545,553－555,561,639,659

国际联盟
建立 （1）160,162,171,184,185,

187,190,193,203,209

对中国的援助问题 （3）15,16,
26－28,39,40,42－53,137,162－
164,166－190,193－199,254－
256,262,264,266,296,297,
304,308,310,312－314,318,
418,419

盟约 （1）171,184,185,190,193,
194,201－203,209,398 （2）14,
17－19,47,55,71,72,77,84－86,
89－93,96－98,101,102,109－
111,114,117,124,126,133－
147,149,151,154,158－164,
168,169,171,172,174,176,
183,184,187,196－199,201,
203,206,209,213,214,218,
249－252,321,335,379,381－
383,390,427,432,440－445,
452,453,464－466,469,482,484
（3）16,26,42－44,47－51,
104,162－164,166－168,171－
174,179,180,196,197,202,
203,436 （4）151 （5）367,
382,390,570,572

全体大会和全体大会特别会议
（2）14－21,25,26,48,49,51,
53－55,71,73－85,88－97,110,
117－121,142,151,153－155,
201－203,209,211,214,215,
221,225,227,247－253,279,
281,288,292,437,739,448
（3）42,43,52,71,162,163,166,

173 – 177, 182, 187, 190, 196,
200, 201, 203, 256, 304, 308,
314,473 （4）61,65,116,117,
137,138,142,148-152 （5）391

十九国委员会 （2）15,16,54,55,
64,71,74-77,79,81,84,86,88-
97,101,102,117-120,123-128,
134 – 139, 142 - 157, 163 – 166,
169,450,720,721

中国问题顾问委员会 （2）163,
164, 169, 174, 179, 188 - 191,
196, 197, 200, 203, 204, 211 -
215, 218, 221, 224, 225, 239,
242, 273, 279, 280, 432, 437,
438, 440, 441, 444, 446 - 455,
461 – 470, 503, 525 – 529, 535,
542,559,633 （3）26-28,39,
137,167,173,179,182,199,304

关于中日冲突的最终报告书
（2）76,77,80,84,89,90,93-97,
109, 116 - 120, 134 - 140, 142 -
145, 149 - 151, 153 - 157, 163 -
173, 178, 183 - 185, 187, 197,
221,249-251,292

行政院 （1）203-205,395,397-
400,402-404,406 （2）6,14-
22,47 - 49, 51, 53 - 59, 67, 71,
74-79,81-84,88,89,95,110,
117, 121, 124, 129, 134 - 137,
142, 146, 148 - 152, 158, 159,
171 - 173, 177, 190, 214, 232 -
237, 241, 242, 247 - 251, 276,

279, 284, 286, 291, 342, 364,
379, 430, 432, 437, 439 - 441,
443, 444, 446 - 455, 483, 484,
527, 647, 653 - 657, 661, 664,
665,671,672 （3）26, 42 - 44,
47 - 53, 59, 81 - 83, 95 - 97, 99 -
107, 162, 163, 166 - 168, 171 -
173, 175 - 185, 189, 190, 195 -
200, 202, 204, 209, 296, 297,
303 - 305, 308, 312 - 314, 418,
419,429,432,433,473 （4）61,
65,117,138,139,147-152,237,
301 （5）390,391

二十八国委员会 （3）42,43,
50-52

余波 （5）242,270,364,367,368,
371, 375, 382, 390, 391, 404,
484, 508, 570, 574, 577, 584,
590,593

国际货币基金组织 （6）136,258,
340,368,394,399,504 （7）16,
84,195,196,567,587,602,654,656
（8）49,193,355 （9）315,389,
400,401 （10）184,346,348,351,
492 （11）138,292,464 （12）552

国际组织中的中国席位问题 （7）
587-589,646-648 （8）49,151-
153,354,355,359,360 （9）315,
389 - 404 （11）63, 292 - 294
（12）421-426,491-493,502-504

国联三代表(颜、顾、郭)辞职 （2）
178-180

国民参政会　（3）300,301　（4）34
（5）89,92,93,95-98,101,107,
108,116,133,142,413,442,444,
445,454,474,475,623,624

国民代表大会　（5）428,620,624,
629-633,638,666　（6）17,34,38,
39,61,62,260,261,324,455,506

国民党改造　（8）52,58,79,200,
366,367,390　（11）217,228,
246,247

国民党军队的腐败　（7）12-20,
194,567-575

国民党扩大会议　（1）391-393

国民党内部派系与分裂　（1）7-9,
40,59,85-88,116,213,368-374,
403-405,412,422,449,479,493,
505,506,541,547-555,563-565,
576,577,583

国民党中央执行委员会　（3）293
（4）30　（5）101,117,118,120,
121,142,173,195,344,345,401,
438,447,608,612-620,626,630,
653,654

国外业务署（美）（10）348,355,
362,365,391,407-419,425-428,
437,442,444-446,450,531,532
（11）135,137,138,142,152,177,
196,211,214,221,223-225,236,
237,244,248,249,313,316,346,
358,447,452,457,474,475,478,
479,482,492,497,501,568

H

哈里曼计划　（1）58

海南岛防守问题　（7）405,454,
457-460,462,466,492,493,495-
500,514,522-525,531,540-542,
571,583,588,643,644,649-651,
660,661,665,666,669,678,679,
683,690,691,705,707

何梅协定　（2）292,313,325,386

和平谈判（国内战争,1949年）（7）
3,4,7,8,10,60,74,81,82,95,
103,117,121,125,153

华美协进社　（6）23,46,517,519,
538　（7）51,68,70,72,73,144,
531　（8）374-377,381,552

华盛顿会议（华府会议）(1922年）
　组织与程序　（1）119,151,
　206-213
　中国代表团　（1）206-213　（5）
　467,476
　山东问题　（1）206,210,213-
　222,333

黄金储备运往台湾与挤兑黄金事
件　（7）5-8,85,86

皇姑屯事件　（1）289

J

冀东傀儡政权　（2）293,295

蒋介石出洋考察之议　（7）338,454,

456,518,521,522

蒋介石引退与复职 （6）520,532,
535,553,557,560 （7）7,21,111,
191, 473, 481, 548, 549, 551 –
553,564

蒋经国访美 （10）347,348,352 –
356,358–364,369–373,377–407,
422–424

金佛朗问题 （1）244–246,305–307

金门岛冲突和危机 （11）192,193,
237, 240, 245, 257, 264, 267, 269,
270,274,288,290–292,295–297,
315,319,321–323,328,334,335,
375,378,395,396,410,413,501,
513,520,529

金圆券问题 （6）392,393,395 –
397,401,466,467,551 （7）65,
14,16,17,85,186,574

经济合作署（美） （6）307,312,
316–320,324,330,337,338,345,
374,393,397,414,467,478,481,
531,539,542,543,547,550 （7）
20,28,38,51,66–73,99,100,115,
124, 129, 134, 195, 205, 207, 368,
372,380,442,450–452,454,458,
472,483,489,492,497,500,503,
513, 517, 528, 530, 531, 535, 583,
602,615,616,648–651,661–670,
681,682,689,670,692,711 （8）
30,33,54,71,192–194,210,213,
224,246–249,251,279,281,292,
293,307,310,317,318,370,377,

379,382 – 386,390,396,397,400,
433–438,452,514,607 （9）436,
439,442

九国公约（华盛顿公约） （2）19–
21,24, 25, 54, 63, 73, 79, 93, 154,
213, 249, 251, 274, 275, 294, 327,
335,366, 368, 379, 381 – 383, 388,
393, 401, 408, 427, 431, 432, 456,
469 – 471, 492, 512, 522, 525 – 529,
536,537,540–545,548–552,555,
558,561, 562, 567, 571, 576 – 578,
581, 591, 596, 605, 609, 617, 618,
638,642 （3）13, 16, 183, 240,
243,250, 266, 268, 309, 315, 333,
334, 337, 339, 340, 473 （4）10,
13,65,79,195,198,342

军事调处执行部（三人小组） （5）
623,628,648,657,661,663 （6）
29,47,191,192

K

卡内基和平基金会 （1）73,128,153

卡萨布兰卡会议（19453 年 1 月）
（5）181,192, 195, 196, 200, 203 –
205,216,262,292

开罗会议（1943 年 11 月） （5）16,
403, 450, 472, 494, 504, 519,
537,540

抗日救国运动（九一八事变后）
（1）403–405

控诉苏联案 （6）490,491,548

（7）382－389，391－399，401，402，413，417－419，422，426，628，636－638，641（8）7，42，43，150（9）340（10）41

魁北克会议（1943 年 8 月）（5）335－337，339－341，374，389，392，393，396－398，402

L

蓝辛石井协定（1）14，148－151

劳联—产联(美国劳工联合会—产业工会联合会)（5）432，434，596

李顿调查团(国联调查团)

李顿报告书（2）14－16，20－26，46，47，53－58，61－63，66－76，78，79，82－88，91，93，96，101，109，116－118，121，124，134，156－162，171，172，627，646－662

对报告书的反应（2）54－73，663－665

有关活动（1）406－422（2）5，6，14－19，22－25，54－56，71，72，74－77，79，83，84，93，121，141，142，149

李维诺夫议定书（非战公约）（2）239

李宗仁访美（7）422，427，442，443，480－482，484－489，491－494，504，522－524，541，542，547－566

李宗仁竞选副总统经过（7）148－153

李宗仁罗申会谈（7）125，126，218，225－227，327，331

李宗仁致杜鲁门信问题（7）138，209，210，212，213，216，218，219，223，224，236

联合援华基金会（英国）（5）65，66，74，322，325，344，345，357，358，361，362，413，419，420

联合国

宪章（5）387，388，391，471，489－491，493，494，502，516，570（6）105，107，110，113，197，203，409

成立大会(旧金山会议，1945 年)（5）392，420，434，438，441，444，457，460－465，468，470，471，478－492，496

成立大会中国代表团（5）438，441，444，445，448，449，453－460，466，467，470－478

筹备委员会(伦敦，1945 年)（5）503，570－592，594，608

会址问题（5）574－576，579－581，586－588

大会（5）589－592（6）29－31，105，193－197，200－205，208－219，245，246，415，416，426，427，479

安理会（5）371，372，376，377，383，385，386，390，391，457，470，490－492，550，551，574，589，590，598－608，613，615，

622,625,630　（6）90,104-110,
112, 113, 194, 203, 207, 214,
408, 409, 411, 412, 415, 416,
418, 423 - 428, 442, 443, 483,
485,490-492,562

托管理事会和托管事务部　（5）
488,493,583　（6）69　（7）90,
109,254-256,267,643

经济及社会理事会　（5）391,434,
591,592,594,596,676

粮食及农业组织　（6）168,175,
495, 496, 509, 510, 513, 514,
516,517,544　（7）12,418,423-
426,481,484,488,670,671

善后救济总署　（5）652,678
（6）3,5,8,9,13,48-50,52-54,
122, 123, 128, 132, 133, 147,
168, 173 - 175, 278, 311 - 313,
337,347,375

联总后援助　（6）50-54,122,
152, 153, 250, 251, 255, 262,
263,281,311

接纳外蒙古问题　（6）427-475,
488, 496 - 498, 573, 619, 656,
724-727

军事参谋团　（6）13,203,283

国际法院的建立及运作　（5）
367, 371, 387, 426, 463, 464,
487, 519, 593, 594　（6）105,
197, 198, 201, 341, 371, 372
（12）441,491,668　（13）6-36,
41-44,49-52,54-61

联合国的中国席位问题　（7）383,
511,584-588,629-635,639-648
（8）43,47-49,61,62,94,105,124-
188,224　（9）302,303,331,339,
360, 404, 411, 412　（10）123 -
128,136-139,154,157,173,274-
277,279-282,284,285,295,296,
300-306,318,319,323　（11）4,
86,87,90-96,101,102,105,106,
211,294　（12）354,366 - 368,
376,377,384,386-388,394,417,
424-426,565,568,572,573,575,
578, 579, 581-583, 605, 617, 619,
624,629,632

临城劫车案　（1）312-314

卢沟桥事变（七七事变）　（2）11,
12, 354, 355, 374 - 380, 385, 389,
427, 438, 472, 474, 475, 480, 524,
526,568,571,627　（3）32,137,
220,248,254,363,370

旅顺问题　（5）446,447,450,452,
456,465,469,497-501,516-521,
525,527,528,533,539　（6）37,
41,201

伦敦外长会议（1945 年 9—10 月）
（5）481-488,493,500-513,525,
532-565,630,638,646,677　（6）
70,71

伦敦外长会议（1947 年 11 月）　（6）
92,93,109

罗斯福芝加哥演说（"隔离"演说）
（2）439,470,519,531,534-537

罗文干被捕问题 （1）234－240，
246,247

M

马歇尔计划（欧洲复兴计划） （6）
87,93,94,130,139,203,236,237，
259,264,280,285－289,295,305，
311,317－319,326,335,336,339－
341,346,393,404,408,409,414，
437,544

马歇尔在对华政策上的影响 （7）
34－37,41,60,66,79,108,109，
115,127,132,141,144,171,177，
373,412,437,570

满洲国问题 （2）17,21,23－25,59，
63,68,70－76,80,82－94,99－105，
112,116－118,121－124,126－128，
134－142,146,149－152,154－157，
165－167,171,179,190,191,197，
204,205,208,209,211,215,216，
225,226,237－239,242－244,246，
248,255,261－263,279－282,295，
296,334,355,358,373,640,648，
652 （3）8,9,15,16,21,23,99，
118,121,308,312,339,340,343，
354,491 （4）13,120,189,213，
220,254,302,465,533,536 （5）
51,70,464,649

毛邦初案
背景 （8）404－411,422,427－431
毛邦初、向惟萱告洋状 （8）415，

418－420,441－443

毛拒交公款和档案 （8）421,433，
441,442,446－449,461,472

调查委员会 （8）450,451,454－
456,461－476,478,480－489，
493－509,512－515,528,529，
531－534,539,540,545,546，
553,554

五人专案小组 （8）468－470,473－
476,482,485,487－491,498－502，
504,509,512,516,518,519,522－
525,530,532,534,536566,569－
573,576,579－586

诉诸法律 （8）473,474,477,478，
482,488,489,493,510,512－
523,525,529,531,534－536，
540,549－554,557,558

李宗仁介入 （8）517,518,520，
525－527,529,550,575－579
（9）463

毛逃往墨西哥和引渡问题 （8）
550－552,557－561,564－574，
581,584,587－589,595,596

结果 （8）587,588,582－591，
595－599

美国的"袖手旁观""尘埃落定"政策
（7）20,21,35,36,42,43,49,79，
161,171,203,230,291,337,478，
513,516,657,683,684

美国的援助
美国战时援助五亿美元信贷
（5）8 （6）3,26,66,118,120，

121, 124, 127, 129, 135, 138, 145-149

美国经援问题

寻求十亿美元信贷及失败 （6）48，124，135，138，144，145，150，223，227，232，237，239，246，251，258-260

寻求紧急援助三亿美元和六千万美元及其失败 （6）236，237，240，246，249-251，255

获得赠款一千八百万美元（1947年12月） （6）255

美国军援和武器供应（1947-1948年） （6）153-155，229-233，241，242，244，247，252-254，342，343，346-351，357-368，472-475，478，479，489，490，493，498，511-513，533

对美援的三点新需求（1948年12月） （6）540-542 （7）43，44，80，99，107，129，140，320-322

美国援华法（《1948年对外援助法第4号》）（46300万美元）

院内外活动及国会通过 （6）234，364-273，280，287-290，292，293，295-306

总额及经援、军援之分配 （6）305，306

实施和拨款 （6）310-314，318，326，327

美国1949年对外军援法 （7）310，313-317，321，327，333，342，371，528-530，660

麦卡伦援华法案 （7）60-62

购买白银与铸造银币 （7）97-100，115，124，128-130，134，140，142，165-167，189，195，196，205，206，316，321，327，333，341，365，372，380，440-442，483

七千五百万美元军援问题 （7）321，327，333，335，339-342，354，365，371，378，440-442，450-454，457，462，463，468，483，508，513，606，657，663，665，666，679，687，693，696，699，708

延长1948年援华法拨款余额使用期限问题 （7）55，63，64，74-76，99，129，140，316

要求援助的计划 （7）45，46，56，62，64，65，75，76，80，189，309，363，364，448，450，650，651

暂时停运援助物资 （7）38，43，51，52，58，60，62

紧急防御法（1950年12月）及对台援助 （8）246-250

1951年度援台计划 （8）189，192，193，224，225，246-250，255，289-293，299，364，383-386

共同安全计划与对台援助（1951—1952年） （9）425-428，439，442，449，450，460，466，468，488，489，518，573，597

1954 年度美援 （10）235－238，249，255，256，265－267，407－420，426－430，432－437，445－448

1955 年度美援 （11）113，162，470，480，488

1955—1956 年度美援 （12）229，508，518－524，529，530，546，556，669

美国援台问题的讨论 （7）489－491，494－504，510，514－518，525－531，648

军援飞机情况（1953 年）（10）246

"中国地带"援款使用问题 （7）657，666，687，689，690，696，699，708

军舰的转让与移交 （6）6 （10）35，36，261－264，272，451－453

美国的外国财产管制条例 （8）259－262，269－273

美国对蒋介石的态度（1948 年以后）（7）36，137，143，183，290，305，329，337，346，461，467，477，518，522，529，542，662，690，691，693 （8）11，33，54，213，218，278，318，319，365，366 （9）451，519

美国废除 1911 年美日商务条约 （3）471－474，479，485 （4）111，121，134，146，147，232

美国国外清算委员会 （6）233，253，254，282，344，348，357

美国进出口银行 （6）22，50，97，100，120－122，124，127－131，133－135，137，138，141－143，146－151，155，156，162，163，167－172，180，189，190，223，226，227，232，236，239－241，251，252，352，389

美国军事顾问团 （6）51，229，248，282，364，481，488，512

美国军事援助顾问团（驻台） （8）317－322，363，364，393，433

美国扣留中国留美学生问题 （12）70，304，315，316，338，347，350，360－362，364，365，371－373，375，380，381，385，389－391，395，397，403，413－415，551，588，618

美国人在北京被判刑、拘留及释放 （11）431－433 （12）9－12，34，36，37，211，307，308，313，314，351，378，381，386，388，389，391，392，399，400，415，419，482，484，488，489，566，567，591，618，633

美国入侵台湾问题 （8）93－101，104，105，109－111，124，133－135，142，158

美国协防金门、马祖问题 （12）69－71，73－78，83－85，91，94，95，99－105，114－118，122－130，132，134－156，159－168，170－176，178－182，190，192，196－201，205，207，208，211，213，214，216－218，220，229－231，235，236，238－248，250－252，254－257，265－268，271，273－275，

280-282,292,296,348,356,367,
370,407,739-411,418,515,548,
606,612,629,654,656,657,670,
671,702-704,709,714-718

美国援华联合总会 （6）45,95,136,
523,525,531,532

美日华盛顿谈判(1941 年) （5）34-
37,42,270,310

美、日在北京设立经营无线电台问题
（1）303,304,369

美援被中饱问题的报道 （7）49,
53,56

盟国对日委员会 （5）534,547,564,
644 （6）5,173,348,429 （7）
461,514,635 （8）72 （9）44,46,
92,96,98,112,115,119,120,138,
143,178,287-290,295,660

缅境李弥部队问题 （8）35,36,62,
63,70-72 （9）149,327,340,596
（10）17,19,49-67,189,190,196-
202,206,208,209,220-222,234,
240,270-272,304,331,365-369,
373-377,387,388,433,459-465,
468,469,503-510 （11）295,
531-536

棉麦借款(美)(1933 年) （2）231

民用航空公司案(王世杰案) （10）
472-475,494

民主社会党 （5）195,463,474,626
（7）114,325 （11）122,222

莫斯科会议(1943 年 10 月) （5）
354,369,376,377,398,516,523,

540,551-553 （6）20

莫斯科外长会议(1945 年 12 月)
（5）563,564 （6）113

莫斯科外长会议(1947 年 3 月)
（6）38,44,63,68,70-82,88,91

慕尼黑会议 （3）73,199,200,207,
212-214,216-218,234,260,268,
273,280-285,287,288,302,316,
320,342,358-361,394,400-402,
410,457,458

N

南京政府对四大集团军的不同战略
（1）388

农村复兴联合委员会 （6）293,294,
337,338 （8）33,54,201,204
（9）536,567,568,594,595 （11）
216,223,225,236,248

O

欧美同学会 （1）73,127-130

欧战爆发前夕列强之间的相互关系

德法之间 （3）77,258-260,270,
283,295

德日之间 （3）39,130,131,330

德意之间 （3）64-66,81,98,
272,274,351,401

法日之间 （3）46,56,57,82,83,
120,122,130,131,163,315,
326,445,446

法苏之间 （3）23,73,78,88,98,149,201,203,280,283,342,378,399,400,427

法意之间 （3）82,85,101,117,119,153,154,258,271,273,275,276,280－282,284,349,360,381

美日之间 （3）90,205,307

美苏之间 （3）8

美意之间 （3）351

苏日之间 （3）33,34,94,147,151,154,157,281,420

苏意之间 （3）351

英德之间 （3）73,184,192,202

英法之间 （3）29,59,70,72,76,87,88,90,97,130,142,144,153,201,202,260,261,264,265,295,399,446

英美之间 （3）45,244,295

英日之间 （3）17－20,46,88,129,174,192,203,423

英苏之间 （3）8,24,90,98,203,378,379,396,399,400,427,441－443

英意之间 （3）53,66,72,80,81,94,185,277,282,423

P

聘请法国军事顾问问题 （3）109－112,114,115,118,132,134,165,226,232－234,417 （4）29,82,141,145,164,176,185,186

Q

遣返扣留在印支的军队问题 （8）259,276,277,280 （9）316－320,322－325,354,356－358,514,517,578,595 （10）223,228,229

全国经济委员会 （2）232,233,236,241,249

R

日本的南进 （3）206－210,212,218－220,224,239,302,312,322,324－332,334－337,344,365,389,390,396,440,455,473 （4）41,54,58,63,68,71,80,81,155,175－177,181,208,213,249,251,262,282,315,360,366,419,423,424,425,428,434,444,445,466,484,486,495,506,516,518,522,524,532,534,536

日本对印度支那的进逼 （4）310－318,321,322,326－348,350,352－361,363－366,368－374,376,377,380,381,385,386,391,392,394－397,399－401,405,406

日本赔偿问题 （5）534,540,544,545,641,642,644,650,655－657,664 （9）33－36,39,58,62,175,176,286,288,289,293,297

日本驻台北海外事务所　（9）171，172，188，228，230，231，233，242，262，269

日内瓦四国首脑会议　（12）269，270，284，285，292，321－326，328

日内瓦四国外长会议　（12）476，481，484，485

S

山东问题　（1）112－114

山海关事件　（1）98－100，105，108－116，118，129，130，144

商船债务问题　（7）604－620

沈阳事变　（1）393－399　（2）5，11，14，49，50，52，56，85，130，139，144，431，524，525，561，626　（3）206　（4）126，493　（5）10，48，69，230，440，572

世界贸易公司　（6）171－173，247，400　（7）604，607－612　（9）487

世界银行　（6）115，121，142，146，148，242，243，287，368，392，393，399，465，504　（7）587，588，602，603　（8）356－359　（9）315，316，389，400，401，455，507，558　（10）305，345，346，348，350，351，490　（11）4，63，138　（12）514，552

食糖贷款　（8）370，371，378，379，383，384，389，390，396，400

收回台湾问题　（5）263，326

收回威海卫　（1）332－336　（5）17，

163，536，565

司徒雷登留在南京不去广州　（7）81，82，95，96，101，102，121，124，125，130，131，140，160，161，169，171，172，177，228，332

宋美龄访美

1943 年　（5）151，177，182，187，193，204，217，223，240，243，245，253，255，257，261，277，286

1948 年 12 月　（6）514，516－524，529，531，533，534－538，543－545，551，552

1949 年　（7）29，30，37，51，63，110－112，127，128，477，522－525

1952 年 8 月　（9）535，564－567，570，571，599

会晤艾森豪威尔　（10）5－8，47，48，65－76

宋美龄访英问题　（5）101－103，143，144，151，153，156，177，182，183，184，186，192，193，197，198，203，204，211，217，218，221，223，224，226，227，238－240，243－249，253－256，259－262，266，268，269，272，274－276，278，280，285，287－290，314，315，317，319，344，423，436，458，459，472，503－506

苏德互不侵犯条约　（4）3－12，14，15，17，18，20，39，41，42，44－48，50，52，53，56，58，63，70，71，92，125，128，155，188，189，197，205，211，365，436，447

苏德经济合作协定 （4）88-91，243，436

苏芬争端与国联开除苏联 （4）138-143，147-152，188，211，216，217，237，436

苏军进入波兰 （4）66，67，68，71，75，80，81，83，87，89

苏联对华态度 （7）125，517，546

苏联对日宣战 （5）512，513，529，530，564，614

苏日诺蒙坎冲突及其停战协定 （4）52，59，63，66，67，71，105，109，123，155

苏日中立条约 （4）495，503，506，510，515，517-519，524，529，534

孙立人案 （12）504，531-537，539，541，542，546-548

T

台独问题 （7）581 （9）539

台湾地位问题 （7）458-461，518，525 （8）8-12，22，23，99，104，110，111，114，125，127-140，142，154 （9）7，15，16，23，24，30，31，35，66-71，81，82，391-404 （10）84-87，91，94，95 （11）298，397 （12）246，594

台湾扣留苏联陶甫斯号事件 （12）308，309，343，345，384，385，399，646，647

台湾与西班牙建交 （9）306-314

台湾扩军计划 （11）487-495，497-505

台湾在美采购机构合并问题 （8）415-419，423，424，434，510-512 （9）487，488，490，515，516

台湾再次中立化 （11）296，297-299，311-315，397，401

太平洋公约、亚洲公约及东南亚联盟问题 （7）26，183，190，264-266，270，275，277，280-297，299，300，305，308，309，714 （9）18-20，49-53，56，57，60，107，108 （10）21，160 （11）34-44，62

太平洋学会 （5）67，109，311 （6）305 （7）204，363，675，676，685

太平洋战争 （5）44-57，60，64，66，81，90，91，141，324，337，375，429，433，435，438，514，530

太平洋作战委员会 （5）55，57，90，91，292，314，316，331，332

塘沽协定 （2）214，219，221-224，227，229，244，249，255，256，292，293，295 （5）10

特别外交委员会 （1）397，398 （2）52，53，63，76，166 （5）440

天津英法租界问题 （3）337，365，437-440，444-446，448，449，454，455，458，459，464，467，468，471-474，476，477，485 （4）72，245，315

天羽声明 （2）271-274，276，279，627

田中奏折 （2）99,229,297,400, 525,625,627 （4）295 （5）51

停付关盐税担保外债问题 （3） 363,364,367-371,372,383

拖欠各国际组织会费 （7）425,573, 589,602 （8）356-359 （9）315, 400,401 （10）184,490,491 （11）63,64

W

外交使节升格 （2）298,301-303

外蒙古问题 （1）109-112,316, 317,319,324 （5）94,184,220, 443,446,516,524-529 （6）110

万隆会议 （12）232,255,258,259, 261,262,264,265,276,278,283, 292,296,309,310,352-354

万县事件 （1）336-338

汪伪政权 （3）290-294,299,311, 489 （4）14,54,60,72,74,76,77, 119,122,132,146,193-197,205, 215,217-222,224,226-228,230, 232,262,425,442,443,446,451, 452,454-457,464,465,525,526

王正廷加拉罕协议 （1）253,317- 319,323,325,326,329-332

威尔逊“十四项原则” （1）157, 160,185

维也纳四国外长会议（1955年5月） （12）284

魏德迈访华代表团 （6）159,160, 163,178-183,186-189

稳定中国货币计划问题 （3）373- 376,390,404,408,425,431,450, 451,453,460,463,464,471,481- 484,494-496 （5）338

吴国桢事件 （11）109-113,116, 117,120-122,135,136,142,143, 148,149,153,156,159,167

无主劫物问题（日本掠夺品中） （6）209,226-229,232 （7）600, 601 （9）175,176,181

五大臣考察（清末） （1）29,30

五国会议问题 （10）304-307,315, 316,326,330,340,341

X

西安事变 （2）342-254,356,411 （3）126 （5）123,124,231,661 （8）429

西沙群岛问题 （2）269,271 （3） 144,145,206,208

西藏问题 （1）86,104,106,107, 109,110,373,377 （5）94,96,97, 99,101,105,107,145,149,153, 155-157,198,199,215,216,219, 220,224-226,238,239,293,295, 311,326-328,340,424,436,443 （6）15,378-383,502 （7）625, 626 （8）149,150 （10）157,158

暹罗迫害华侨 （4）92-98,156,165

香港问题 （1）351,352 （5）15-

20,25,47,48,51－54,56,57,60,
65,66,68,69,91,94,99,101,104,
109,134,158,160,201,203,209,
213,216,220,247,267,311,312,
326,335,340,341,350,436,450,
453,465,518,521,532－534,536,
537,540,565,638,668,672,676
（6）32 （7）380,381,520

小协约国 （2）106,108,239,254,
288,318,539

辛丑条约 （1）95,121,159,305,313
（2）114－116,213,244,394,547,
669 （3）10,20,37f0 （4）13

新加坡会议（英法陆海空军代表会
议）（3）446－449,454,488

新加坡失守 （5）48,49,51－54,60,
97,249,350

新西兰关于台湾海峡形势提案
（11）319－325,328－341,345,346,
350,353－357,374,393,397,539－
544 （12）34,38,39,47,48,52,
65,81,89,94,95,97,98,100,103,
107－114,117,124,132－134,148－
150,156,161,197,198,712,713

叙铁路问题 （4）192,200,209,
225,462

Y

雅尔塔会议协定及谅解 （5）430,
433,435,438,441,442,446,463,
468,470,482,500,515,516,525,

539,558－560,568,636,645,647
（6）37,41,95,136,450,451,492
（7）211,710 （9）115 （10）40,
41,223,224

亚洲国家会议 （7）301－303,
714－716

亚洲国家驻美使节会议 （7）274,
275,277,285,303,657,658

邀请美国记者、出版商及电台评论员
访台 （7）674,676,677,690

一江山岛之战 （12）34,53,54,57,
59,60,63,72

以色列阿拉伯问题 （6）211－213,
415－419,421 （7）23,275,276

意大利殖民地问题 （7）252,454,
455,257,258,261－264

沿海岛屿问题 （8）16,25,28,29,
40,56,57 （10）14,194,263,272,
430,431 （11）192－194,257,258,
263,264,266,267,269,270,274－
283,285,286,290,315,316,320,
321,326,327,336－340,349,356,
372,374 （12）18,19,23,46,52,
53,63－65,67－69,92,93,95,96,
99－102,154,207,209,304,
557,558

印度独立问题 （3）146 （5）20,
26,52,63,67,68,83,88,90－96,
98,99,102－105,107,108,110,
113,115,128,137,144,146,175,
181,190,206,211,215,216,219,
316,346,477,634,638,674 （6）

426,427

印度尼西亚独立问题 （6）104－
109,112,113,422－424

印度尼西亚华侨问题 （6）106－
108,112,114

印度支那独立战争 （6）415,418
（9）320－322,353,354,386,388,
409,419,420 （10）43,130,307,
308,329,344 （11）10,18,45,46,
60,70,89,90

印度支那华侨的待遇和华侨子女的
国籍等问题 （2）337,338 （12）
326,327

印度支那问题日内瓦会议 （11）7,
12,18,21,22,25－27,45－48,50,
56,57,59,62,67－70,71－75,80,
81,87,88,95,100,102,103,108,
180,194

英埃争端（苏伊士运河问题） （10）
129,171,172

英国关于上海中立化的建议（1937
年 8 月） （2）422－424,426,
428,485

英国国会访华团（1942 年） （5）17,
71,73,92,113－140,143,144,147－
149,158,175,273,289,315,322,
340,354,677

英国文化协会 （5）203,354,356,
421,422,436,609

英国援华的战争贷款五千万英镑问
题 （5）8－10,12,13,58,59,62,
63,70,71,75,88,90,94－96,99,

102,108,111－115,137,144,147,
149,153,159,175－177,182,206－
208,211,218,221,223,224,227,
238,240,248,274,295,315,321,
327, 328, 329, 336, 338, 345,
355,356

英日协定（1939 年 7 月） （3）468,
471－473,477,486

援华运动委员会（英国） （5）31,
41,64－66,322

援助中国留学生问题 （7）49－51,
57,66－73,180

袁世凯称帝 （1）87,89,90,92,103,
104,133,134,136,226,374

袁世凯与国民党 （1）87－89,353

Z

在美公款的冻结与转移 （7）187,
188,623－625 （8）404,405,412,
422,424－426,441,443,495

战争边缘政策（杜勒斯的解释）
（12）579－581,656

战争剩余物资 （6）152,153,233,
244,273,288,297,299,301,314,
315,325,343,347,348,357,358,
361,362,368,474

战争罪行问题 （4）296 （5）226,
370,426

张鼓峰事件（1938 年 7－9 月） （3）
154,156,157,186,206,208,281
（4）63,105

张学良幽禁台湾情况 （8）268,429
（11）227

张勋复辟 （1）139,226

镇海会谈 （7）659

郑宝南报告朝鲜、印支问题日瓦会议
情况 （1）11-13,16,17,46,47,
49,50,61,78,79,81,82

政治协商会议（旧政协） （5）623,
624,629,638,645,662,674 （6）
17,18,20,29

芝加哥借款 （1）136-139

直布罗陀问题 （4）297,298,300,
306, 470, 471, 476, 516, 529,
542,544

致公党 （7）447

中比条约 （1865年）问题 （1）
338-343

中东铁路问题 （1）387-389 （2）
226,237-239,275

中法关于印度支那的协议（1933年）
（2）263-267

中国飞机误炸上海法租界事件
（2）414-417,419-422,483,489

中国国防物资供应公司（中国物资供
应委员会） （5）309,191 （6）3,
12,13,55,134,137,170-172,233,
247,400

中国海员问题 （5）75,81,84,258,
271,295-306,456

中国航空公司,中央航空公司和民用
航空公司 （7）377, 473 - 475,
483,621-623

中国建设银公司 （2）273,283

中国劳动协会 （5）430,431 （6）
21 （7）321

中国民主同盟 （5）453,610,626,
627,629,631,633,637

中国谋求在远东与英法进行军事和
经济合作问题 （3）379-383,
388-390,392,395-397,402-406,
408,412-418,422-424,428,430,
433,441,446-448,453,454,460,
462,463,487-489 （4）20,34,36,
50,85,86,185-187,201,202,203,
215,249,262-264,272,276,310,
355,359,376,398

中国青年党 （1）180 （5）456,
475,477,478,625,627,629,630,
631,633 （6）261,555 （7）12,
47, 93, 105, 114, 118, 266, 281,
325,359,400,505,563,565,568
（8）69,332 （11）121

中国协会 （5）16,30,72,310,325

中国院外活动集团 （7）350-354
（8）368,388,389,391,431,452
（9）432 - 435, 472, 486, 487, 489,
493, 495, 504 - 506, 508 （10）
354,385

中国战时物资经印度支那过境问题
（2）12,13,398,403,408,418,421,
423,472,475,481 - 485,488,491,
492-499,503-524,531,533,536,
554,558,561,585-604,606,611,
614,615,621,631,632,635 （3）

3,24,33,36,42,54−59,61,65,67,
68,71,72,83−86,93,107,113,
114,119,120,122−124,132,144,
158,166,174,208,209,211,214−
216,220,221,223,226−232,235,
237,239−245,250,251,253,258−
264,268−270,297,298,305−309,
315,316,318−322,324,325,329−
332,336−340,390,397,403,405−
407,412,434　（4）17,23,26,27,
38,51,53,64,79,84−86,111,154−
172,174−184,187,189,190,199,
200,205,206,210,214,215,238,
243,249,252,262,287,310,311−
317,321,327,333,358,359,375
（5）14

《中国之命运》　（5）193,194,
217,228

中华教育文华基金会　（1）56,343−
346　（7）553,566,579　（8）250−
252,467　（10）320,362,479,480
（11）478,479　（12）513,545,546

中美日内瓦会谈（1955年8月1日
起）　（12）257,264,329−331,
333,335,349−351,378,392,393,
395−397,399−401,403,419,480−
482,487−489,566,584−594,596,
597,614−616,722,723

中美条约（1943年）　（1）343　（5）
19,100,101,158,160,163−165,
167,169−171,173,174,242,
310,318

中日共营满洲南北铁路干线问题
（1）288

中苏关系

中苏复交　（2）7,91,92,98,101,
102,104

中苏互不侵犯条约（1937年）
（2）426,434,491,502,639

中苏友好同盟条约（1945年8月）
（4）254　（5）469,515,516,522,
526,529,533,538,557−559,
609,613,614,616,618,629,
636,639,661,666　（6）87,95,
110,201,205,228,485,491,
492,520,548

中苏谈判（1945−1946年）　（7）
226,227

中西（西班牙）关系　（4）226−228,
288,301,302　（6）410　（9）313,
314　（11）357,358,407

中英条约（1908年）　（1）107

中英条约（1943年）　（1）343　（5）
19,100,101,107,110,111,147,
148,152,153,158−176,183,190,
239,242,318

驻美大使馆的宣传工作　（7）105,
106,127,654−656,670,671

驻美技术代表团　（2）28　（6）246,
265,269,274,277−280,296,305,
310,311,313,320,321,345,390,
400　（7）45,49,64,68,450,500,
589,590−592,616,648,649,669,
698,711　（8）72,210,249,250,

附　　录
顾维钧生平简介

1888年1月28日,生于上海城内,名维钧,字少川,英文名Wellington。祖籍江苏嘉定,父顾溶,字晴川;母蒋氏。行四,有二兄一姊一妹。

1891年(3岁),随兄入朱先生家塾。

1899年(11岁),随姊丈蒋昌桂入基督教卫理公会所办英华书院读书。

1900年(12岁)夏,大病数月,辍学。订婚于张氏,名医张聋聋侄孙女。

1901年(13岁),考入基督教圣公会所办圣约翰书院读书。

1904年(16岁)8月,自费赴美留学,到美后由施肇基代洽,入纽约州之库克学院读英语及预科课程。

1905年(17岁)9月,考入位于纽约之哥伦比亚大学。注册法学院,主修政治、国际外交。凡7年,获学士、硕士及博士学位。课外积极参加各种活动,先后担任学生会代表、学校刊物编辑、校际辩论代表队员,并应《纽约先驱报》聘,从事关于中国电讯之

翻译。

1908 年(20 岁)夏,读完大学课程,取道欧州回国探亲,返美前奉父命与张氏结婚。婚后携张氏夫人同到美国,安排张分居费城,学习英语。

1909 年(21 岁)1 月,应清特使唐绍仪及公使馆之邀,到华盛顿会见十日,始见赏于唐氏。

1912 年(24 岁)2 月,中国公使张荫棠转达北京政府大总统袁世凯电邀顾任总统府秘书,盖唐氏所推荐。复得导师穆尔教授等助,简化博士论文。3 月,口试通过,提前取道伦敦经欧陆、西伯利亚铁路回国。4 月底到北京,由国务总理唐绍仪引见袁总统。兼任总统府及国务总理秘书。6 月,唐辞职,顾以秘书例同进退,辞府、院二职同去津,拟回上海。袁召顾氏继续回总统府任秘书。唐告顾可先请假赴沪探亲,然后回北京任总统秘书,相机转入外交界。顾北返北京,后得颜惠庆荐入外交部任秘书处秘书,仍兼任总统府英文秘书。

初,在北京经唐氏介绍始识其女宝钥(唐梅)。在天津过从甚密,并同船去上海。北返后在天津订婚。

1913—1914 年(25—26 岁),外交部设翻译科,兼任科长。嗣升任外交部参事仍主管翻译科事兼总统府秘书,参与袁和外使之重要会谈,作翻译。

1913 年 6 月,在上海虹口公园与唐梅(宝钥)结婚。

1915 年(27 岁)1 月,日本提出《二十一条》,病中口述写出表明中国政府立场之声明。

同年 8 月,任命为驻墨西哥公使,并特派先赴伦敦与驻英公使施肇基商讨欧战情况。10 月,在伦敦奉命转任驻美国公使。11 月赴美就职。

1916 年(28 岁)1 月,袁世凯称帝。驻美使馆拒绝使用洪宪年号和更改文书格式。

1917 年(29 岁)中国对德宣战后,驻美公使馆成立在顾氏指导下之专门小组,开始搜集资料,为参加和会作准备。

1918 年(30 岁),奉派为代表参加巴黎和会。是年 10 月,夫人唐梅在美国病故,遗一子德昌(两岁),一女菊珍(不足一岁)。

1919 年(31 岁)1 月 28 日,在巴黎和会"十人会"上代表中国代表团发言,对以山东问题为重点的中国立场作了有力申诉,驳斥日本的要求,得到和会内外普遍赞赏。

同年,由于英法美诸国早与日本有约,以致在和会上偏袒日本,中国代表团决定不出席 6 月 28 日之和会全体会议,并拒绝在对德和约上签字。年底,陆徵祥返北京,顾氏负责代表团工作,于 1919 年秋参加签订对匈和约,1920 年参加签订对土耳其和约。

1920 年(32 岁),调任驻英公使。10 月,返美结束工作,11 月,赴英就新任,12 月,兼国际联盟及国联行政院中国代表。

是年,在巴黎得识荷属爪哇(今印尼)华侨首富黄奕柱(仲涵)之爱女黄蕙兰,当年 10 月 10 日,在巴黎使馆晚会上宣布订婚。11 月,在布鲁塞尔中国公使馆结婚。

1921 年(33 岁)秋,任出席讨论解决山东问题的华盛顿会议中国三全权代表之一,赴美参加会议。

1922年（34岁）2月，华盛顿会议结束，返回伦敦。4月，奉召回北京。6月，颜惠庆组阁，邀任"财务委员会"主席。8月，任王宠惠内阁外交部总长。不久，因内阁失败辞职。

1923年（35岁）7月起，至1924年，历经高凌霨、孙宝琦、颜惠庆诸内阁，任外交总长。1924年9月，冯玉祥倒直系戈、政变，顾弃职出走。

1926年（30岁）5月，任颜惠庆摄政内阁财政总长。7月杜锡珪组阁，顾蝉联财长。10月杜辞职，任代理总理兼外长。

1927年（39岁）1月，顾署理总理，组阁，兼外长。仍属摄政内阁，6月18日，奉军张作霖入主北京，自封大元帅，成立军政府。顾内阁于前二日总辞职。

1928—1930年（40—42岁），赴欧洲、加拿大旅居。并应张学良邀回沈阳为寓公，在东北投资开垦，经常来往于北京、沈阳、北戴河诸地。1930年，顾母逝世，南行上海参加葬礼。

1931年（43岁），张学良入关住北京。9月18日，沈阳事变发生。南京成立"国民党中央委员会特别外交委员会"，戴季陶为主席。顾任该会委员，重入外交界。11月23日，出任国民政府外交部长。12月，因主张和日本直接谈判遭反对，辞职。

1932年（44岁），国联成立李顿调查团，顾被委为调查团中国顾问（中国代表），陪调查团在中国各地，主要到东北之日占地区进行调查。同年8月，被任命为驻法国公使。9月初，与李顿调查团同船去欧赴任。10月，任国际联盟全体大会代表及驻国联行政院代表。国联行政院讨论李顿调查团报告书，顾与日代表松冈洋

右辩论,提出对"中日问题和解草案"之修正案。

1933 年(45 岁)2 月 28 日,颜、顾、郭三代表因国内战事失利,对外难以解释而联名电请辞职,未准。5 月,任日内瓦裁减军备会议代表。6 月,任出席伦敦世界经济会议代表(首席代表宋子文)。7 月,任中国代表随宋子文出席国联对华技术合作委员会。9 月,出席国联第 14 届大会,发表中日问题之演说,为中国申诉。

1934 年(46 岁)6 月,请假回国。

1936 年(48 岁)年初,中法使节升格。2 月,正式任命为驻法大使,4 月去巴黎到任。9 月,代表中国出席国联第十七届大会。

1937 年(49 岁)年初,迁入新使馆。7 月 7 日,卢沟桥事件发生,大规模中日战事爆发。中国政府在外交上求助于华盛顿会议的九国公约缔约国。10 月初,奉派赴布鲁塞尔出席"九国公约会议"。

1938 年(50 岁),日军占领沿海港口。经法属印支之安南铁路过境运输为抗战命脉所系,多方与法国交涉以保证其开放通畅,并争取法援。

1939 年(51 岁),二次世界大战开始。1940 年,巴黎陷落,大使馆随法政府迁至维希。

1941—1946 年(53—58 岁),调任驻英大使。主要交涉有关英国战时援华贷款 5000 万镑,开通滇缅路及收回香港等问题。

1942 年(54 岁)10 月—1943 年(55 岁)3 月,回国述职,陪同

英国议会代表团在各地访问,促成签订中英新条约。3 月,经美国返英。

1944 年(56 岁),奉派参加敦巴顿橡树园会议,为首席代表,讨论第二次世界大战结束后事务。参与筹建联合国及草拟宪章等工作。

1945 年(57 岁)4—6 月,奉派为出席旧金山联合国成立大会之代表团代理团长(团长宋子文),代表中国在宪章上签字。7月,回伦敦,担任联合国筹备委员会委员。9 月,作为王世杰之助手参加伦敦外长会议。同时并参加联合国筹备委员会之执行委员会,于联合国机构之建立、大会之召开颇有建树。自是又兼任盟国远东委员会、战争罪行委员会,及联合国善后救济总署理事会等国际组织之中国代表。12 月,任中国出席联合国第一届大会代表(王世杰为首席代表,第一阶段在伦敦,第二阶段 1946 年 10月在纽约召开)。

1946 年(58 岁)1 月,任出席联合国安全理事会第一届会议代表。3 月,回国述职。6 月,返英卸任。7 月到美,任驻美大使(至 1956 年辞职,凡 10 年)。

1956 年(68 岁)1 月,返台湾述职。4 月辞职,免去大使职务,同时受聘为"总统府"资政。同年 6 月,国际法院法官徐谟逝世。8 月,顾氏获提名递补中国籍国际法院法官徐谟遗缺(尚有半年任期未满)。

1957 年(69 岁)1 月,经联合国大会及安理会多次投票,获选国际法院法官。1964 年当选为国际法院副院长。1967 年自法院退休,时年 79 岁。

先是顾氏辞大使职后移居纽约,与黄蕙兰夫人分居,后离婚。1959 年,与前驻马尼拉总领事杨光泩(1942 年在菲律宾任总领事,为日军所害)之遗孀严幼韻女士结婚。1967 年退休后,返居纽约,终老。

初,1960 年,应哥伦比亚大学东亚学院口述历史计划主任韦慕庭约,开始其《回忆录》工作,退休后全力以赴。先后 17 年始完稿,凡 11000 余页。1985 年 11 月 14 日,猝病逝于纽约寓所,享年 98 岁。长男德昌在台,女菊珍在纽约。裕昌(1922 年生)、福昌(1923 年生)二子先逝。

后　　记

　　顾维钧先生自 1912 年学成回国担任袁世凯的英文秘书起，至 1967 年从国际法院退休，从事外交活动达半个世纪以上，有着丰富的亲身经历。他从三十年代起就开始写日记，积累文件资料，为撰写回忆录作准备。1960 年，应哥伦比亚大学东亚学院院长马丁·威尔伯(韦慕庭)之邀，参加该大学的"口述历史计划"，先后有五位学者根据顾氏口述，并利用他保存多年的日记、会谈记录、信函文件、电报档案，进行整理，编撰回忆录，历时十七年始得完成。无疑，这部英文原稿长达一万一千余页的巨著是关于中国近代史，尤其是外交史的极其珍贵而翔实的第一手资料，有着重要的史料价值。但又由于上述原因，这部回忆录是用英文写成的，对于关心和研究这段历史的国内读者来说，诸多不便，因而亟待译成中文，还其应有的本色。正如顾先生在"附言"中所希望的那样："如果我的回忆录被译成中文，我将不胜欣慰和感激……这对研究那些动乱年代的外交史的中国学人是有所补益的。"

　　本回忆篇幅巨大，涉及的方面极广，其"翻译工作的确是一项艰巨的任务"。台湾和国外的出版界也曾研究过翻译出版方案，但都由于经济、人员以及人事和权益等各种原因而不果。1980年，中国社会科学院近代史研究所在陈鲁直先生的努力下，从美国买回了《顾维钧回忆录》(英文打字稿)的缩微胶卷。同年 10月，顾氏女公子顾菊珍女士回上海探亲时，近代史研究所所长刘大年先生邀请她到北京，磋商翻译事宜。她表示，作为一种历史资料，国内要翻译出版，她很高兴，她父亲也会高兴的，并对出版

方面的具体问题交换了意见。1981年,贺其治先生专事拜访了顾维钧氏,顾先生对国内准备出版他的全部回忆录一再表示高兴。同年,天津市政协编译委员会(天津编译中心)受近代史研究所和中华书局的委托,开始组织人力,着手翻译工作。近代史研究所并将翻译出版回忆录之事正式通知了哥伦比亚大学。1982年7月,近代史研究所邀请与此事有关的四个方面进行了会商,正式决定全部翻译工作由天津市政协编译委员会承担,仍由中国社会科学院近代史研究所署名,出版发行事宜由中华书局负责。全部回忆录计划分为12个分册出齐。

天津市政协编译委员会极为重视回忆录的翻译工作,特成立了以袁东衣先生为首的翻译组郑重进行。几年间,先后参加翻译和校订的有60余人,大都是各院校学者和社会各界精通外语的人士。校订小组除分工校稿外,并每周在天津市社会科学院图书馆集会一次,对翻译中的各种问题进行研讨、查证,以严谨的治学态度确保译文准确畅达。所以,本书译事的完成,主要依靠集体力量。

本回忆录的年代跨度很长,内容极为广泛,涉及国际国内的政治、经济、军事、文教等许多方面,提到大量的人名、地名、组织机构及职务头衔,其中人名竟达3700余人之多。凡此都需要查证准确,特别是中国和朝鲜、越南的人名,尤须查到其原来的汉字姓名。为解决这个问题,除查找各种资料外,顾菊珍女士曾经给予了极大的帮助。尤其是回忆录中引录的若干重要函电文件,如果不找到当年的原文,径由英文译回,就不免有损史料的真实性。为此,顾菊珍女士不惮繁琐,多次前往哥伦比亚大学查找、复印有关函电原件,使译文能补足这类重要的原始资料。这里,我们应该向顾女士表示由衷的感谢。

本书自开始出版问世以后,不断受到史学界、外交界,以及关心中国现代历史的各界人士的关注。在海内外曾陆续有专文或书评加以评论,大多认为本回忆录是对现代史研究的一个贡献。

在一些报刊杂志的文章中,也曾多次引录本回忆录的记载,作为陈述和评论史事的佐证。香港和台湾出版的刊物,也曾经多次连续转载本书的部分章节。凡此,都足以说明顾先生的回忆录确有很高的价值。

本书卷帙浩繁,头绪孔多,为便于历史学者和对现代史感兴趣的读者们进一步研究和利用本书的史料,经四方面再次研究决定,在全部回忆录翻译完竣后编辑一本索引。又由于原计划的第 12 分册篇幅过长,乃将第八卷内容提出,和索引一并刊为第 13 分册。索引包括人名索引、外国人姓名英汉对照表、部分中国人的英文姓名和史事索引,以期有助于读者检索所需资料。

本书译文连同索引约 600 余万字,参加翻译校订工作的先后有 60 余人,其中主要译校者有袁东衣、唐宝心、高承志、杨思慎、陈宗宽、刘保慧、王雅文、潘昌运、黄祯寿、司幼清、徐继仁、傅曾仁、杨润殷、冯厚生、倪大昕、何林荣、王联祖、沈松泉。另外超过 10 万字以上的翻译者还有杨锡祺、葛绳武、王正、苏伟光、王懋询、王伯璘、谢直声、胡舜官、赵家宝、胡天民、徐炳璋、杨大宁、刘树森、王文钧、徐绪堃等人。

本书的翻译和出版,还得到李侃先生的大力协助。

对这样一部长篇巨著的翻译,几年来我们虽然一直兢兢业业,力求信达,但限于水平和资料不全,疏漏错讹之处在所不免,仍希读者教正是幸。

天津编译中心

1992 年 12 月

初版责编	刘德麟　何双生　李占领
再版责编	李　静
封面设计	刘　丽